高等院校精品规划教材

# 拓 展 训 练

◎ 主编 李金芬 周红伟

## 内 容 提 要

本教材以当今国际教育新理念为指导,注重理论与实践紧密结合,图文并茂。全书分知识篇和实践篇共七章,阐述了拓展训练的起源、发展、特点与价值及相关的主要国际组织、学校拓展训练的特点;详解了拓展训练的深刻内涵和理论基础;强调拓展训练操作过程中对场地、器材、设施、安全和实施流程的规范与要求。重点介绍了场地拓展、户外拓展和室内拓展的项目与常用操作流程和方案范例;结合实践,介绍拓展课程和拓展培训的方案实例。本教材的主要创新点:结合拓展训练市场运作和学校教学实验的成功经验,将拓展训练以项目介绍和案例分析相结合的方式,划分为可满足不同条件的各级学校开展的三种实施场景。

本教材可作为大学新型公共体育课的选修教材,大学生拓展训练、户外运动俱乐部的参考教材,也可作为拓展训练培训机构学员的学习资料。本教材也是一本喜爱挑战的个人和团队的必备用书。

## 图书在版编目（CIP）数据

拓展训练 / 李金芬,周红伟主编. -- 北京 : 中国水利水电出版社,2010.2(2022.8重印)
 高等院校精品规划教材
 ISBN 978-7-5084-7252-2

Ⅰ. ①拓… Ⅱ. ①李… ②周… Ⅲ. ①体育锻炼－高等学校－教材 Ⅳ. ①G806

中国版本图书馆CIP数据核字(2010)第026979号

| 书　　名 | 高等院校精品规划教材<br>**拓展训练** |
|---|---|
| 作　　者 | 主编　李金芬　周红伟 |
| 出版发行 | 中国水利水电出版社<br>(北京市海淀区玉渊潭南路1号D座　100038)<br>网址：www.waterpub.com.cn<br>E-mail：sales@mwr.gov.cn<br>电话：(010) 68545888 (营销中心) |
| 经　　售 | 北京科水图书销售有限公司<br>电话：(010) 68545874、63202643<br>全国各地新华书店和相关出版物销售网点 |
| 排　　版 | 中国水利水电出版社微机排版中心 |
| 印　　刷 | 清淞永业（天津）印刷有限公司 |
| 规　　格 | 184mm×260mm　16开本　13.5印张　320千字 |
| 版　　次 | 2010年2月第1版　2022年8月第7次印刷 |
| 印　　数 | 16001—18000册 |
| 定　　价 | **42.00元** |

凡购买我社图书，如有缺页、倒页、脱页的，本社营销中心负责调换

**版权所有·侵权必究**

# 前言

拓展训练由于其形式多样，内容可定制，寓教于乐的方式更容易让训练者接受。在拓展训练过程中，训练者在体验到成功的同时，直接体会到这种成功来源于同伴的帮助与支持，会让训练者为所在的集体感到骄傲，同时通过训练者之间身体与心灵上的接触使他们之间引起共鸣，达成默契，从而使训练者深切感受到沟通的重要性，产生更融洽的感情。因此拓展训练越来越被广大企业、个人乃至家庭广泛的接受。

学校拓展训练这种全新的课程体系，符合教育部颁布的《全国普通高等学校体育课程教学指导纲要》（以下简称《纲要》）的要求，而且也能够成为促使学生达到《纲要》目标要求较为理想的体育课程之一。

学校拓展训练通过体验式的动态教学模式，打破过去体育教学中教师简单地"教"，置换以学生通过各种拓展项目主动地在体验中"学"，使学生学习各种技能，掌握一整套增进与保持健康的科学的方式方法，并形成持之以恒的习惯，用"生活的体育"引导出他们德、智、体的全面发展，这是拓展训练的主旨所在。拓展训练是一种现代人和现代组织全新的学习方法和训练方式，符合当前素质教育的指导思想和学校教育改革的方向。

编写本教材的目的，一是推动拓展训练作为体育课程在各级学校的发展；二是与拓展训练爱好者交流分享。本教材以介绍适合学校开展的，以及比较经典的拓展训练项目为主，辅以多套训练案例，希望能为爱好拓展训练的广大学生提供有效的经验。

本教材由李金芬、周红伟任主编，缪华、刘擎、俞灿良任副主编，参加编写的人员还有耿宇、詹崇将、汪洁、陈晨、叶豪杰、鲁春娟。

本教材为2006年浙江省新世纪高等教育教学改革项目（yb06073）研究成果之一，并得到浙江农林大学教材基金的资助，由从事学校拓展训练教学、培训多年的教师和培训师共同编写完成。因受自身水平的局限，书中难免有不足之处，敬请读者给予谅解和指正。

编 者

2009年10月

# 目 录

前言

## 第一篇 知 识 篇

### 第一章 拓展训练概述 ··· 1
第一节 拓展训练的起源与发展 ··· 1
第二节 拓展训练的特点与价值 ··· 5
第三节 拓展训练相关的主要国际组织 ··· 8
第四节 学校拓展训练的特点 ··· 10

### 第二章 拓展训练的理论基础 ··· 14
第一节 心理学是拓展训练的基础 ··· 14
第二节 其他学科与拓展训练 ··· 15
第三节 现代教育的四大支柱是拓展训练的理论支撑 ··· 17

### 第三章 拓展训练基本知识 ··· 20
第一节 拓展训练的风险与安全意识 ··· 20
第二节 拓展训练的设施安全 ··· 22
第三节 拓展训练的安全管理 ··· 31
第四节 绳索的打结与捆绑 ··· 34
第五节 拓展训练指导老师的基本素质 ··· 41
第六节 拓展训练的实施流程 ··· 53

## 第二篇 实 践 篇

### 第四章 场地拓展 ··· 57
第一节 高空项目 ··· 57
第二节 中低空项目 ··· 75
第三节 地面项目 ··· 87

### 第五章 户外拓展 ··· 100
第一节 校内项目 ··· 100

第二节　野外项目 …………………………………………………………… 109
　　第三节　方案范例 …………………………………………………………… 131

**第六章　室内拓展** ………………………………………………………………… 141
　　第一节　破冰项目 …………………………………………………………… 141
　　第二节　创造力、领导力项目 ……………………………………………… 147
　　第三节　沟通项目 …………………………………………………………… 153
　　第四节　团队协作项目 ……………………………………………………… 158
　　第五节　团队信任项目 ……………………………………………………… 160

**第七章　拓展训练案例** …………………………………………………………… 164
　　第一节　拓展课程案例 ……………………………………………………… 164
　　第二节　拓展培训案例 ……………………………………………………… 187

**参考文献** …………………………………………………………………………… 209

# 第一篇 知 识 篇

# 第一章 拓展训练概述

拓展训练是指利用自然地域和相应设施，让参与者进行体验，从中感悟出活动所蕴涵的理念，通过反思获得知识，改变行为来培养良好心理品质、提高其综合素质的一种动态教育模式，又称外展训练（Outward Bound）。其原意为一艘小船驶离平静的港湾，义无反顾地投向未知的旅程，去迎接一次次挑战。拓展训练对个体是一种体验式学习，对团体是一种有效的培训，通过精心设计的活动达到"磨炼意志、陶冶情操、完善人格、熔炼团队"的目标。

本章用翔实的资料介绍拓展训练的起源与发展、价值与特点以及相关的组织机构，有助于拓展训练参与者对这项活动的认知和教育理念与国际通行的概念相接轨，有助于拓展训练参与者理解开展这项活动的现实意义。

## 第一节 拓展训练的起源与发展

近年来，一种较为流行的运动方式——拓展训练，越来越丰富地展现在我们面前，我们不仅要辨析它的现在，也会不由自主地想了解它的源头。

Outward Bound 从字面上解释是"出海的船"，最初主要用于航海，是船只出发前用于召唤船员上船的旗语，表明船马上就要出发了。而现在 Outward Bound 作为一种学习方式的名称——拓展训练或外展训练，被越来越多的人所接受，在教育领域诠释为一艘小船驶离平静的港湾，义无反顾地投向未知的旅程，去迎接一次次挑战。由于拓展训练主要是在 Outward Bound 的教育理念影响下产生的，因此了解 Outward Bound 的产生过程和当时的教育思想及模式显得尤为必要。

### 一、拓展训练的起源

据有关文献资料表明，拓展训练源于一个真实的故事，第二次世界大战时期，大西洋上有很多船只由于受到攻击而沉没，大批船员落水。海难发生后，绝大多数的船员葬身海底，只有极少数的人在经历了长时间的磨难后终于得以生还。当人们在了解到这些生还者

第一篇　知识篇

的情况后，发现了一个令人非常惊奇的事实——这些生还者不是人们想象的那些身强力壮的年轻人，也不是体格最强壮的，而大多数是些年龄相对偏大的船员。专家们对大量的海难事件调查研究后，得出了这个问题的答案：这些人之所以能活下来，关键在于他们具备良好的心理素质和坚强的意志、丰富的海上求生技能、善于与他人合作的团队协作精神和沟通意识，有强烈的家庭责任感和求生欲望。当遇到灾难的时候，幸存者相信自己能找到办法，努力让自己冷静下来，主动与别人合作想办法求救或自救。而那些年轻的船员虽然侥幸逃脱了沉船之难，因缺乏生存的毅力和技能，遇事不冷静，无谓地浪费过多的体力，加之过早地失去信心，往往在救援来到之前就放弃了求生欲望，导致他们最终丧失了性命。

拓展训练创始人——德国籍教育学家库尔特·汉恩（Kurt Hahn，1886—1974年），出生于柏林的一个有地位的犹太家庭，从小喜欢远足探险，探险过程中磨炼了他坚强的意志，成长的阅历使他得到一个深刻体会：学医要从解剖开始，学农要从种植开始，学哲学要从辩论开始，一切知识来源于实践，经验来自于亲身体验，有了亲身体验就会获得长久的记忆，甚至终身不忘。后来，库尔特·汉恩构想着将来建一所学校，以"从做中学"的理念来实现他的愿望，他希望在这个学校里思想和行动不再对立，这些思考对他后来的思想有着重要影响。

库尔特·汉恩对船员幸存者进行了大量的研究，针对幸存者赖以生存下来的这些品质与特点，研究设计出一些人工设施和利用自然条件，模拟海难发生的情境训练船员，让船员做一些具有心理挑战的活动和项目，以训练他们的心理素质和掌握应对海上危机的生存技能，提高他们在身处险境时的生存能力。经历过这种拓展训练的船员遇险生还的几率明显高于没有经过训练的船员。1934年4月，汉恩建立了一所他理想的学校——戈登思陶恩男校。起初只有2个学员，但这并没有动摇汉恩的决心，由于此后的不断努力，9月份就有了21名学员，不久该校就成了一个非常有名望的学校，此后学校的招生人数稳步增长。

1938年汉恩获得了英国国籍，其后他呼吁英国战争委员会在部队中实行一种训练方式，这种训练能够在几个月里培养士兵在野战或困境中的生存能力，同时在体力、毅力、智慧、沟通、协作等方面提升士兵的素质和能力，从而全面提高军队的战斗力。第二次世界大战爆发后，英国部队征用了戈登思陶恩学校，学校搬迁到威尔士的营部。那时的汉恩一直试图实行一个雄伟的国家计划，即"城郡徽章计划（County Badge Scheme）"来改变年轻人的态度，培养年轻人的身体素质、事业心、韧性以及激情。这个计划与戈登思陶恩学校的大亨劳伦斯·霍尔特的想法不谋而合，经汉恩提议，他们联合力量于1941年在威尔士的阿伯德威成立了一所新型学校，取名Outward Bound学校，这就是拓展训练课程模式的开端。这不是一所针对年轻商船船员的学校，除了霍尔特的公司以及其他轮船公司的年轻职员外，有来自政府用船的年轻船员，还有工厂的学徒、警察、消防员以及军校学员、普通学校放假或者就要参军的男孩子。课程内容是进行为期一个月的培训学习，包括小船驾驶训练、体能训练、越野训练、救援训练、海上探险、穿越山脉的陆地探险，以及对当地居民的服务活动。

在这所学校里，通过在海上、山谷中、遍布湖泊的野山以及沙漠中的磨炼可以得到生活的体验。从最初在阿伯德威的日子开始，Outward Bound一直在发展，但始终没有脱离

汉恩和霍尔特的基本理念，即在自然的环境中获得挑战的体验，通过这种体验建立起对个人价值的认知，也会更清楚地意识到人与人之间的相互依靠，以及所有人都要关心和帮助处于困境和危险中的人们。

## 二、拓展训练的发展

### （一）拓展训练国外发展状况

第二次世界大战结束后，Outward Bound 学校发展的规模越来越壮大，训练对象由船员扩大到军人、学生、工商业人员等群体。1946 年 Outward Bound 信托基金会（Outward Bound Trust）在英国成立，目的是推广 Outward Bound 理念并筹集资金创建新的 Outward Bound 学校。Outward Bound 信托基金会拥有 Outward Bound 的商标，掌握着该商标使用许可证的发放。美国人乔什·曼纳（Josh L. Miner）等人受库尔特·汉恩的理念和 Outward Bound 前景的启发，于 1962 年成立了科罗拉多 Outward Bound 学校，并于 1963 年正式从 Outward Bound 信托基金会获得了许可证书。1964 年 1 月 9 日，组成 Outward Bound 法人组织（Outward Bound Inc）的文件在美国起草，随后的数年间，Outward Bound 学校在世界各地不断成立，并逐渐发展成为 Outward Bound 国际组织（Outward Bound International Inc.）。

随着社会的进步，当人类进入工业化社会，很多管理者在面对飞快的工作节奏和复杂的人际关系时，往往造成思想保守、情绪焦虑、精神压抑，更为严重的是很多人承受不了压力做出极端的举动。种种现象给企业和个人带来了很大的损失。于是在英国慢慢形成了以培训管理者和企业人为对象、以培训管理者的心理适应能力和管理技能为培训目标的学校。在这些学校里拓展训练的独特创意和训练方式受到青睐，并逐渐被推广开来，训练目标也由单纯体能、生存训练扩展到心理训练、人格训练、管理训练等。

真正将拓展训练推广开来的是美国的马萨诸塞州哈密尔顿维恩哈姆高中的校长皮赫（J. Pieh）。在当时的美国，有一些学校的老师开始对学生进行短期的探险教育。这时拓展训练教育活动还没有被列入正规教学大纲中，仅限于教师个人的尝试和教育实践，内容包括攀爬岩石、绳类活动等拓展训练项目，活动大多以野外活动俱乐部的形式进行，有时也会作为日常教学课程的一部分来进行。皮赫认为，仅仅这样是不够的，他觉得必须将拓展训练活动方法与高中课程紧密结合起来，并开始寻找它们的结合点和结合方法。后经皮赫的努力，获得了联邦教育局长达 3 年的大规模辅助经费。通过这些辅助经费，他聘请了许多拓展训练活动家作为专家，开始研究并制定新的课程大纲。此后越来越多的教师对此有兴趣并积极参与到这项活动中来。由于教师、专门职员和学校管理人员的广泛介入和支持，使带有拓展训练的新大纲得以更顺利地进行。皮赫将拓展训练的方法应用于学校教育中进行摸索，最终把拓展训练的方法与现存的学校制度结合起来，为教育开辟了新的思路和领域。拓展训练实践活动的大纲出台以后得到了世人的瞩目和好评，1974 年拓展训练计划被"全美教育普及网络（NDN）"评选为优秀教育大纲。

1974 年以来，在美国高中课程大纲中一直沿用该计划的学校达到 90%，直到 1982 年，专门负责计划普及的工作人员从哈密尔顿维恩哈姆市的学校独立出来，成立了非营利性的团体，开展拓展训练计划的普及工作。他们使普通教育系统以外的团体（大学、基督青年联合会、野外教育设施、企业研修设施等）对引入专门拓展训练计划的热情大大提高，增加专门拓展训练计划的申请也急剧增加。1979年美国的拓展训练专门机构为普及拓展训练开设了拓展训练讲习班，学习拓展训练教学大纲，培养学校的拓展训练专职人员和骨干。此后，又有2000余名心理指导者和养护教师受到了专门的训练。所以1982年以来除了高中以外，发展专门拓展训练计划最快的是养护教育和心理治疗领域。私人疗养设施、预防违禁药物使用的设施、美国各个州郡的青少年康复设施以及精神病医院也对专门拓展训练表现出了极大的关注。

Outward Bound国际组织下属的Outward Bound School已经遍布全球五大洲，共有40多所分校，这些分校秉承了汉恩的教育理念。在亚洲地区，新加坡最早建立了Outward Bound学校，此后香港、日本先后引进了这种体验式教育的课程模式。

由于这种模式适应了我们所处的时代对完善人格、提高素质和回归自然的需要，成千上万的人参与其中，一同感受Outward Bound带来的令人震撼的学习效果，同时参加此类课程也成为现代人生活的新时尚，拓展训练活动在社会上普及起来，拓展训练机构也如雨后春笋般地发展起来。拓展训练从此在世界范围内风靡开来。

### （二）拓展训练国内发展状况

1970年，中国香港成立了香港外展训练学校，是注册慈善和非牟利机构，一直得到香港赛马会慈善信托基金支持，这是中国第一个加入Outward Bound国际组织的专业培训机构，1999年该组织在广东肇庆建立了外展训练基地，是国内第一个该训练组织下属的培训基地。

1994年，身为公务员的刘力，认为体验式培训在国内发展的前景广阔，断然辞职并把"拓展训练"这4个字抢先注册，创办了国内第一所专业的体验式培训机构——北京拓展训练学校，并将其体验式培训产品命名为拓展训练。1995年3月15日成立了"人众人教育"（GROUP），1996年正式创立了培训知名品牌——拓展训练。"人众人教育"结合中国特有的培训需求，创建独特的面向个人、团队和组织的培训体系，开创了个性化设计与标准化实施相结合的培训模式，并在10多年的培训实践中逐步明晰了"团队成长"这一核心服务理念，打破了管理培训界难以形成规模的瓶颈，使体验式培训在中国得以迅速推广，使中国数万企业团队能够从中汲取养分并健康成长。"人众人教育"目前在全国设有14家分支机构，30个拓展培训基地，陆续为来自企事业单位、国家机关、科研院所、高等学府、社团组织等社会各类机构的学员提供培训服务，基本覆盖所有行业与企事业单位，全国累计培训量已突破60万人次，服务的企业突破2万多家，成为国际上培训总人数最多的体验式培训机构之一。2007年"人众人教育"成立了组织行为研究院OBI（Organization Behaviour Institute），是国内唯一合法使用"拓展训练"商标的机构。

拓展训练在国内虽只短短几年，但其发展之势犹如星火燎原，拓展培训在培训领域引起了前所未有的震撼，培训机构遍布全国，呈几何数字增长。据北京奥特世纪拓展师培训中心整理的数据，在国内，比较正规且形成规模的拓展训练培训机构已有328家，而参与其中组织拓展训练或"类拓展训练"的各机构，包括培训学校、户外运动俱乐部、管理咨询公司等已超过千余家，在过去的几年中，它们都对拓展训练的推广与发展作出了贡献。

随着国内拓展训练的普及，参训单位也由最初的外企、MBA学员发展到国企、事业单位，参训学员从高层领导直至普通员工，以及新员工融入培训。1999年，清华大学率先将体验式培训引入到MBA、EMBA的教学体系中，随后北京大学光华管理学院、中欧国际工商学院、中山大学岭南学院、浙江大学、中国工商管理学院、暨南大学等学校的MBA、EMBA教学中也纷纷把拓展训练作为指定课程内容。

拓展训练在近几年的发展中，课程出现了多元化，活动项目也日益丰富，以拓展训练经典的活动项目为主体，结合野外活动、室内活动项目，研发出许多新型项目，有的在其他培训活动、年会、旅游团体活动中穿插拓展训练项目。

拓展训练在培训领域的快速发展也带来了一些潜在的问题：重实践、轻理论的现象较为突出；拓展训练机构参差不齐、良莠难辨；拓展训练收费无物价部门审定，从暴利到价格竞争无所不有；培训师缺乏系统知识的培训，水平难以提高；培训师的资质没有国家权威部门的认证等。可喜的是，国家教育部和国家体育总局已经对拓展训练十分重视，决定在学校公共体育课中加入拓展训练课程。浙江省浙江林学院由原来的野外生活生存课转化为户外拓展训练课，经过两年的教学实践，初步验证拓展训练课对大学生心理、生理、社会适应能力的积极作用，充分开发学生的勇气、才智和激情。这是我国学校拓展素质教育途径的尝试，反过来也必将促进拓展训练正规化、正常化的开展。

## 第二节　拓展训练的特点与价值

拓展训练是一种体验式学习方式，它拥有完整的循环式学习流程，倡导学生是学习的主体，并创造一种情景，在这种情景模拟的环境中经过反复体验与总结、提升和整合，通过体验、回顾、感悟、成长的过程来达到学习的目的。与传统学校体育以运动项目作为课程内容体系为依据，强调学科本位、知识体系的完整性，注重知识与技能的教学模式相比较，拓展训练是一种摆脱传统教学观念的双向学习方式，即"在做中学"。有其独特性与价值所在。

### 一、拓展训练的特点

#### （一）直接体验

拓展训练提倡直接感受事物的发现和发展过程，引导参与者探索和发现真理，在实践中直接体验学习的价值，有利于培养参与者的探究能力，追求真理的顽强精神，扩展学习空间。

#### （二）自主学习

拓展训练是将参与者置身于教育过程中，在自然放松、开放、善于接纳的状态下主动而有效的学习，为其自主学习提供时间和空间，机会和权力，使人的个性得到充分发展。

#### （三）个性养成

拓展训练充分尊重参与者的学习方式和活动过程的选择，不设定统一的目标和统一的结论，使之获得一种自然的心态去面对那些不太容易面对的事，在养成教育的前提下，鼓励参与者自主选择、自主学习、自主评价，在与他人交流的基础上养成、完善现代人的世

界观。

#### (四) 成功体验

拓展训练采用的是专门设计的具有挑战性的项目，都具有一定的难度，参与者在拓展训练过程中，面临心理极限的挑战，经受一定难度的考验，跨越"极限"，使一个个惊心动魄的瞬间变成了刻骨铭心的记忆。顺利完成课程要求以后，参与者能够体会到发自内心的成就感和自豪感，获得人生难得的成功体验，产生出生命的彻悟和震撼。

#### (五) 自我教育

拓展训练前教师把训练的内容、目的、要求以及必要的安全注意事项向参与者讲清楚后，对整个活动的操作、体验和总结都由参与者自己独立完成。充分尊重参与者的主体地位和主观能动性，增强自信心，改善自我形象，克服心理惰性，磨炼战胜困难的毅力，达到自我教育的目的。

#### (六) 综合活动性

拓展训练的所有项目都以体能活动为引导，引发出认知活动、情感活动、意志活动和交往活动，有明确的操作过程，要求学员全身心地投入。

#### (七) 团队精神与个性发展同步

拓展训练实行分组活动，强调团队合作。力图使每一名学员竭尽全力发挥个人能力，为团队争取荣誉，同时从团队中吸取巨大的力量和信心，在团队中显现个性。

## 二、拓展训练的价值

### (一) 拓展训练之心理学价值

拓展训练通过活动与游戏的方式融入学习中，可以激发学生强烈的学习兴趣，而兴趣对认识和技能形成的过程起着重要的作用。兴趣与快乐相互交替和补充会进一步提高学习积极性，引发良好的学习情绪，使其变被动接受为积极自觉的渴望，并促使其主动迎接困难、挑战困难。拓展训练的项目都具有一定的难度，当学生克服一系列困难，顺利完成目标后，所取得的成果一旦得到了自己或他人的认可，就会具有发自内心的胜利感和自豪感，内心深处都会有一种难以言喻的高峰体验，而这种体验正是来自自身潜能被发掘后的欣喜，平常想都不敢想的事情在这里却实现了。人本主义心理学的主要发起人马斯洛认为：高峰体验是一种短暂的自我实现，是人们在攀登人生最高境界时不断出现的一种内心体验，它使人们一步步接近人生追求的顶峰。这种体验是一种超越一切功利之上的纯粹体验，它伴随着强烈的自我证实感，将感觉到自我的存在、自我的价值，这种体验是人成长的一种质变与升华。拓展训练过程中成功的鼓舞和失败的磨砺，会使每位学生在不同的体验中了解自身能力，正确对待成功与失败，正确认识和评价自己，充分发挥自己的潜能，提高自信心和承受挫折的能力，培养良好的心理素质。

拓展训练有助于提高大学生的自我效能感和自信心。自我效能指一个人对自己能否成功地完成一项任务所持的信心和期望，对自己成功地完成一项任务所具备的潜能的认识。自我效能可以从接受的挑战、进行的努力和坚持的时间中体现出来，并影响着人们的认知过程，进而影响着人们的动机。拓展训练导致心理功能的积极转化，提高自我效能。拓展训练就像一个安全的、充满真诚并富有挑战性的心理实验场，在一些特定的环境和气氛中，学生要不断克服自己的心理恐惧，提高情绪调节和自我调控能力，保持平和心态，挑战自己，战胜自己。从而塑造冷静、果断、坚韧不拔的良好意志品质。因此，拓展训练能够有效地提高大学生心理健康水平。

**（二）拓展训练之社会适应性价值**

社会适应能力包括用所学的书本知识适应工作实际的主动性，也包括融洽地协调人际关系和适应生存环境的能力。实验表明，经过两学年的拓展训练实验和学校生活，大学生中适应不良的人数明显减少，而适应能力较强的人数明显增加，大学生的社会适应能力很快得到提高。

拓展训练通过开展系列团队活动项目，使每个大学生全身心地投入，更加融洽地与他人合作，甘做人梯，为他人创造一切便利的条件，共同成就事业，使广大大学生在不知不觉中经受了团队精神的洗礼。拓展训练以"团队合作学习"的方式使学生提高了适应社会的能力，领悟到做人的道理，并通过亲身体验培养团队精神，因而有利于全面提高学生的社会适应能力。拓展训练融合现代教育学、心理学、体育运动学等多门学科体系，通过在各种自然和人工设施中所设计的多种新鲜、巧妙、刺激的项目，能够帮助学生释放生活学习和工作压力，调节心理平衡；能够认识和激发自身潜能，增强自信心与感染力；能够培养自我控制能力，从容应对压力与挑战；能够强化探索精神与创新意识，培养进取心；能够强化竞争意识，把握时机的敏感度和迅捷度；能够加强面对复杂情况的分析判断能力与决策能力；能够学会更好地与他人进行沟通与协调，优化人际环境；能够完善人格，培养毅力、勇气、责任心、荣誉感及积极的价值观，增强和培养团队的凝聚力和竞争能力。拓展训练项目丰富多样，有助于学生培养各种兴趣，有了广泛的兴趣和爱好，就会更多地接触社会，接触他人，因而能够较好地克服孤僻，忘却烦恼和痛苦，协调人际关系，扩大社交范围，提高社会适应能力。

**（三）拓展训练之运动学价值**

运动学是体育科学中的一门综合性学科，研究对象是人体运动的一般规律。把运动知识系统化、理论化、更好地指导体育运动实践，实现体育的目的。拓展训练是运动学的内容之一，遵循人体运动的一般规律，是一项具有独特风格的运动形式，丰富了人体运动的内容，是强身健体的有效手段和可靠方法。拓展训练是以户外自然环境为主，体能活动为主导，重视心理挑战的运动。不但可以使肌纤维变粗，肌肉变发达，同时可以刺激内脏器官，促进呼吸、循环、消化、神经等系统机能的提高，满足肌肉负荷后的需要，维持整个有机体在新的情况下达到新的平衡。由于肌肉不断发达，内脏器官功能不断提高，从而不断挖掘机体内部潜力，达到更快、更高、更强、更难、更新的运动目的，实现勇敢顽强、不断进取的运动精神。拓展训练由于具有明显的运动学价值，赢得了群众的喜爱，是当代社会中喜闻乐见的体育运动项目。

**（四）拓展训练之生理学价值**

运动生理学是一门研究人体对运动的反应和适应的学科。拓展训练具有运动形式多样、运动强度大小不一、对人体产生一系列作用和影响。这种影响不仅对参加运动的人的肌肉、骨骼有提高功能的作用，而且使呼吸、循环等内脏器官和神经系统在肌肉运动的刺激下获得正常生长和充分发展。因此运动生理学与拓展训练密切相关，并给拓展训练提供理论基础。实践证明拓展训练对强身健体作用明显：可使肌纤维变粗并坚韧有力；增加蛋白质及糖元储备量；匀称、协调地发展肌肉、骨骼、关节；还可以使肺活量增大，最大吸氧量增强，人体有氧工作能力提高，从而改善呼吸系统和循环系统的功能；通过参加野外拓展训练，可提高人体神经系统的协调能力，改善神经系统调节功能。在拓展训练过程中要以运动生理学为理论基础，结合拓展训练的运动特点，以人体运动技能形成规律为指导，在实践过程中发现问题解决问题，以丰富运动生理学研究内容，促进拓展训练进一步向科学化发展。

### （五）拓展训练之体育学价值

体育学是研究人的身体全面发展的一般规律的综合性学科。作为体育运动的基本内容和实现体育目的的手段与方法的拓展训练，是体育文化系统中新生事物，是体育学研究的对象。拓展训练是以户外自然环境和创设特定的人工设施为主，体能活动为引导，心理挑战为重点，极限要求为条件，完善人格为目标。拓展训练包括室内拓展、场地拓展、户外拓展等。

当前社会已经步入了科学化、自动化、信息化时代，人们繁重的劳动量减少，工作时间缩短，闲暇时间增多，丰富多样的体育活动必然成为人们提高生活质量、满足自我需要的高级精神享受和追求。随着社会的不断发展进步，人们对体育的内容、手段和方法提出了多样化的要求，使人们在娱乐、运动中达到更好地完善自身、改造自我、适应社会需要的目的。拓展训练以自然环境为依托，让学生通过训练项目有明显的教育作用。

## 第三节　拓展训练相关的主要国际组织

### 一、外展训练国际组织（OBI）

外展训练国际组织（Outward Bound Inc，简称OBI）。随着Outward Bound理念在世界各地的传播，许多国家建立起了分支机构，Outward Bound组织逐渐具有了国际组织的规模，OBI逐渐形成，并于1964年1月9日在美国成立。OBI是Outward Bound的法人组织，它不再依托大西洋基金会生存，而是通过Outward Bound组织筹集赞助，谋求发展。1983年，第一届Outward Bound国际会议在新西兰召开，1988年在美国召开的Outward Bound国际会议提出了对Outward Bound商标进行保护，1991年在阿伯德威召开的Outward Bound国际会议在庆祝Outward Bound 50周年同时成立了国际理事会。到2005年末，OBI作为全球规模最大、历史最悠久、从事户外体验式教育的非盈利机构，它的网络已跨越了32个国家，成立了逾50家Outward Bound训练中心和学校。

### 二、美国户外领队学校（NOLS）

美国户外领队学校（National Outdoor Leadership School简称NOLS）。由于在英国

实施的 Outward Bound 和探险活动结果得到广泛的认可和肯定，美国于 1960 年引入了 Outward Bound，1962 年 6 月 16 日在科罗拉多州成立了第一所美国 Outward Bound 学校，并强调通过教师的素质来改善美国的教育制度。为了解决教师这一问题，保罗·K·佩特佐（Paul K. Petzoldt）于 1965 年 3 月 23 日在怀俄明州兰德尔正式成立美国户外领队学校，学校致力于教导学员使其具备有从事户外活动时所需的生活、安全及环保技能。保罗原来是美国 Outward Bound 学校的领队教师和登山运动员，开办学校的初衷是为外展训练学校培养正规的领导人才，培养他们的户外生存和领队技能，随着发展，NOLS 提供全面的户外技能教育，在全世界建立了 11 个分支机构，提供从 2～12 周的长期远足活动。NOLS 是一非营利组织，其创校宗旨为：减少野外露营时对环境的冲击和保护、旅游技能、户外求生技能、户外安全、对环境的觉醒、探索团体动力。由于 NOLS 对于培育户外领导人才的努力与贡献，促进了日后户外活动和探索教育的推广和发展。

## 三、体验教育学会（AEE）

体验教育协会（Association for Experiential Education，简称 AEE）。随着 Outward Bound 户外活动的不断开展，20 世纪 70 年代初，户外教育在美国已成为对多个领域起推动作用的教育形式，但却缺乏一个能将其整合规范化的组织机构。当时正在发展的外展训练学校、学术机构和大学一起合作，举行了若干会议讨论以户外体验教育为主题的学习方法，对体验教育如何在不同领域的运用与发展进行了规划，这些教育学者们经多次研讨，认为有必要建立一个专门组织机构来进行规范化的管理，于是在 1977 年整合为一个较为专业的组织，即体验教育协会。成立使命是致力于更好地发展体验教育，支持其专业方面的进步和理论方面的提高，以及对世界各地体验教育模式的评估。AEE 是目前全世界唯一有系统研究活动教育与经验教育的组织，每年出版三期经验教育期刊和办理一场国际性研讨会，对探索教育的相关理论基础与学术研究工作贡献良多。

## 四、挑战课程技术协会（ACCT）

挑战课程技术协会（Association for Challenge Course Technology，简称 ACCT）。挑战课程技术协会的概念始于 1988 年，经由一连串绳索场建造商所举办的研讨会逐渐成形，1993 年正式成立挑战课程技术协会。ACCT 设定标准时，是收集各方大量信息，并以《国际建筑法规》（ANSI）为依据制定。协会最初的任务之一就是建立绳索课程的行业标准，但是 1994 年发行的第一版标准手册只包括安装标准，1998 年发行的第二版中增加了挑战课程操作的技术标准，最近的是 2004 年发行的第六版标准手册，其内容包括绳索课程的安装、检查、操作和道德标准，自从 ACCT 标准颁布之后，这项标准几乎成为全球绳索场所公认的标准。目前正在制定的标准包括对课程教师和管理者认证的标准。尽管成立时 ACCT 面向的是课程建筑者，现在倾向于为课程促进者服务，它的服务对象主要是绳索课程教师、开展课程的大学教师、项目管理者、保险公司代表、律师以及其他对挑战课程有兴趣的人等。

## 五、原野教育协会（WEA）

原野教育协会（Wildness Education Association，简称 WEA）。保罗·K·佩特佐与大学教授和户外活动组织领导者弗兰克·拉普顿博士，查克·格雷戈里博士和罗伯特·克莉斯蒂于 1977 年在西伊利诺大学成立原野使用教育协会（The Wildness Use Education Association 简称 WUEA），1980 年改组为原野教育协会（The Wildness Education Association 简称 WEA）。其创立之宗旨在于倡导使用野外资源时，对环境应负起保存与维护的责任，以提升野外活动的品质，并发展一套课程，作为培育户外领导者认证标准的课程依据。WEA 设有 3 个层次的认证制度和标准：一是技能，针对使用者的认证；二是领导，针对领导者的认证；三是指导，针对指导者的认证。WEA 所发展的认证课程项目有 19 项，包括探险行为、环境伦理、旅程规划、历史和文化、装备、服装、粮食、基本露营技巧、健康与卫生、航海、追踪技巧、气候、紧急救护、求生技能、水上安全救护、单一模式旅行的特殊知识、领导经验督导、领导者的判断力、评估技能。直到目前为止，仍无很大的架构变化。WEA 的课程也强调户外的体验教育，并注重判断力和决策能力，不仅要了解人的能力，还要认识并尊重人的局限性。

## 六、国际培训师联合会（ITMU）

国际培训师联合会（International Training Master Union，简称 ITMU）是一个独立的致力于培养全球卓越培训师的国际性非营利组织。国际培训师联合会以其客观、公正、专业、独立的第三者角色建立了国际注册培训师资质认证制度，通过考试成为被认证的国际注册培训师（简称 ITMU），从而为衡量合格的注册培训师提供了客观标准。ITMU 的目标是努力发展培训师行业，促进其准则在全球范围内的协调统一，使培训师能够站在公众利益的角度提供持续高质量的服务。国际培训师联合会规定，只要是国家或地区认可的全国性或地方性培训组织都可以申请加入 ITMU 的团体和单位会员。目前 ITMU 有三种会员资格：团体会员、单位会员和个人会员。个人会员，可以通过考试成为被认证的国际注册培训师。其下设会员大会、理事会、五大职能机构以及 7 个专业委员会，并设主席、副主席、秘书长、副秘书长等职。会员大会是 ITMU 的最高权利机构，每个会员团体可选派一名代表参加。会员大会每年召开一次会议，负责决定一些重大问题以及选举活动。理事会负责制定政策和监督 ITMU 的运作、计划的执行以及 ITMU 各专业委员会和特别工作组的工作。ITMU 理事会每年都会就其运作情况和开展的活动发布年度报告。

## 第四节 学校拓展训练的特点

在我国，拓展训练创建之初主要是一些高校的成人培训班将它列入课程之中，后来，工商管理学硕士（MBA）正式接受了拓展训练。随着高校教育改革的不断深入，教育部颁布的《全国普通高等学校体育课程教学指导纲要》中，将研究和开发野外生活生存列为我国高等学校体育课程改革的方向之一，并于 2002 年通过湖北省中国地质大学、黑龙江省东北林业大学、浙江省浙江林学院"野外生存训练基地"的野外实验，初步验证了野外生存活动对大学生心理、生理、社会适应能力的积极作用，为在普通高等学校推广这项活动奠定了良好的基础。此后我国许多高校在野外生存课程的基础上开展了不同形式的拓展课程，此课程在学生中引起了极大反响，深受学生们的喜爱。拓展训练是对传统学习模式的探索与发展，以体验式学习方式打破了以"教"为主的教育模式，是一种学习模式的突破，它不是对传统教育的背离与反驳，也不是完全脱离传统学习的纯粹体验，是我们在传统教育与其之间寻找的一种均衡，让学生在愉快、积极的参与中学到知识、领悟道理，以期在自身潜能的挖掘、创新精神、实践能力和促进果敢、顽强、自信、团结等优良品格的形成上达到更好效果。

## 一、培训领域的拓展与学校拓展的区别

培训领域的拓展主要为企业团队培训服务，为参训团体在团队精神、文化渗透、解决困惑、提高效率和休闲娱乐方面提供帮助。采用短期集训的学习形式，学员大多受所在机构的支持或为授权参训，学习同时注重于锻练团队建设，提高团队练效，参训个体获得自身提高的价值主要表现在未来对组织的帮助上，和所在组织之间有明显的利益关系。

学校拓展是学校学生参加拓展课，主要是为了满足学校的教学目标，学生通过拓展课的学习增长经历和知识，提高个体的全面适应能力，尤其是按照体育课进行选课并参加学习，学习的动机和目标是获得身心全面的健康发展。

培训领域的拓展与学校拓展的区别见表 1-1。

表 1-1　　　　　培训领域的拓展与学校拓展的区别

| 类　别 | 学校拓展 | 培训领域拓展 | 类　别 | 学校拓展 | 培训领域拓展 |
| --- | --- | --- | --- | --- | --- |
| 对象 | 学生 | 企业团队 | 课程设置 | 设定教学大纲 | 按需排列项目 |
| 学习时间 | 学期课程 | 短期集训 | 费用开支 | 免费课程 | 团队组织支付 |
| 组织形式 | 自愿选课 | 统一参训 | 教学基地 | 校园和专用基地 | 郊野基地 |
| 学习目的 | 提高个体的全面素质 | 团队绩效 | 师资力量 | 长期固定 | 随机安排 |

## 二、拓展训练课程教学团队与传统体育课程教学班级的区别

团队是指由一群技能互补的人为了完成一定的任务和达到一定的绩效而组成的群体。团队能提升组织的运行效率；增强组织的民主气氛，促进学生参与决策过程，使决策更快速、准确；成员之间的互补技能和经验可以应对多方面的挑战。拓展训练课程的教学方式以团队为单位进行，一个教学班级根据人数的不同分为 2～3 个团队。传统体育课程教学以班级或小组为单位，虽然也是一个团队，但难以完成个人教学任务或达到一定绩效，与传统体育课中的团队相比，拓展训练中的团队更具有团队的明显特征和优势。在多变的环境中，拓展训练课程教学团队比传统体育课程教学班级的组织更灵活，反应更迅速。团队对于学生在工作学习中有着积极的影响，同时团队对个人也产生着不同的影响，如从众压力、社会助长作用、团队压力、社会标准化倾向。拓展训练课使学生在模拟团队中感受团队的氛围，为以后学生走入社会奠定基础。

## 三、拓展训练课程中教师的位置与作用

在改革浪潮的推动与冲击下，使我们意识到传统体育课中师生关系方面存在着诸多的问题。因此，突出学生在学习过程中的主体地位是体育教学改革的重要内容之一，但是这种理念往往停留于理论层面，在实际体育教学中学生的主体地位仍很难得到完全地体现。拓展训练课程从根本上改变了教师在体育课程中的地位与作用。

### （一）教师在教学过程中是一个组织者、引导者

拓展训练项目内容是为达到某一预期结果而设计的。在教学过程中，教师根据项目内容组织和引导所有学生，在活动过程中提出问题、研究问题、解决问题，使每一个学生能以积极的态度、高涨的情绪、昂扬的斗志去面临每一项任务、克服每一个困难，找出问题的正确答案，在民主的气氛中进行学习，挑战自我、超越自我。

### （二）教师在教学过程中是一个中介者

拓展训练的每个项目顺利完成后，教师引导学生进行积极讨论，让学生置身于一些特定的环境或氛围中去体验、与大家一起分享，最后由教师阐释这个项目的深层内涵，并折射到学习、工作和生活中，将拓展训练的理念和具体的每个项目的内涵传递给学生。教学过程中教师在知识与学生之间起纽带作用，教师不仅是知识的拥有者，更是知识的传递者。在当前知识爆炸的年代里，知识更新的周期越来越短，新知识不断涌现，社会对新知识、新技术的需求也越来越高。因此，教师需具备良好的综合素质，将学生所需的、最新的知识经过自己的加工传递给学生，帮助学生获得社会所必需的知识和技能。

### （三）教师在教学过程中是一个服务者

体育教学的目标是促进学生健康成长，培养终身体育意识。教师在拓展训练过程中是一个服务者的角色，负责介绍每个项目的由来、规则、保护器械和装备的正确使用，为学生提供安全保护、解答学生在进行项目活动过程中遇到的问题。教师为项目的进行服务，为学生的安全保障服务，整个活动都是在教师的引导帮助下，学生主动积极地去探索、去发现，让每个学生通过自己的探索和体验，树立一个真实、完整、积极的自我意象，避免了对学生人格塑造单一化的倾向，形成积极向上的生活学习态度，从而有效地促进学生健康心理的形成。

拓展教师相关的名称有以下两种。

**1. 教练**

拓展训练的教师在角色的类比上更加接近于"教练"。拓展训练中教师的任务是辅助学生取得好的学习效果，帮助学生在学习时更好地认识自我、调节自我、改变自我和完善自我。拓展教练如同体育领域的技术教练，协助学生运用正确的手段完成任务，帮助学生取得好成绩。

**2. 教官**

在拓展课程刚开始的团队文化建设制度化的规定中，教师对于安全与确保技术的严格要求，会使拓展老师的角色威严化。当然，初始的"教官"角色对活动的安全性、顺利进

展有一定的帮助，但不能长期附着在拓展教师的身上，随着制度的形成和学习的深入，学生在学习中体现出主体性，拓展训练才真正属于学生。

### 四、拓展训练课程中学生的位置与作用

无论是具有传统特点的普通教育，还是具有现代特点的成人教育，正确的教育思想应当是既要充分发挥教师的主导作用，更要突出学生在学习过程的主体地位，把两者有机地结合起来。然而在现实的教育领域，这个问题始终没有得到解决。拓展训练课程对学生地位与作用的问题提供了一种新颖的思路。

#### （一）学生在教学过程中是一个创造者

拓展训练把学生带到大自然中，通过对项目的专门设计，并利用种种典型场景和活动方式，对人的心理、智慧和体力形成一定的甚至是严峻的考验，使每一名学生无论是心理、生理、体能、技能水平等都会不断地提高。如果学生不主动地、自觉地参与体育活动，那么他们在各个方面很少甚或不会获得回报，个人的获得是与付出成正比的。拓展训练中，学生在不断挑战自我、战胜自我过程中，自身的潜能被充分挖掘出来，创造力得到极尽的发挥。

#### （二）学生在教学过程中是一个求索者

拓展训练课程中，对每个项目学生都需要充分开动脑筋，以饱满的热情和高涨的情绪去解决所面临的每一个任务，在完成任务的过程中需要学生集思广益、民主集中，去寻找最简易、最适当的方法，以最高的效率完成既定任务。在团队活动中，充分发挥他们的个性和特长，使他们通过自己的思考和探讨，去追求最大的收获，完成每一个既定的目标。拓展训练课程中学生的学习行为是主动的、积极的，他的收获多寡主要取决于他在团队中付出劳动的多少、对其他同学的关心程度以及他的精神，而不是取决于体育教师所付出劳动的多少。

#### （三）学生在学习过程中是一个设计者

拓展训练课程中，需要学生根据不同的项目规则要求，充分挖掘自己的智慧和潜力，设计各种不同的方法去解决问题，在解决问题的过程中发现事物的本质。拓展训练课程重视让每个学生不但学会如何去获得健康体魄的方法，更重要的是学会在团队当中沟通、交流，正确审视自我。拓展训练课程鼓励学生为自己增进健康设计计划和方案。

# 第二章 拓展训练的理论基础

21世纪每个人都面临着由知识不断更新而带来的巨大压力，因而必须开发出更有效的学习手段来增强自身的学习能力，以适应社会发展。学校教育不能再是传授学生知识的传统模式，而是应通过设置具体的教学情境来使学生学会学习、学会生活、学会生存。

拓展训练属于体验式学习，以"先行后知"的体验式学习模式，让学生在愉快、积极的氛围中，通过亲身体验来发掘自身潜力，培养创新和实践能力，促进顽强、自信、团结等品质的形成。

拓展训练的目的在于促进学生克服心理惰性，磨炼战胜困难的毅力；认识群体的作用，增进对集体的参与意识与责任心；改善人际关系，学会关心，更为融洽地与群体合作；认识自身潜能，增强自信心，改善自身形象；启发想象力与创造力，提高解决问题的能力；学习欣赏、关注和爱护大自然。而要实现这些目标，与拓展训练的发展有关。

拓展训练是户外运动的一个分支，但在其发展过程中，大胆运用了相关学科成熟的知识体系，使拓展训练本身显得更加充实，也为拓展训练的发展起到了极其重要的作用，同时，相关学科以拓展训练为学习载体，将其理论变得更加直观、易懂、有趣，使学习者有更多的机会在暗含其理论的活动项目中体验与感悟，在活动后巩固那些终身难忘的知识。

## 第一节 心理学是拓展训练的基础

拓展训练对个体发展产生影响的主要理论依据就是：努力/放弃（积极/消极）的心理力学模型，以及"体验、了解、控制、超越"的心理适应规律。

信任背摔是拓展训练最经典的训练项目之一，这个项目的内涵就是让学生充分体会信任的重要性，体会"看"和"做"之间的心理差别，感觉突破心理障碍和挑战自我的意义。进而在引导分享环节中，感悟到其实在日常生活中，许多事情不能做或做不好的原因不是"不能"而是"不敢"，关键在于心理。与其相似的项目还有空中抓杠、高空断桥、天梯等经典团队项目，也是通过学生首先突破个人心理障碍，在回顾这个突破过程时对个人、团队、成功等有所感悟，进而达到改变其行为的结果。

在这些项目的实施过程中，都遵循了这样的基本原理：通过让学生参加事先设置的活动情境，使其充分体验所经历的各种情绪，特别是负面情绪，从而深入了解自身（团队）面临某种外界刺激时的心理反应及后果，进而学会控制，实现超越，感受成功的秘诀：失败，再来，再失败，再来……直到成功。

在拓展训练中，学生参加的都是事先制定好内容与规则的活动，这些活动已经将可能会出现的心理问题提前设计好，参与活动的学生自然会表现出不同层次的体验。有一种体验瞬间，在拓展训练中称为"高峰体验"：指积累进行着某种技能学习或进行某种活动的努力过程中所获得的最高的体验。这个瞬间有以下几个特征。

（1）在行动中有所觉察。
（2）意识集中在某个特定的刺激领域。
（3）自我意识消除、个人意识得到超越、体验到与外界的融和感。
（4）意识到自己和所处的环境在改变。
（5）产生始终如一的行动欲望和对行动的明确反馈。
（6）对报酬的欲望消失了。

这样的瞬间体验是具有积极意义的，是"最积极、最强烈的自我认证体验"，在拓展训练中，教师在设置教学情境时都以促使学生产生这种体验瞬间为目标，在让学生拥有自信，强化团队同时，高峰体验也能成为培养学生心理素质的有效过程。

## 第二节　其他学科与拓展训练

### 一、教育学与拓展训练

学校拓展训练作为一种突破传统教育模式的新型教育方式，其本身也得到了当代教育理念的支撑。

#### （一）整体教育理念

整体教育强调逻辑思维与直觉思维的关联、心与身的关联、个人与社区的关联等在内的关联教育，整体教育课程突破了学科框架的束缚，其教育促进学习者发挥其与生俱来的成长的所有可能性，学习必须加深同自身、家庭、身边人之间的沟通，必须丰富自己同世界各地的人、同地球乃至宇宙之间的沟通。同时，任何一个学习者都是拥有各自无可替代的价值的重要存在，正是每个人都有所不同，才能让学生从差异中得到学习、发现自己。

拓展训练强调培养学生良好的沟通能力、团队意识，正符合整体教育理念中所蕴含的"人本主义、人性优先"、"尊重每一个人"的理念。

#### （二）探究学习理念

探究学习理念强调体验。体验是个人和谐成长发展的最基本要素，对于学生的发展而言，通过各种各样的体验，能够发展学生深层的认知能力、态度以及解决问题的能力，才能形成学生的人格。拓展训练作为一种体验式教育完全符合这种理念的要求。

#### （三）体育学理念

学校体育学理念强调健康。"健康是指在身体、心理和社会各方面都完美的状态，而不是没有疾病及虚弱现象。"这是世界卫生组织对健康的定义，而拓展训练除了在促进学生身体素质发展方面与传统体育课程发挥相同的作用外，在心理、沟通、社会化方面所产生的促进作用较传统体育课程更有优势。

如空中抓杠、高空断桥等项目可以锻炼学生的意志力；信任背摔、穿越电网等项目能提高学生的团队精神，以及与团队成员间的沟通、交往能力；孤岛求生、荆棘取水等兼顾心理、智慧、体能的项目，同时也依赖于团队合作、沟通决策，更能够全方位地促进学生全面素质的发展。

## 二、管理学与拓展训练

拓展训练课程教学过程中，学生是以团队为单位来完成各种规定的挑战任务，有团队就有管理，有管理就存在管理学的知识体系。

沟通是管理学的一项重要内容，缺乏有效的沟通是影响团队工作效率和效益的最大障碍。沟通无所不在，是团队完成所有项目的必须技能。拓展训练中有专门培养沟通能力的项目，如盲人方阵、解手链、信息传递等以语言沟通为主的项目，以及盲人排队、驿站传书等以肢体语言沟通为主的项目，在分享回顾环节中，就会参照管理学有关沟通的知识，就沟通的障碍、方法等进行学习。

管理和领导也是管理学的重要内容，日常生活中不少人认为管理者和领导者职责相同，管理和领导概念也相似，而在管理学中管理和领导是有差异的。如孤岛求生项目中，就将3个岛的角色与人物定义为基层、中层、高层3个层次的管理者，不同层次的学生担负不同的职责，层级管理的理念就可以通过这个游戏传输给学生。

## 三、组织行为学与拓展训练

组织行为学是研究在一定组织中人们行动规律的科学，包括人在组织中的行为、态度、绩效。尤其是组织行为学中有关团队的概念，对拓展训练的发展，以及拓展训练项目的实施有非常重要的意义。

所谓团队就是指由员工和管理层组成的一个共同体，该共同体合理利用每个成员的知识和技能协同工作、解决问题、实现共同目标。团队能提升组织的运行效率、增强组织的民主气氛、知识与技能实现互补、适应多变的环境。

团队的组成有目标、人员、定位、权限、计划五大要素，拓展训练是将学生组织成团队来完成教学任务，如破冰项目中有专门培养学生组织团队的活动，使学生了解团队组建的过程，并在完成团队协作、团队信任、沟通项目活动中，体会团队运行的规律以及团队的价值。

## 四、领导学与拓展训练

领导学理念是提高每个人的领导能力。领导力训练是拓展训练中非常重要的组成部分。在21世纪，当社会变革、国际交流、信息技术等诸多挑战与机遇降临到社会分工的每一位参与者面前时，无论我们是否身处领导者的职位，都应该或多或少的具备某些领导能力。

我国早期的拓展训练，主要的培训对象是企业的中高层领导，目前大多数培训机构也都将领导能力培训作为主要的业务项目。拓展训练无疑能够提高领导能力，但这种训练效果并不仅仅为领导者而设计的，没有处在领导者地位上的普通人也应该了解一些领导学的知识。这是因为，领导力可以使人从宏观和大局出发分析问题，在从事具体工作时保持自己的既定目标和使命不变；领导力也可以使人用一种整体的、均衡的思路应对更加复杂、多变的世界；领导力还可以使人在关心自我需求的同时，也对自己与他人的关系给予更多的重视，并试图通过不断的沟通中寻求更加平等、更加坦诚也更加有效的解决方案。

第二章　拓展训练的理论基础

# 第三节　现代教育的四大支柱是拓展训练的理论支撑

如何加强对学生能力的培养，是国际教育界日益关注的问题。1996年由雅克·德洛尔任主席的国际21世纪教育委员会向联合国教科文组织提交了《教育——财富蕴藏其中》（Learning The Treasure Within）的研究报告，在这份报告中，国际21世纪教育委员会着眼于广阔的国际经济、政治、文化背景和未来21世纪的发展目标，既从各国实际出发，又注意可行性，向高层决策者提供了一系列教育改革和行动依据的建议。该报告中一个特别引人注目的观点是面对未来社会的发展，教育必须围绕四种基本学习能力来重新设计、重新组织。这四种基本的学习能力也称之为教育的四大支柱。

## 一、现代教育四大支柱的内涵

**1. 学会认知（learning to know）**

学会求知的能力，也就是学会学习的能力。这种学习更多地是为了掌握认识的手段，而不是获得经过分类的系统化知识。既可将其视为一种人生手段，也可将其视为一种人生目的。作为手段，它应使每个人学会了解他周围的世界，发展自己的专业能力和进行交往。作为目的，其基础是乐于理解、认识和发现。为了解知识而学习，首先要学会运用注意力、记忆力和思维能力来学习。途径是将掌握足够广泛的普通知识与深入研究少数学科结合起来。这也就是说学会学习，以便从终身教育提供的机会中受益。

**2. 学会做事（learning to do）**

学会做事也就是要学会在一定环境中工作的能力。学会认知和学会做事在很大程度上是密不可分的。不过，后者与职业培训问题的联系更为紧密。"学会做事"不能简单地理解为是为了培养某人去从事某一特定的具体工作，也不能看做是单纯地传授多少有些重复不变的实践方法，不是教会学生某种技能，而是培养学生的个人能力，要求善于应付各种可能出现的情况。学会做事的能力，不仅要学会实际动手操作的技能，更重要的是要具备一种综合能力，它包括如何处理人际关系的能力；社会行为、集体合作的态度；主观能动性；管理能力和解决矛盾的能力，以及敢于承担风险的精神。能力是每个人特有的一种混合物，它把通过技术和职业培训获得的严格意义上的资格、社会行为、协作能力、首创能力和冒险精神结合在一起。交往能力、与他人共事的能力、管理和解决冲突的能力、直觉、觉察力、判断力和使一个集体紧密团结的能力，革新能力和创造能力等越来越重要。要学会有效地应付变化不定的情况，并积极参与对未来的创造。通过学会做事，不仅获得专业资格，而且从更广泛的意义上说，获得能够应付许多情况和集体工作的能力。

**3. 学会共同生活（learning to live together）**

学会共同生活也就是在人类活动中，要学会与他人一起参与，学会与他人一起生活。这种学习可能是当今教育中的重大问题之一。现代社会既充满竞争，也离不开合作。教育的使命是教学生懂得人类的多样性，同时还要教他们认识地球上所有人之间具有相似性又是相互依存的。因此，在学校日常生活中，在体育或文化活动以及各种社会活动中对学生进行这种合作教育，培养这种情感同化的态度，会对一个人一生的社会行为产生积极影响。可以为学生今后的生活提供参考标准，学会在合作中竞争，在竞争中合作。既尊重多样化的现实，又尊重价值观的平等，增进相互了解、理解和谅解。

**4. 学会生存（learning to be）**

学会生存也就是学会发展的能力。要学会适应环境以求生存，改造环境以求发展的能力。教育应当促进每个人的全面发展，即身心、智力、敏感性、审美意识、个人责任感、精神价值等方面的发展。应该使每个人尤其借助于青年时代所受的教育，能够形成一种独立自主的、富有批判精神的思想意识，以及培养自己的判断能力，以便由他自己确定在人生的各种不同的情况下他认为应该做的事情。发展的目的在于使人日臻完善；每个人若要求得到有价值的生存和发展，更有效地改造自然、改造社会，就必须充分开发潜能，发展个性，提高素质，增强自主性、能动性、创造性和责任感。

## 二、四大教育支柱的主要特征

如前所述，"四大支柱"是指能支持现代人在信息时代有效地工作、学习和生活的4种最基本的学习能力。教育的这四大支柱不只涉及生命的某个阶段或单独某一处，它与生命有共同外延并扩展到社会的各个方面，它是教育的新概念，是终身教育的新发展。

"国际21世纪教育委员会"主席雅克·德洛尔在报告的"序言"中指出："生活的传统范畴发生深刻变化之后，迫使我们要更好地了解他人，更好地了解世界的迫切需要。人们有相互了解、和平交流以及和睦相处的需要，这几方面正是我们的世界最为缺少的。采取这种立场之后，委员会进一步强调了它作为教育基础而提出并阐明了的四大支柱之一，即通过增进对他人及其历史、传统和精神价值的了解，学会共同生活……委员会渴望一种能树立这种新精神和为其奠定基础的教育。委员会并没有因此而忽略教育的另外3个支柱，它们可以说是学会共同生活的基本因素。"

可见，四大支柱这4种能力并非平行并列的，其中有一种是作为基础来强调的能力，这就是"学会共同生活"，其余3种能力则是学会共同生活所不可缺少的基本因素。四大支柱是1个基础与3个因素的关系，在3个基本因素（学会认知、学会做事、学会生存）中，第二种因素是指学会在一定的环境中为完成某种任务所需的工作能力；第三种因素是指学会适应社会迅速变化与发展所需的应变能力，即自我生存所需的能力；只有第一种因素才与获取知识有关，而且这里强调的是要使学生学会如何学习，即掌握认知事物的手段与方法，而不是系统化的知识本身。由此可见，教育的四大支柱与传统的学校教育相比有以下几个主要特征。

（1）"四大支柱"强调以"学会共同生活"作为教育的基础，前面已经指出，学会共同生活就是要学会设身处地去理解他人，要与周围人群友好相处，并从小培养为实现共同目标而团结合作的精神。"人与人相处之道"是伦理道德的核心内容，所以，这里涉及的是伦理道德教育，目的是要建立良好的人际关系。强调要把"学会共同生活"作为教育的基础，就是强调要把"问题道德教育"作为教育的基础。这正是当前全球学校教育所普遍忽视的——片面强调智育，单纯追求考试分数，是当前各国基础教育的通病。我国在高考应试教育的大环境下，学生生活能力、生存能力方面存在的问题比较显著。

（2）"四大支柱"对于智育不仅强调知识的学习而且强调实际能力的掌握。传统学校教育在"智育第一"前提下，将书本知识的传授与应试作为重点。"四大支柱"则把这些能力的培养，放在"学会共同生活"所不可缺少的基本因素之一来加以强调。而且不仅要求学会做事（能在不同环境下胜任、愉快地工作），还要求学会生存（具有适应社会变化、发展的应变能力）。

（3）"四大支柱"对于知识的学习，强调的是让学生掌握认知的手段、方法，即学会如何学习，而不是系统化的知识本身。由于信息时代知识急剧增长（形象化的说法是"知识爆炸"），若是像传统学校教育那样只强调对系统知识本身的学习与掌握，那么学到的知识大部分会很快过时，无法适应社会发展的需要，只有让学生学会认知，学会学习方法，才能在进入社会以后，通过自学继续学到工作中所需的各种新知识、新技能。

（4）"四大支柱"强调德育为基础、重视能力的培养、让学生学会认知等三大特征，能较好地适应信息社会发展的需求，与传统教育相比，更具积极意义。而拓展训练与教育四大支柱具有异曲同工之妙。

# 第三章 拓展训练基本知识

## 第一节 拓展训练的风险与安全意识

户外拓展过程中无论是指导老师，还是作为体验的学习者，都承担着可能的风险。拓展训练的风险既体现在拓展活动中，也体现在学习者自身的心理素质上。

拓展训练有风险，但并不可怕，这种风险是可以认识和控制的，只要采取正确的安全防范措施，一般都可保证拓展安全、健康、有序地进行。

### 一、拓展训练的风险意识

我们谈目标管理先是一个目标，然后再朝着这个方向去发展、去探索。而拓展训练则不然。在未参加拓展训练之前，总会有一部分学习者对于学习目标不是很明确。究竟什么是拓展，拓展训练有什么益处？这个模糊的概念也就成了拓展训练风险的基础。

再看拓展训练的活动设计，几乎每一个活动都是建立在心理挑战基础之上的。每一次拓展训练中也都无一例外会出现心理障碍无法过关的学习者，这就成了拓展训练风险值的一部分。

除了心理挑战之外，拓展训练还需要学习者有足够的体力去完成。如果勉强行动，就会出现一些安全隐患。拓展训练的诞生是以人的生命价值为基础的，一旦出现安全事故，对学习者的生命造成危害，后果不堪设想。这恐怕是拓展训练的最高风险了。

除了上述的因素之外，场地设备不完美、安全措施不齐全、拓展基地工作人员的疏忽、指导人员的误导、恶劣的天气等都会造成安全隐患。无论风险值的大小和体力消耗的大小如何，参加学习的人看重的是培训的意义和价值。一场好的拓展训练，必须以其最终的教育意义作为评估基础。

按照拓展项目的风险值可分为高、中、低3个等级。

当风险与安全在我们的头脑中出现时，一些人会以为"安全"是一个实实在在的概念，而"风险"是一个模糊的假设。事实上，两者完全相反。风险总是存在于拓展训练之中，而真正的安全只存在于假想的情形中。因此，存在的风险是事实，绝对的安全是臆想。必须清醒地认识这个关系，只有认识到风险的存在，才能努力将它降到最低。

拓展训练活动中没有绝对的安全。风险一直在我们身边，稍不留神就会出现。活动组织机构和拓展老师应该仔细地检查自己的书面和口头语言，尤其要注意"安全"一词的运用方式，而事实上许多组织机构和拓展老师喜欢回避"风险"这个术语，因为当讨论风险问题时，他们害怕可能会对活动的签订与制订带来影响。"绝对的安全显然是不可能的"，如果不能够坦诚与之交流，一旦承诺这种活动，"绝对安全"就意味着自找麻烦，因为这不仅加大了你犯错的机会，也会给学员造成错觉。这就是为什么要直面风险的重要性，不要回避风险,在了解风险的情况下,让受训方自己选择参与与否。组织者所能做到的只能是按照规范操作,避免风险出现时手足无措。

应对风险的安全实践,就是采用标准的操作方式,把风险的可能降到最低,或者将风险挡在转化为事故的门外。当然,可以接受的风险是主观的,也会因人而异,不同的价值观,不同的个人规避风险的能力,对同一等级的风险有不同的判断。应对风险的实践要通过不断的回顾发展演变,建立在实际经历和其他包括研究实例和法庭决断的经历之上。

风险的存在也是拓展训练的魅力之一,体验风险并将它抛在身后的感觉很惬意。尽管风险存在,但它却吸引越来越多的人参与其中,尤其是人们感到很脆弱或者感觉危险时,战胜风险,重归安全的感觉是极其美妙的。从社会学的角度来看,在风险活动中追求安全成为越来越有价值的目标。

安全的挑战是参加者经历的一个方面,努力将风险转为安全,才能成功地体验。了解到承担风险有潜在的积极效果,对于拓展训练来说,虽然没有想象中重要,至少也有同样去关注的意义。真正的安全也绝不能通过遵循固定的法则来实验,只能采取随机应变,依据变动的因素实现安全预案。因此,应对风险时"安全预案"的灵活运用是非常重要的。

## 二、拓展训练的安全意识

安全工作是拓展训练中的一件大事,拓展训练的机构、训练教师和学员都必须绷紧"安全"这根弦,要把"安全"二字放在重要的位置。没有安全就谈不上拓展训练的效果。

初次接触拓展训练许多人顾虑活动是否安全,即使组织方就此做了一些承诺,安全的疑虑也会伴随着学员们直到课程结束。拓展训练中的空中单杠、垂直速降、高空断桥、信任背摔等到项目的确让人觉得很危险,但活动本身侧重的其实是心理挑战,只要操作合理,在安全方面可以获得充分的保障。不过从另一层意义上讲,学员对安全有所顾虑,对训练的实施与安全管理都是有益的,在设计这类课程时应当有所考虑。

我国现有的拓展训练中,课程的设计已经降低了活动的风险性,在这种具有风险的行业里,由于对其安全问题的认知程度与操作规范程度都处于较高水准,事故率处于较低的状态。但是并不能就此放松警惕,我们必须清楚地知道,一旦拓展训练出现事故,其伤害程度较大,后果较严重,给受伤者身心造成的不良影响更深。

美国挑战课程技术协会(ACCT)有专门负责此类安全标准的设定和规范。从支持性结构中的树木、圆柱、建筑物,以及系统的材料与质量、螺钉的联结、钢索的淘汰期乃至安全带、头盔、绳索等相关器材,都有严格标准。由于拓展训练在我国尚处于初级阶段,目前国内尚没有专门规范这类安全标准的组织。目前,我国主要是参照登山行业的安全标准。为促使拓展训练的良性发展,出于规范行业、维护声誉的需要,国内的一些户外拓展训练机构一直在努力促成训练基础的安全标准制定。拓展训练不久前已被列为我国的正式体育竞技项目,由登山协会进行管理。2006年国家体育总局已委托部分拓展训练的培训机构和体育院校的研究机构共同研制了拓展训练的行业标准与安全标准。中国拓展训练必将逐步走向规范化。

第一篇 知识篇

# 第二节 拓展训练的设施安全

拓展训练在产生的过程中，曾经是以在各种地形条件恶劣、周边环境复杂、天气多变、处处危机的情境中训练生存能力为开端的，虽然在后来演变过程中风险不断降低，但其所保留的训练特点注定了其固有的风险仍然存在。

## 一、拓展训练的场地安全

不同的场地条件，存在的风险是不同的，一般说来野外环境下的拓展比人工建造的场地拓展训练更危险，由于不可控因素的增加，风险出现的几率也会加大，因此必须在有经验的拓展老师指导下进行野外拓展训练。训练中对不熟悉的环境应该更加小心，过于冒险并不是一件好事，这一点很容易注意到。然而，很多事故往往出现在看似安全的地方。即使环境看似不那么危险，但对自己的安全多一点关注是一个好习惯。

场地使用上的细节也是降低风险、减少事故的重要因素。比如：高空项目在雷雨天气中禁止使用，如果学员在高空中应立即下来，并且远离练习器械，雷电有时会使学员受伤甚至丧命。在多雨的地区进行拓展训练，如果别无选择，雨后造成的湿滑也要多加防范。再如在"高空断桥"项目中，雨后断桥的木板容易打滑，这时在需要跳过去的一端，辅上一条大毛巾就可以解决问题。

不同季节，不同气候下的不同场地，选择使用时要多留意经常出现的"有惊无险"场面，也许这些惊险只是我们的运气比较好，并没有造成任何事故，可谁又能保证好运气能一直眷顾我们呢？这些"有惊无险"场面的出现正是我们好好分析，找出原因所在，化解危急、避免危险发生的最佳时机。

## 二、拓展训练中的器械安全

拓展训练中大量使用各种保护器械与辅助器械，它们的使用主要是保护学员安全、增强课程真实性、更好地完成模拟情境训练。器械的选择与使用对拓展训练起着至关重要的作用。器械的购买必须要认定产品的产地、规格、认证等，按照安全要求来使用是确保器械使用寿命的基本保障，合理的保养维护是降低器械损耗、确保安全的重要部分。

保护器械主要有保护绳、安全带、锁具、下降器、头盔等，这些器械都有严格的淘汰要求，一定要遵章执行。

### （一）使用绳索时应注意的事项

绳索是保护学员安全与拓展老师正常操作的重要工具。拓展训练中使用保护绳索需注意以下几个方面。

（1）使用前仔细检查绳索有无伤痕，或是否发生扭结情形，用手感受绳子是否有凸包或粗细不匀的地方，出现这些情况的绳子都可能在使用时断裂。

（2）避免绳索脏污是保护绳索使用寿命的重要保障。脏污是导致绳索劣化的主要原因，也会使其强度变差。拓展训练中不要将绳子直接置于地面，尤其是较多沙砾的地方，下方保护时主绳尾端最好放在垫子上。注意不要让油渍等附着到绳子上。此外，如果不小心弄脏了绳索,使用后一定要将沾在绳子上的脏污处理掉。

(3)时刻提醒学员不要踩踏在绳索上,避免踩踏而产生的劣化,此外,若有小沙子等跑进绳子内,负重时也可能会有断裂的危险。对于拓展教师有时会只看上方的学员,不知不觉将绳踩在脚下。移动时要观察脚下的保护绳,养成习惯一定不要踩在绳上。

(4)一定不能在绳索附近抽烟或用明火,即使只是火星溅到绳索上,受伤的保护绳对我们的安全保障已经荡然无存。

(5)不弄湿绳索,即使是经过防水加工的绳索,也要尽量避免将绳子弄湿,因为吸了水的绳子不但重,而且易滑,非常难以使用。

(6)有些地方经常将某些器械用保护绳连接,长期固定在器械架上,比如"空中单杠"项目的单杠,如果用保护绳连接挂在上面,一定要经常更换,并且要在使用后拆卸下来。

(7)避免向别人借曾经使用过的绳子,或是将自己的绳子借给别人。因为如果在不知情的状况下使用了曾经承受过突来重量的绳索,那么绳索便会有断裂的可能性,造成危险。

(8)应将有擦伤、割伤或者磨损的绳子立刻换成新的,两年以上被过度使用的绳索也必须替换,即使没有明显的伤痕,也已相当老旧。即使很少使用的保护绳,4年也应该将其淘汰。

产生扭结的绳索也有可能会因重量的冲击而断裂,须多加留意,所谓扭结是指绳子上产生的扭曲情形。绳子若出现扭结,需要在使用前拉住绳子的一端将扭结处恢复,而使用后的整理,最好也采用较不易产生扭结的捆绑法。

### (二)使用主锁时应注意的事项

铁锁在使用前必须仔细检查是否有龟裂或裂痕,开口的开启、闭合要平顺没有阻碍,在承受一个人的重量时,开口能够打开。假如铁锁在使用一段时间之后,开口易黏住打不开,可能是开口或锁口有损伤,也可能是污物积在枢纽或弹簧处。损伤的刻边可用锉刀小心磨掉,开口生锈和枢纽或弹簧处的污物,可用煤油、溶剂或汽油等滴在枢纽弹簧的孔内,并开闭开口直到平顺为止,然后把铁锁放在沸水内煮,除去清洁油剂。如果打不开是由于开口弯曲造成的,这把铁锁就无法再使用了。

铁锁的使用非常简单,扣入支点再扣入保护绳即可。但在使用时,为增强安全性,有以下几个方面需要加以注意。

(1)由于铝合金与钛合金铁锁的特殊材质,铁锁如果从1m多的高空平落在坚硬的地面或快速撞击在硬物上,铁锁就应暂停或放弃使用,防止铁锁内有裂痕,再受到强大拉力时断裂。

(2)拓展训练与攀登不同,在穿半身式安全带时铁锁除了和自身摩擦,一般不会与外物摩擦,因此多数锁门开口应朝向外侧,防止多次摩擦后锁扣会打开。

(3)高空跳跃项目中,由于冲击拉力较大,学员身上的保护点与保护绳间必须用两把铁锁,锁门方向相反,各连接一条保护绳。

(4)连接点和保护绳索,不能连接3个以上的铁锁一起使用,因为这样的联结会使铁锁纠缠并且扭开。

在高空需要换锁时一定要先挂上锁再摘下另一把锁,不论是否站在高台或参训者抱住固定物,任何时候都不可以出现保护点完全摘除的现象。

### (三) 拓展训练的辅助器械安全

拓展训练中使用一些辅助器械以便保护学员的安全,包括求生墙下的海绵包、电网一侧的薄垫、防滑手套、护腿板等,都要注意合理使用。

活动时为了更加真实重现项目情境,需要一些辅助道具,道具使用得越多,难度就会越大,对于参与活动的人来说,也会转移安全上的注意力。因此,仔细说明道具的使用方法与要求,不断提醒注意事项,是道具使用时所必须注意的。比如:在模拟盲人的项目中,由于使用了眼罩,加大了磕磕碰碰的几率,这时就必须要求不得随意远离队伍。当听到"停止"提示时不要继续前进,不要蹲在场地上以防绊伤他人;前进时不要将手背在身后,防止正面"撞伤",可以将手放在胸前保护自己等。还有当我们用绳结时,如何打绳结避免滑动,确保绳网用于攀爬或抬运学员的安全,都必须提前细致讲解。

### (四) 拓展训练中的安全保护

拓展训练中,常会有一些户外极限项目或专门场地上的高空索架等对体能要求比较高的项目。为了避免学员受伤,项目进行前组织热身活动是必不可少的。在进行高架绳网类项目的时候,安全保护师的责任尤其重大。训练项目开始前保护师要认真检查绳网等器材设备,按规范打好各种保护绳结,最好自己先试一试是否安全可靠。项目进行中,保护师一定要自始至终集中精力、全神贯注,不能有任何的疏忽。训练项目结束后,撤除保护装置也不能掉以轻心。树立安全防范意识,按照规范操作的安全保护是保证拓展训练成功与否的重要因素。

有安全保障的场地与器械能够让委托方安心于活动的交付,让组织者顺畅实施训练活动,让参与者全身心投入学习训练之中。场地与器械的安全是拓展训练的基本保障,由于同一场地有时会有不同的教师与学员使用,所以任何的不安全隐患都应该及时通报,确保随后使用人员心中有数。拓展训练中的保护性器械、辅助器械、模拟器械、道具等,要注意合理使用、保养与维护,这对拓展训练都是非常重要的。

## 三、拓展训练的装备安全

下面介绍一些拓展训练的常用器械,希望能够对大家有一些帮助。

### (一) 拓展训练用绳

如图 3-1 所示的主绳为攀登者与保护者之间建立起一种可靠的连接,或为操作者提供安全的平衡过渡。它的主要作用是当攀登者无论因何种原因坠落时,都能保护攀登者。绳子由绳皮和绳芯的纤维组成,是主要的受力部分,有动力绳与静力绳之分。

在拓展训练中绳索的作用是非常重要的。通常运用的绳索有:全程保护学员的上升、通过或跳跃、下降的动力绳,如"空中单杠"用绳;固定在场地器械上的,用于连接上升器,保护学员攀爬时上升或下降的静力绳,如"空中断桥"立柱上连接上升器的

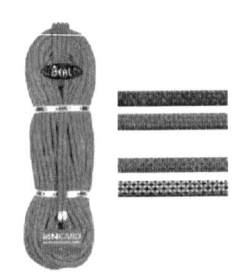

图 3-1 拓展训练用绳

用绳；用于双手抓握的不同粗细的麻绳，沿绳攀爬或摆动时使用，如"飞越急流"的秋千绳；用于结网或活动道具的普通粗尼龙绳，如"盲人方阵"所用的绳；各种细绳，如"风筝飞起来"的放飞线绳，"求生电网"的编织绳等。

许多时候绳索的作用只是在出现意外时才能够显现出来，比如在"高空断桥"的项目中，在断桥上绳索只有起到意外失手的保护作用，有的时候可以假想绳索并不存在。但无论有多大的"把握"，绳索是绝对不可以摘除的，这是安全的保证。拓展训练中常使用的保护用绳和登山与攀岩活动中的用绳相同，所有的高空项目都会用到保护绳，拓展训练行业中所说的保护绳也就是攀登中的登山绳，在国外被广泛称为动力绳（Dynamic Rope）。在这里我们对拓展训练中的保护绳进行较细致的介绍，以便降低高空项目的风险性，使拓展训练具有更高的安全性。

保护绳在拓展训练中是最重要的器材装备，上升、下降和跳跃等各项活动都需要保护绳的保护，铁锁、安全带等众多用品也只有和保护绳联系在一起时才能发挥作用。

现今的动力绳全部采用在若干股绞织绳的外面加上一层外网的网织绳，而不是采用普通尼龙绳。动力绳的外网分为单织或双织两种，一般来说单织外网的动力绳摩擦力较小，也比较耐磨。直径在 10mm 以上的动力绳被称之为主绳，在绳头标有 UIAA 的字样，这类绳子在拓展训练的高空项目中，对绳冲击力较小的非跳跃性项目中可以单独使用，比如"巨人梯"用一根动力绳保护一个学员即可。在跳跃性项目中，如"空中单杠"，必须使用双绳，每根绳子要单独挂入保护点，承担冲击力。还有一类直径在 8mm 左右的绳子，绳头标为 UIAA 的字样，这类绳子只能双绳同时使用，单独使用是危险的。要强调的是我们所使用的绳子必须有 UIAA（国际登联）或 CE（欧盟）的认证。

下面详细介绍一下保护绳的特性。

人们经常认为保护绳的拉力是一个至关重要的技术参数，其实对保护绳来说一般都不标最大拉力，而是标有冲击力（Impact Force）、延展性（Stretch）和国际登联下落次数（UIAA FUU）这几个参数。这里先要说明一下拓展训练高空项目对保护绳的要求。我们积压物资使下降物体停止下落时的拉力远远大于其本身的重量，而学员在跳跃下落时要靠保护绳的拉力控制下落，因而保护绳给人体一个极大的拉力，这个拉力是关系学员是否安全的重要参数。国际登联要求这一冲击力绝不能大于 12kN，我们的身体不能随超过定拉力的冲击，否则拉力会使腰部受伤。冲击力的大小很大程度上决定于保护绳的延展性，只有这类绳子才能应付有下坠可能性的高空项目，这类绳子的静态延展性跟据 UIAA 所采纳的 EN892 标准是不大于 10%。

还有一类被称为静力绳（Static），这类绳子的延展性低于 1%，或视为理想状态下的零延展性的绳子。这类绳子一般用于溪降、速降（沿绳下降），安装上升器沿绳子上升或下降。上升器若需用短绳与人体连接不能使用静力绳。有些培训机构用扁带代替短绳，这样会加大危险。这里要特别指出的是静力绳一般颜色为白色，价格比动力绳便宜，但决不能用于超过 1m 坠落可能的上升，更不能用于跳跃项目。

使用保护绳要注意以下几点。

#### 1. 认清动力绳与静力绳的区别

攀登和跳跃活动千万不要用静力绳。用静力绳攀爬是对自己和别人的生命极其不负责任的表现，千万不要以为绳子缓冲差一点，穿条厚点、缓冲好点的安全带就可以应付了。绳子缓冲差直接结果就是对保护点的拉力双倍加大，拉断保护点的几率急剧增加。所以选动力绳时也要挑缓冲能力好的，要注意看绳子的数据说明。

#### 2. 选择合适的长度

绳子长度一般以 m 来计算。整条绳的一般长度是 50m、55m、60m、70m 4 种规格。场地拓展训练的高空项目一般用绳在 25～30m 即可，最好挑有中段标志的绳子，比如两半图案不同或中段有颜色标记的保护绳，这有利于掌握绳子的长度，方便操作。

#### 3. 选择合适的直径

直径一般用 mm 表示。直径 11mm 的动力绳在以前是很流行的，现在是 10.5mm 或 10mm 的时代，甚至有些单绳的直径是 9.6mm。直径大的绳子保险系数和耐用性会好些，拓展训练最好选用 10.5mm 的绳子。

#### 4. 保护绳的保养

绳子基本不用洗，如果实在是污渍严重可以用清水或淡肥皂水清洗，平时还要注意保持干燥，避免长期暴晒。使用时不能被踩，最好不要让保护绳和沙石地面接触，在使用时收起的保护绳可以用垫子垫起来，用完要收拾整齐，保持干净整齐。特别强调在保护绳附近不能抽烟与用火。

#### 5. 规范的使用

一般保护绳的设计在两端 1m 处柔软易于打结，其他部分则耐磨，如果是裁成两段的绳，最好每次都能分清中段与绳头。如果可能，不同项目使用的绳最好专用，这样可以按不同项目对绳的使用程度进行合理评估。保护绳从学员经保护支点到保护者之间，不能扭曲，不能互相纠缠。

#### 6. 保护绳的更新换代

如果保护绳受过冲坠系数 2 的冲坠或正常使用 3 年就应该更换，即使很少使用，由于材料的老化 4 年也到了淘汰期。当然如果绳子受到较大的磨损，应该提前退役。

除此之外，记住造成不要买任何二手装备，不管是锁具还是保护绳，因为你不知道上任主人的使用情况，更不能轻易借用装备，这绝对危险。

### （二）安全带

如图 3-2～图 3-4 所示的安全带是人与装备的连接枢纽，常用的安全带主要分为全身式安全带、坐式安全带、胸式安全带。安全带在攀岩中是必备的装备之一，攀岩安全带与登山安全带有所不同，攀岩安全带一般不用于登山，但登山用安全带可作攀岩使用，拓展训练中这两种安全带都会用到。

全身式安全带在拓展训练的空中跳跃项目中使用，它的优点是可以防止人在空中的翻转。一般由 45mm 的宽带制成，全身可调，一种尺码。胸围最大尺寸 108cm，腿围最大尺寸 90cm，常见的全身式安全带身后各有一个挂点，有的有装备环。重量一般为 600g，轻

 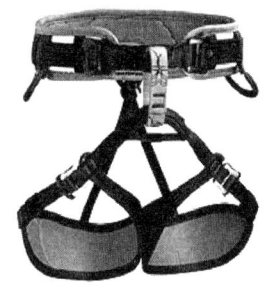 

图 3-2　全身安全带　　　图 3-3　坐式安全带　　　图 3-4　胸式安全带

便型的在 400g 左右。

胸式安全带大多是全可调的，由 45mm 的宽带制成。使用胸式安全带是非常必要的，胸式安全带可让使用者在出现意外时不至于头下脚上。胸式安全带不能单独使用。胸式安全带代替全身式安全带的缺点是，冲击力较大时，身体的上半身承受的力过大会造成危险，儿童不能使用胸式安全带。

坐式安全带由腰带和腿带构成，可分为全可调和半可调两种。

坐式全可调式安全带，穿戴方便，适合拓展训练中的学员使用。现在许多安全带的腰带与腿带都可以调整，腰带采用独特的喇叭口外形设计，可以提供更理想的支撑和舒适性，使动作更加不受限制。全可调安全带腰部调整范围 60～100cm，腿部调整范围 45～72cm，大多都有装备环，重量在 300g 左右。

经典多用途半可调安全带，腰部为可调单扣，腰部为柔软舒适的 Syn-chilla 排汗抓绒衬垫，腿圈采用 2.5cm 插扣快速连接，可以迅速调节和穿脱。现在半身式安全带一般都有不同型号，半可调的规格大多分为 XS、S、M、L、XL，全可调查安全带一般为 M、L 型号。

安全带在穿戴时必须分清上下、里外、左右，尽量避免颠倒、扭曲；先选择合适的号码，穿好后须松紧适度；安全带须穿在衣服的最外层，操作时不得有任何遮掩；带和腿带必须反扣回去，反扣后的长度应大于 8cm；在进行任何操作前如攀登、下降等必须再一次进行检查是否达到安全规范；攀登过程中不能解开或调节安全带；装备挂环不能用于保护、下降等任何受力操作（最多承重 5kg）。

### （三）头盔

拓展训练活动中，戴上头盔能够使外在的危险降低一半左右，头盔的种类很多，如图 3-5 所示拓展训练的头盔必须具有质轻、抗震强度大、通风不闷的特点，还要有合适的防震内套，保证受冲击后有良好的吸收性，可以减轻头部的震动。

不论参加场地拓展训练的高空项目，还是里外拓展训练中的攀爬与下降项目、水上项目或者绳索课程，都应该戴上头盔。值得一提的是，虽然拓展培训机构十分注重学员头盔的使用，但忽略了对拓展教师头盔使用的要求。对于拓展教师而言，自身的安全也来自于合理的使用头盔，同时，也能真正的向学员传递一种安全的理念。

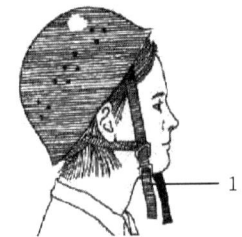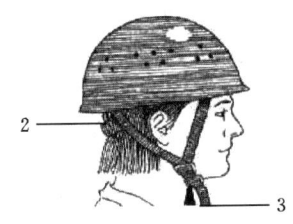

图 3-5 头盔及用法
1—脸侧的调节带；2—脑后的调节器；3—下颚的调节带

头盔应选择质量好，功能简单的。这类头盔保持款式经典、重量轻、舒适性和透气性好的特点。头盔外壳一般采用聚乙烯材料，流线型设计，内层采用尼龙材料，外壳与内层之间采用无铆钉连接，使总体舒适感增加。简单快速的颈部收紧系统，紧贴皮肤采用速干、透气材料，两侧的通风孔可以降低头盔内温度并帮助排汗，这既减少汗水顺面颊流下，也有助于保持清醒的头脑。颈部采用快速收紧装置，可以随时将头盔调到一个最舒适的松紧度。

初次使用头盔有些学员感觉很别扭，不愿意戴上头盔，也有一些人戴上头盔后喜欢用手不断地整理调节，这和头盔戴得是否合适有直接的关系。要尽量选择适合不同头型的头盔供其使用，而且每一次尽量调节到最合适的状态。使用头盔时需要注意以下事项。

（1）尽量使用全可调的头盔，包括头围与颈部的收紧装置。有些头盔是在塑料外壳内固定了一层泡沫层，头围大小不能调解，一旦有头围较大的学员戴上之后，头盔高高地翘在头顶，紧紧勒住颈部，既不美观，又不安全。

（2）不要将头盔的前后戴倒了，头盔和棒球帽一样都有前后之分。尤其是那种非流线型的半圆头盔，经常有人无意间戴倒了，这样很容易遮住自己的眼睛。

（3）将长发用橡皮筋束紧盘在头盔里是好的选择，如果长发在头盔外飞舞，很可能和安全带或绳索缠绕在一起，尤其在类似"空中单杠"这样的项目中，全身式后挂安全带一定会给长发带来危险，头上佩戴的饰物应该摘下，饰物有时候会和头盔里的震荡缓冲装置"纠缠"在一起，让自己陷入不该出现的麻烦中。

（4）给学员戴头盔要注意细节，体现人文关怀。如果颈部的收紧带是搭扣的，在扣上时必须用自己的一个手指垫在学员的颈颊部，防止扣紧搭扣时夹伤学员的皮肤，应将使用方法教给每一个学员。

头盔不仅能够保护头顶，而且还能保护眼睛与脸部，特别是一种流线型的头盔，有一个前遮，仰角可以调节。在一些快速移动的项目中，这样的头盔可避免树枝或绳索伤到脸部。

头盔的内径有些是可以调整的，有些是固定的，但内径固定的头盔往往会有不同的型号。目前有些头盔加入了现代技术，比如内部模具控制系统、震荡缓冲FP5线形系统、EXO骨骼框架外壳拼贴系统和温度调节系统。这些系统能够提供更高的安全性能超群和"超爽"的感觉，有时温度的调节只用按头盔上的一个键就能解决。对于参加拓展训练项目的学员，头盔一般不会戴太长时间，因此戴上经济实用的又能保证安全的头盔就可以了，不过外形漂亮一些还是能够让学员感觉开心点。当然如果需要长时间戴头盔，好的通透性能与温度调节功能也需要考虑。

作为头盔附件的头灯是拓展训练中经常使用的物品，当然有时候也用手电筒代替。如果在夜晚除了行走还要做一些活动，那么头灯的作用是不可代替的。新款氙灯泡/5LED双光源头灯可以满足对时远时近和更长时间使用的照明要求。国产LED发光二极管头灯，简洁的设计、极轻的重量、出色的性价比，值得选择。可持续照明60～70h，性能稳定，低温表现好，同时还有信号闪光效果，磁性后座可吸附在车身等金属表面。作为冷光的理想光源，LED在作用时的好处是不因为热量的散失面导致危险，尤其是在有大型食肉动物出没的地区进行野外拓展训练，只可用LED灯泡而不可能用手电筒的白炽光源，在水下的活动就更应该遵照这个原则了。

### (四) 锁具

拓展训练中使用的铁锁与登山活动中的相同。早期登山使用的钢制铁锁的特点是坚固耐用，承受拉力大，能达到40～50kN，相当于现在的3倍。缺点是重量大，增加攀登者的负荷，无法大量携带，后逐渐由铝合金锁替代，铝合金铁锁质轻且坚固。目前使用的铁锁是钛合金材料制成的，优于铝合金的铁锁。然而在拓展训练中，场地上的高空项目一般离住地较近，所需带的装备不多，由于钢制铁锁能承受较大的拉力，所以在高空项目中，上方保护建议使用钢制铁锁。

铁锁是拓展训练中用途最广，而又是不可缺少和替代的器材，活动中铁锁的主要用途是联结保护绳与保护点，在活动中铁锁可以替代许多复杂而繁琐的绳结。安全带、上升器、下降器等许多攀登装备的使用都要靠铁锁来联结。在户外活动中，铁锁是最重要的安全保障，所以又把铁锁称为安全扣。保护绳是通过铁锁联结在保护点上，任何一只铁锁都必须坚固到足以承受学员突然坠落时的冲击拉力。根据国际登山联合会的坠落试验，保护绳索至少要能承受12kN的拉力，由于绳索在铁锁上制动摩擦，铁锁的随负荷应是国际攀登联合会坠落实验中的保护绳索承受负荷的1.3倍，所以铁锁至少要能承受15kN以上的冲击拉力。也就是说，在严重的坠落中要想获得最大安全，铁锁最起码要能够承受起这样的负荷。铝合金铁锁的正常拉力一般在20～30kN，以保障攀登者的安全。

铁锁种类一般分为O形铁锁、D形铁锁、改良的D形铁锁，如图3-6～图3-8所示。

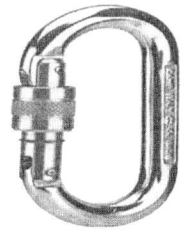
图3-6 O形铁锁

图3-7 D形铁锁

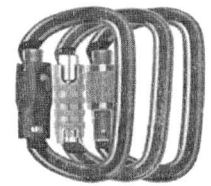
图3-7 改良的D形铁锁

在拓展训练中较少使用O形铁锁，虽然O形铁锁摩擦力小，使用范围广，在相对复杂的情况下使用方便，但是O形铁锁的负荷是由铁锁两平均分担，锁门易受损伤，承受冲击拉力相对较小，一般只能承受15～18kN拉力。在拓展训练活动中，O形铁锁一般用于上升器、滑轮等装备的连接上，在正常情况下不承受冲击拉力。

D形铁锁是攀登中使用较多的一种铁锁，形状多为大三角形或大D形，也称为保护铁锁。D形铁锁比O形铁锁坚固，几乎全部的负荷是由锁门对面的长边承受，因此承受冲击拉力大，安全系数高。传统的铁锁锁门较小，适于长时间连接使用。拓展训练活动中，学员都是轮流参加某一个高空项目，挑战结束后就给下一学员，拆挂铁锁比较频繁，一般选择加以改良的锁门开口较大的D形铁锁，便于开启与闭上锁门。常见的用途就是用于保护绳和安全带的联结。D形铁锁上方保护时用于保护绳子和上方保护支点的联结，如果有钢制铁锁最好替代D形铁锁做上方保护支点。铁锁的两种基本状态，即开启及闭合，铁锁闭合时所能承受的拉力是其开启时的3倍。

在拓展训练中，需要用各种不同类型的铁锁。选择铁锁时要根据实际需要而选择。不同用途、不同种类的铁锁所能承受的负荷、重量、价格都不同。如：普通的登山和攀岩用的D形铁锁一般重量为50g左右，而带保险丝扣的保护铁锁重量在100g左右，价格上差距也很大。攀登者在选用和购买铁锁时还应注意铁锁上刻有UIAA标志等，表明已经过国际登山联合会认证。拓展训练时，使用的器材是否合格是非常重要的。

铁锁在使用时尽可能保证纵向受力；丝扣锁在使用过程中要拧紧丝扣；锁门开口一侧要避免与绳子接触；使用中妥善佩戴，避免从高空坠落；丝扣处如有沙粒要及时清理；受力后不得与岩石、硬物撞击，要合理选择连接位置。

### （五）制动装置

8字环是最普遍的保护器材，如图3-9所示。它经常用于拓展训练的高空项目，保护人员在下方保护学员的安全。通过主绳的连接，学员在上升、跳跃、通过与下降时，能够感受到来自地面的保护。而保护中非常重要的一个器械就是制动装置，其中最常用的就是8字环，其作用是增大主绳子的摩擦力来确保同伴和自己下降时的安全。

8字环在使用中简单易学，对于初学者，可以避免一些错误，但是8字环在使用中容易使绳拧转。除了8字环之外，有时候ATC（保护器）也可以用于保护同伴，如图3-10所示，ATC或下降器使用前一定要先学好基本动作和操作方法，否则将可能遇到麻烦。

在沿绳下降时除了使用8字环、ATC，也可以使用REVERSO，如图3-11所示，它们各有优缺点，在此不做叙述。在拓展训练中我们建议最好使用8字环。

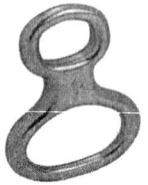
图3-9  8字环

图3-10  ATC

图3-11  REVERSO

### （六）辅助器械

#### 1. 水上救生衣

拓展训练水上项目包括跳台跳水、扎筏、舟渡和泅渡，以及在水面以上高空进行的绳桥、飞降等。凡是在水中或参训者有落水可能的项目，无论会水与否，都要求参训者必须全程穿戴救生衣。救生衣必须符合国家标准规定的江河湖泊营运船舶所必须配备的半身式救生衣。

**2. 保护垫**

主要是求生项目用的海绵保护垫和背摔、电网等项目用的保护地垫。

（1）求生项目海绵垫。要求选用大小不小于2m×3m（以3m×4m为宜），厚度不小于0.3m，中等软硬度的田径跳高垫。允许用两块垫子连接使用（便于折叠保存），使用时缝隙向下。

（2）背摔、电网等项目塑胶垫。要求在硬质地面进行的背摔项目（水泥、沥青、石板、经常踩踏而板结或不平坦的土地）必须使用带有一定弹性的塑胶或海绵体操垫。大小不小于1.5m×2.5m。在其他地面做背摔，以及电网项目，建议也使用塑胶或海绵体操垫。

（3）扁带。可根据需要截取连接成为长短不一的绳套，用于器材之间的连接或固定空中作业者，并用于保护点的位置。优点是受力面宽，受力均匀，破损情况易观察。扁带的延展性近似于0，用于保护时不宜过长，以免冲坠系数过大。

拓展训练中还会用到诸如背摔绳、眼罩等辅助器械，这些器械没有统一的规格化，有些在市场上可以买到，有些需要自己动手做。本着对学员负责的态度，器械要能够让学员感到舒服和安全。比如：背摔绳最好选用柔软、防滑、结实的绒布条或毛巾缝制，同时建议大家定制一次性使用眼罩，如果暂时无法做到，至少应该在学员使用前清洗干净，或者给他们垫上消毒纸巾，避免眼疾的传播。

器械的合理使用能够让拓展训练的情境更加真实化，可以让学员在安全、可靠的环境中感受拓展训练的魅力，可以使拓展训练得到更好的发展，也可以将更多的、可利用的资源引入到拓展训练中来，为拓展训练的开展提供保障。

## 第三节　拓展训练的安全管理

### 一、拓展训练的安全保障

"科学系统的课程设计、随时随地的安全意识、国际认证的器材装备、严格规范的操作方法、丰富实用的教学经验、灵活有效的安全预案"是拓展训练获得安全的保障。只要能够认真对待拓展训练，正视项目特点，承认项目的风险性，在教学中消除物的不安全状态，杜绝人的不安全行为，控制不安全环境因素，就能够获得安全保障。

### 二、拓展训练的安全要求

#### （一）拓展训练的安全指导方针

安全对拓展训练不仅意味着完善的体系，严密的制度，它更是我们思想意识的部分，应将其融入到参加拓展训练者的日常生活习惯中。富于经验的教师严格地依照安全程序指导、监控活动的全过程，才能确保在拓展训练中实施"百分之百的安全保障"这一指导方针。

### （二）拓展训练的安全原则

选择场地、器械的特殊性，活动内容的未知性以及特有的心理挑战等，决定了拓展训练具有一定的风险性。如何获得最大的安全保障，如何让参训学员在身体、心理上获得安全保障，是拓展训练课程更好地发展甚至进入学校教学课程中至关重要的一环。

为了消除隐患，降低风险，以下安全原则应在拓展训练中严格遵守。

**1. 双重保护原则**

课程设计时所有需要安全保护的训练项目，都必须进行双重保护演练，任意一种保护方法均应保证在实施过程中学员的安全。

例如，在做信任背摔时，为了更安全，每一个环节上都要有双重保护。当学员爬上背摔台后，拓展教师一定要将他引带到保护架内，直到他背靠保护架站稳。绑上背摔绳后，拓展教师应将学员慢慢引到台边站稳，后倒时教师应确认方向正确才松背摔绳，倒下后首先是队友双臂拦住，即使体重很大，也会落在队友的弓步之上，绝对不会落在地上，因此接人的队员必须弓步站立。

**2. 器械备份原则**

任何需要器械保护之处，都必须安置备份器械。

例如，跳跃冲击性项目，必须有两套独立的绳索与主锁保护。空中单杠在进行保护时，需要在单杠的前后方向各打一个保护点，两条独立的保护绳各自连接一个主锁，主锁锁门异侧挂在连接点上，确保其中的任何一个都能起到保护的作用。

**3. 多次复查原则**

所有的安全保护器械使用后必须再复查一遍，操作中部分保护要多次检查，消除操作失误的可能性。

例如，做高空断桥时，在学生上去之前首先自己检查，然后队长与队友检查，上到断桥面以后，拓展教师再次检查安全带是否穿戴正确，安全头盔是否扣好等。

**4. 全程监护原则**

拓展教师对项目进行中可能遇到的安全问题进行全程监护，将任何隐患消除在萌芽中。

例如，做救生墙时，拓展教师与安全监护人员要一刻不停地监护整个过程，不仅要关注上爬人员，也要关注墙上的人员，整个过程尽收眼底，心中有数，不合理动作一出现就要及时叫停。除此之外，还有一些原则要求也是必须做到的，比如在高空换锁，必须遵循"先挂后摘原则"，项目进行中"互相保护原则"等。

只有在活动过程中，认真讲解、规范操作，将安全问题很好地落到实处，才能享受拓展训练带给我们的快乐与收获。

## 三、拓展训练的风险防范

在做好自身安全防范的同时，应做好向保险公司投保的工作。拓展培训机构、拓展训练场地管理方都应严格遵守操作流程,提前办好保险事宜,尽可能的化解和转移意外风险导致的赔付问题。这是国外的惯例,也是我国保险事业发展的覆盖范围。2006年,中国登山协会委托北京中体经纪保险有限公司设计开发了"登山户外运动专项保险",该保险由太平洋保险有限公司承保。

### 四、拓展训练的保护技术

在拓展训练高空项目中,练习者一旦离开地面,意味着生命就交给了保护员,所以一名合格的保护员不仅要有过硬的技术,更要有强烈的责任心和综合素质。

#### (一)保护者的基本素质

(1)熟练过硬的技术:这是做好保护的基础。

(2)强烈的责任心:保护者的失误直接威胁到同伴的生命,任何的闪失都是不允许的。

(3)善于沟通,有较好地语言表达能力。

(4)具备良好的心态,善于关心与鼓励他人。

(5)具备良好的观察力。

(6)具备一定的随机应变能力和处理突发事件能力。

#### (二)五步保护法

在大多数高空项目中都需要实施下方保护,一直采用的方式是五步保护法。保护点设置在保护者身上,是将保护器械直接连接在保护者身上。此时绳索一端系于被保护者的安全带上,绳索向上通过上方保护点绕至下方保护者,绳索按规范方法经过保护者安全带上的8字环后,控制在保护者手中。以右手为控制手为例,保护者具体姿势如图3-12所示。

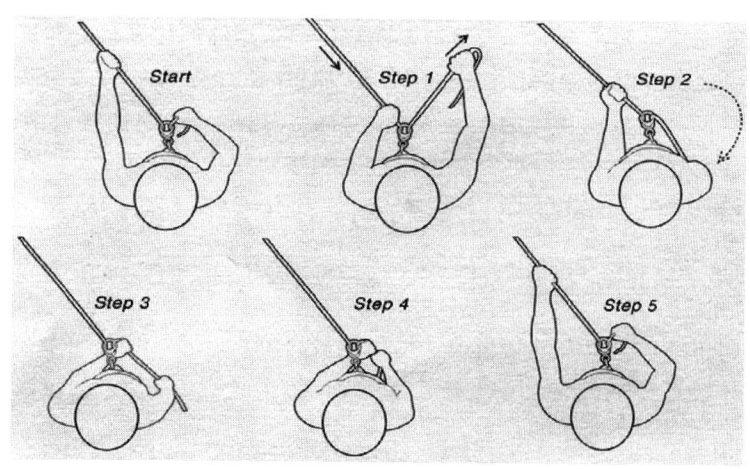

图3-12 五步保护法图示

第一步:左手(导向手)抓保护器上端绳子,抓握位置以伸直左臂为好(稍微抓远),右手(制动手)尽量靠近保护器。这样做是为了能多收绳子,提高效率,每只手均以虎口抓握，便于用力。

第二步：是左右手同时配合，左手往下拽绳，右手往上提绳后迅速放回到制动位置（这一个动作速度一定要快）。

第三步：左手从保护器外侧去抓制动端右手的绳子，同时注意左手与保护器也应保持一定距离，以免手被挤到。

第四步：右手回到与左手靠近的位置。

第五步：左手回到保护器上方，双手位置与第一步相同。

### （三）8字环五步保护法注意事项

如参训者保护，应安排副保护两人，协助收绳并将绳索理顺，在主保护收绳时，迅速将绳索拉紧。无论采取哪种保护方式，也无论保护者的力量多大，一个人要想不借助绳索与器械之间的摩擦，而拉住同自己体重差不多又突然下落的物体时绝对不可能的。保护技术并不难掌握，但绝不可以麻痹大意，保护者必须牢记以下几点。

（1）保护者自己的重心稳定很重要，如控制不好，最严重的问题是攀登者下坠的强大冲击力会将保护者拉到空中，最有效的办法是固定保护者。还有，尽管体重轻者可以保护重者，但难度会增大，因此保护者体重不要轻于攀登者太多。

（2）保护时一定要戴手套，因为放下攀登者时绳索在手中的滑动摩擦转变为热能，手掌根本无法直接承受。

（3）保护者一定要精力集中，仔细检查装备无误，与攀登者互相确认好后再开始攀登，并密切注意观察攀登者。当攀登者遇到难点、体力不支或动作明显不协调时，时刻做好制动的准备。

## 第四节　绳索的打结与捆绑

拓展的高空项目主要在保护绳的保护下完成。当运用结绳技术将人与绳索连接或绳索与其他物体连接在一起时，无论什么样的绳结，都必须结实、易解、不易滑脱，否则将影响活动的顺利进行，甚至危及人的生命安全。因此，拓展活动中能够灵活地运用一条绳索，不仅在拓展高空项目中能够更安全，而且也能够开发我们的思维。

### 一、绳结

#### （一）反手结

反手结也叫单结，在所有的结当中，反手结最简单。反手结除了用来在绳端处打一结点（使绳头不易散开）外，还能用它来作为绳栓，防止滑动，在意外的情况下使用范围广泛。也可以说是其他一切绳结的基础，如图3-13所示。

（1）将绳端与绳子相交，穿过绳环。
（2）打成一个结，拉紧即可。

#### （二）单8字结

单8字结适合作为固定收束或拉绳索的把手，是8字编结的组成部分。拓展的高空项

第三章 拓展训练基本知识

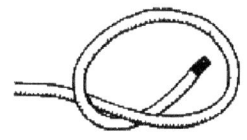 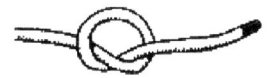 

图 3-13 反手结

目用于连接安全保护的绳结一般都是由 8 字结承担。结的打法十分简单、易记,它的特征在于即使两端拉得很紧,依然可以轻松解开,如图 3-14 所示。

图 3-14 单 8 字结

(1) 如图将绳端先行交叉。
(2) 将一头的绳索绕过主绳。
(3) 将绳头穿过绳圈后拉紧完成。

### (三) 8 字编结

8 字编结用于将绳子结在树上、木桩上等,是野外常用的固定结;如图 3-15 所示。

 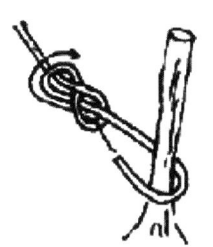 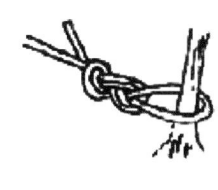

图 3-15 8 字编结

(1) 先将固定端的绳结一个单 8 字结。
(2) 将活端放至绳索固定物的后面。
(3) 然后绕过固定物,再将活端穿过前面的单 8 字结。

### (四) 8 字通过结

8 字通过结用于连接安全带上的铁锁等,如图 3-16 所示。

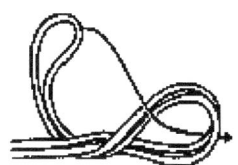  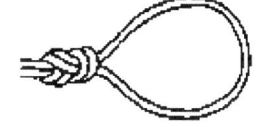

图 3-16 8 字通过结

35

(1) 先将连接端的绳子的绳头双股反折,将反折的绳头从绳子的后面绕到前面。
(2) 将绕到前面的绳头从刚才做成的环后面穿到前面。
(3) 抽紧绳结,用于连接的环即制成。

### (五) 单套环

此环在承受拉力时,既不变紧也不滑动,主要实用于绳环固定,如图 3-17 所示。成为最受户外运动者喜爱的结绳法之一。但尤其在以场地为主的校园拓展活动中此结的用途并不广泛。

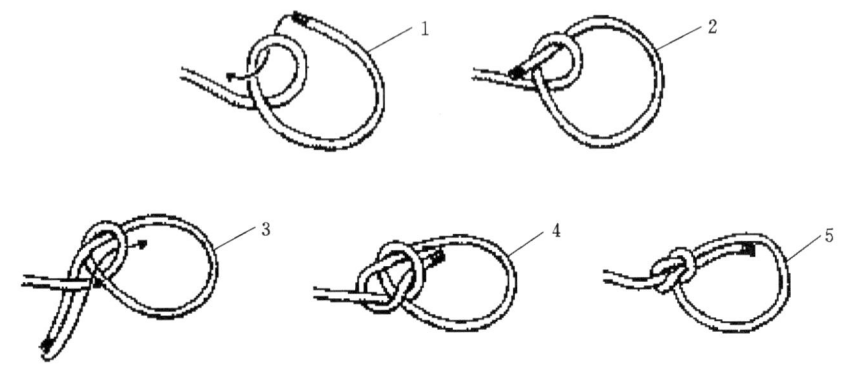

图 3-17 单套环
1—在绳索的中间打一个绳环;2—将绳头穿过绳环的中间;3—绕过主绳;
4—再次穿过绳环;5—将打结处拉紧便完成

(1) 在离绳端一定距离处弯曲成一个小环。
(2) 将活端向上穿过此环,从绳索固定部分后部绕过,然后向下穿过此环。
(3) 拉紧活端使其变紧,使结固定。

### (六) 攀踏结

攀踏结有一个不可滑动的环,在一根绳索上能够打出数个攀踏结,手拉和脚蹬时此环既不收紧也不松脱,用于攀登时制作绳梯,如图 3-18 所示。

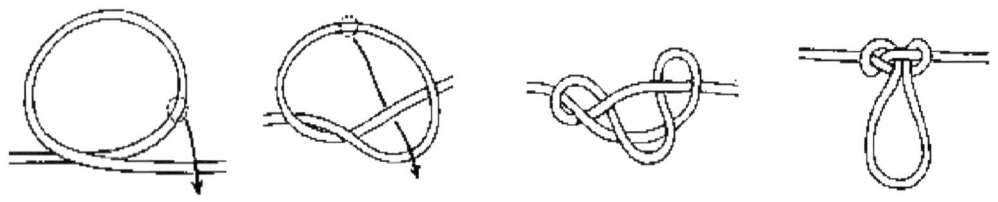

图 3-18 攀踏结

(1) 将绳子折成一个环。
(2) 再扭曲出一个小环。
(3) 将小环穿过原环。
(4) 轻轻拉动、拉紧使结固定。

## （七）平结

用平结将粗细相同的绳索连在一起，既使承受拉力很大，也十分结实，而且易于解开。但粗细不同的绳索用此结系在一起并不可靠，使用尼龙绳时不应打此结（尼龙绳太滑），如图3-19所示。

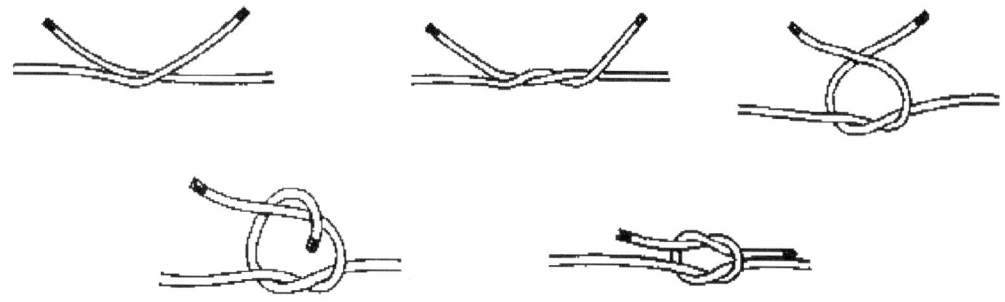

图3-19 平结

（1）将右边一根绳放在左边的绳子上面。
（2）向下环绕。
（3）然后将左边绳端放在右边绳端上。
（4）再向下环绕，同时拉紧两根绳索，将平结系紧或者仅从活端用力，也能确保系紧。

## （八）单编结

用来连接粗细相同或不同的两根绳索，这比两根粗细相同的绳索系成的平结更为有效。对于材料不同的绳索，特别是潮湿或结冰的绳索，此结较为理想。此结制作简单，在未承受拉力时也容易解开。在承受拉力稳定的情况下，此结不会滑脱，具有较高的安全性，如图3-20所示。

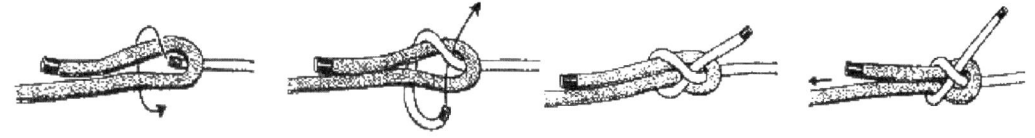

图3-20 单编结

（1）将一绳弯曲成环状，另一绳的活端向右，从后面饶过环。
（2）再将活端从这根绳与另一绳之间的环间穿过。
（3）拉紧，拉力增加时，此结自动系紧。

## （九）双编结

双编结比单编结更结实耐用，对潮湿的绳索效果更佳，特别是在两根绳索间粗细相差悬殊时。若两根绳索都很粗，使用双编结连接也十分结实。绳索在受到的拉力不稳定的情况下，双编结也不会滑落，如图3-21所示。

（1）将粗一点的绳索弯曲成环状，将细绳的活端穿过此环，先移到粗绳活端的下面，

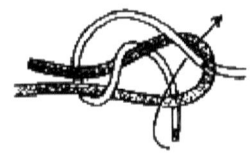

图 3-21 双编结

再从前面开始环绕此环一周，然后从后面将细绳活端穿过细绳与粗绳活端之间。

（2）将细绳活端再次环绕一周，再穿过相同地方（细绳与活端之间）。

（3）拉紧，此结完成。如果未拉紧，此结受力时容易松动，制作此结不宜使用光滑的绳索。

### （十）带结

带结是一种连接两条同样粗细的绳子的一种简单且结实的结。主要适用于连接扁平的带子，如图 3-22 所示。

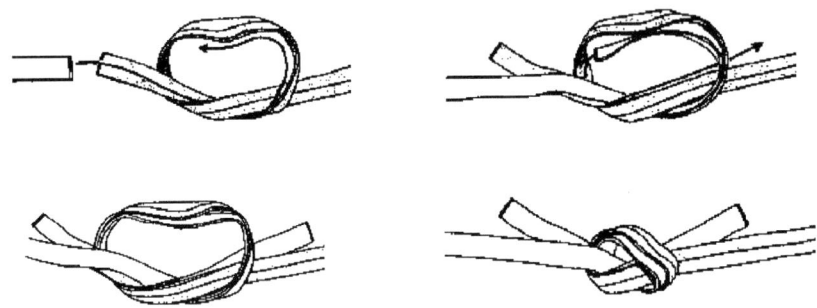

图 3-22 带结

（1）用一根带子末端制作一个反手结，不要拉紧。

（2）将另一根带子的末端沿反手结的运动轨迹的相反方向穿越此结。

（3）末端应该恰好在结内，这样拉紧时活端就不会滑落。

### （十一）抓结（普鲁士结）

此结的特点是在不承受重量时，可以沿主绳索等任意滑动，一旦承重时，此结马上结死。主要用于攀登和危险路段的行进保护，如图 3-23 所示。

### （十二）圆材结

圆材结主要用于交叉物体的捆绑，如图 3-24 所示。

（1）将用于捆绑时固定端的绳头绕过一个捆绑物。

（2）将绕过后的绳头再从用于捆绑的绳子后面绕过到前面。

（3）再将绳头连续绕过刚才绕捆绑物的绳子，拉紧即可开始捆绑。

### （十三）丁香结（双套结）

丁香结主要用于平行物体的捆绑，如图 3-25（打法1）、图 3-26（打法2）所示。

（1）将用于捆绑的绳子绕过一个捆绑物后绳子两端成交叉状。

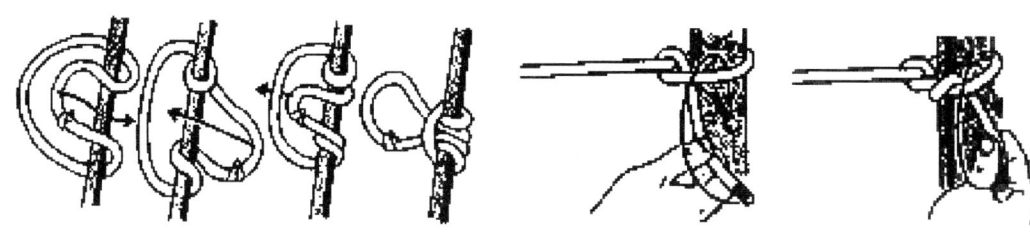

图 3-23　抓结（普鲁士结）　　　　　　图 3-24　圆材结

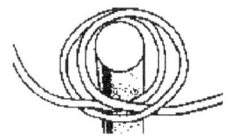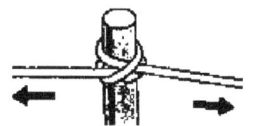

图 3-25　丁香结（双套结）

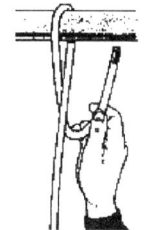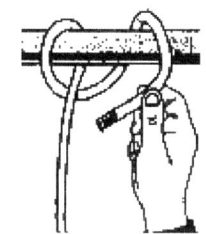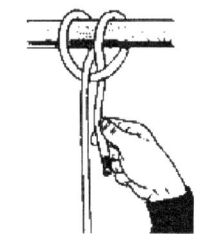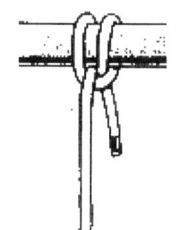

图 3-26　丁香结（双套结）

（2）将交叉在上的绳子再绕捆绑物一圈，绳头从绕的绳子下面穿过。

（3）在将两个绳头拉紧即可。

## 二、捆绑

### （一）方形捆绑

捆绑的物体成直角时，可采用方形捆绑，如图3-27所示。

（1）先打一个圆材结，然后将绳索在两根横木上下轮流绕横木一周，再沿逆时针方向将绳索上下围绕横木。

（2）绕三四圈后，转变方向到另一根横木上按相反方向缠绕。

（3）在一根横木上打个半结，完成缠绕，然后在另一根横木上用一个丁香结将绳索固定。

### （二）圆形捆绑

用来增加横木的长度或将横木叠放在一起时，可采用圆形捆绑，如图3-28所示。

（1）绳索在两根横木上打一个丁香结，然后绕着横木将结系紧。

（2）在横木的另一端再用一个丁香结，捆绑好后，在绳下加一个楔子，使其绷紧。

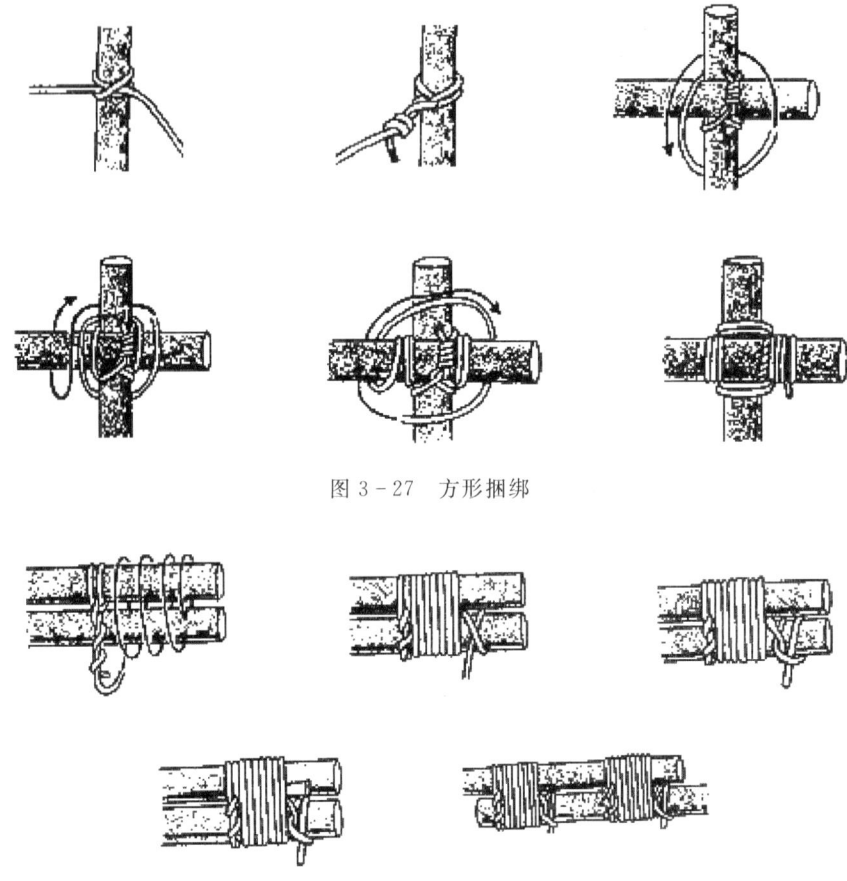

图 3-27 方形捆绑

图 3-28 圆形捆绑

## （三）对角线捆绑

捆绑的两物体不是垂直相交时，可采用对角线捆绑，如图 3-29 所示。

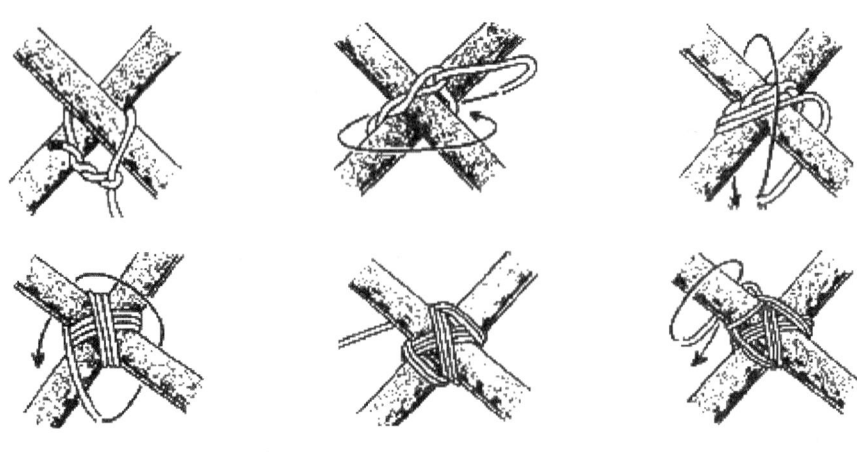

图 3-29 对角线捆绑

(1) 绕着两根横木，首先打一倾斜的圆材结。
(2) 将圆材结遮住，束紧，在靠下面的横木后面将绳索转个方向。
(3) 按另一个倾斜方向缠绕束紧，再将绳索转个方向，按正方形缠绕四周。
(4) 在一根横木上用一个丁香结结束捆绑。

## （四）剪式捆绑

捆绑两根平行圆木的末端，制成 A 字形的框架时，可采用剪式捆绑，如图 3-30 所示。

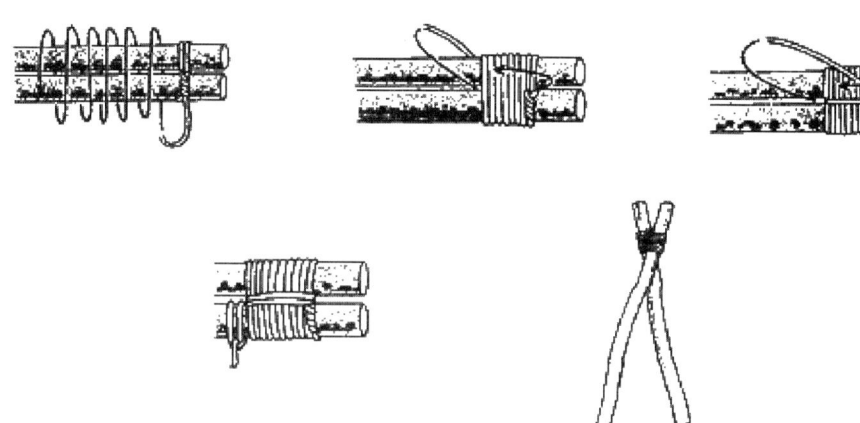

图 3-30　剪式捆绑

(1) 在一个圆木上打一个丁香结。
(2) 用绳索缠绕两根圆木。
(3) 将绳转向，在两圆木之间缠绕绳索两圈，再索紧。
(4) 最后在另一圆木上打一个丁香结，将圆木拉成剪刀形。

# 第五节　拓展训练指导老师的基本素质

在非传统教育的体验式培训中，培训机构把从事团队拓展活动指导工作的人员称之为拓展培训师。在传统教育的学校拓展训练课堂教学中，老师既要讲解，更要指导，我们就只好把从事团队拓展活动工作的教师称之为拓展训练指导教师。这个称谓既有着一般老师的共性，又显著地突出了拓展训练指导老师的个性。但在很多时候作为称谓，拓展培训师和拓展指导教师两者是通用的。

## 一、拓展指导教师的角色

中国的文化中，老师是一种非常值得尊重的职业，有很多的诗词谚语对老师做了比喻，例如"燃烧了自己，照亮了别人"、"要给人一杯水，自己先有一桶水"等。中国的传统文化认为：老师是无私的奉献者，老师知道的一定会比学生更多，教师值得人们尊敬。但是，在这个信息多元化的时代，信息的交流和传播速度都是从前不可想象的，教师也不可能或者不必比学生知道得更多。

拓展训练这种特殊的培训形式，正在被越来越多地应用于成人学习领域。面对来自不同行业，不同学历及职业背景的学员，很多方面学员比老师了解得更多。当然，在拓展领域里教师是专家，而在其他领域学员是专家。学员参加学习的目的并不是成为拓展训练的专家，而是通过挑战用拓展的专业知识帮助他们在自己专业的领域里做得更好，才是他们的真正目的。

因此，在表述中，更多地运用了指导、帮助、激励、推动等语言。

从前面讲到的拓展起源及一般特征中我们了解到，拓展的概念融合了多种思想和技术。因此，作为一名合格的拓展训练指导老师，在拓展训练教学活动的实施过程中，也不断地以多种不同的身份出现。

（1）教练角色。教练未必比运动员跑得更快，教练的职责在于协助运动员做得更好，并且让运动员们能够向比自己跑得慢的人学习。

（2）讲师角色。讲师的职责是传授知识和技能。

（3）教官角色。这是具有浓郁军事色彩的称谓，在培训的特定过程中出现。

（4）裁判员角色。对规则的维护，对结果的最后判决，体现公正与公平。

（5）参与者角色。特定过程中，需要以参与者的身份参与活动的进行。

（6）心灵导师角色。需要对学员言行所反映的心理状况作出准确的剖析。

根据指导教师在拓展训练中所承担的多种角色，可以认为拓展训练指导教师是活动的设计者，是场景的布置者，是规则的执行者，是气氛的制造者，是安全的监督者，是流程的疏导者，是矛盾的化解者，是知识的提升者。

与传统的教学相比较，拓展训练中老师从讲授者转变为引导者，有时仅仅可能是活动的推动者。它淡化了"教"的角色，使活动的主体成为学员本身，给他们更多的体验空间。但仍要注意两点：从实现培训目标角度讲，拓展训练指导教师始终于主导地位；从学习体验角度讲，拓展训练指导教师永远不能替代学员是学习的主体地位。

## 二、拓展指导教师的职业形象

从一定意义上说，拓展指导教师是公众人物，师德对学员起着潜移默化的影响，当你站在几位、几十位甚至上百位学员的面前，学员对你的第一印象将对培训能否顺利开展有相当大的影响。因此，拓展训练指导教师应从以下几个方面注意仪表、仪态和行为举止的职业要求。

### （一）仪表要求

**1. 男性指导教师**

（1）头发：发型要简洁，大方。

（2）面部：整洁，无胡须。

（3）服装：统一，配胸卡。

（4）饰物：禁止。

（5）气味：应使用一些除汗味的香体用品，气味不能刺激、浓烈。

**2. 女性指导教师**

（1）头发：不得有披肩发。

（2）化妆品：女士一般可略施淡妆。

（3）服装：统一，配胸卡。

（4）首饰：尽量少佩戴，不妨碍工作，不易损坏。

（5）指甲：短，不涂鲜艳的指甲油。

（6）气味：参考男性指导教师要求。

**3. 语言的应用**

（1）标准的普通话（特殊地区可以酌情考虑）。

（2）语音洪亮、层次清晰、语速得当。

（3）语气亲和，善于运用音量控制学员注意力。

（4）避免口头禅。

**4. 肢体语言**

（1）开口讲话，将目光锁定在一位听众的脸上。

（2）手势有力、得当、舒展。

（3）一次只看一位听众，时间控制在 3s 左右。

（4）语言职业化。

**5. 站立仪态**

（1）非主角时可采用双脚自然分开，或采用两手自然分开站立。

（2）不要抱肩，不可插兜。

（3）主讲时宜采用环手站立。

**6. 坐姿**

（1）不可跷二郎腿，并膝稳坐。

（2）在地上坐时，腿不可伸直，可参考军人坐姿。

**7. 走及跑姿**

无一定之规，注意稳健。

**8. 其他注意事项**

（1）讲话时不要吃口香糖。

（2）在学员面前不可吸烟。

**（二）心态要求**

拓展训练项目结果的不确定性与项目开始时的悬念一样，不仅让学员们感到新奇与刺激，也让指导教师在其中获得不同的感受。每一次教与学在拓展项目前都不会完全被复制，即便同一年龄组的学员中，不同班级与小组也是各具特色，不尽相同。

优秀的拓展训练指导教师，在学员与项目面前，应该能够及时遗忘与回归，不要指望活动项目都沿着自己心目中的方向发展，更不要期望现有学员会在活动中"翻版"上一次结果。应使学员在拓展训练中体验、感悟与学习，在成与败中得到成长，在模拟的活动中积累经验，领悟成功之道，避免走失败的弯路。

拓展训练指导教师应该是每一个拓展项目的最早体验者，要勇于、乐于体验各项活动，只有自己体验之后，才可以感悟到其中的要领。如果有可能，在不同情境与条件下重复体验同一个项目，同样能得到不同感受。这些感受的积累，对于成为合格的拓展教师有极大的帮助。

### （三）能力要求

在拓展训练课程教学中，老师会在固有的知识范围外突发灵感，这对于拓宽专业能力有一定裨益。这种"灵感"是许多学员喜爱的。这些灵感的源泉是一个优秀拓展教师所具备的多种能力的集中表现。

这些能力主要包括以下几方面。

**1. 充足的知识**

掌握多少知识才算是充足呢？这要依赖于拓展训练项目本身的特点。要将整个活动的流程全面完成，具有丰富的知识就是非常必要的了，尤其到了"总结提升"环节，准确而又丰富的知识就是指导教师的"修炼"成果所在，这种"修炼"需要下一番工夫才能实现。

**2. 丰富的阅历**

拓展指导老师的阅历是将理论与生活联系的一座桥。我们生活的时代，不可能历尽沧桑，但是如果我们用心去感悟生活，将生活的点滴与拓展训练联系，就可以有新的发现。同样，身边人的生活阅历或名人传记也可以让我们在拓展训练课上与学员分享。

**3. 思路清晰**

清晰的思路对于拓展训练指导教师顺利地指导活动是有价值的路径，学员们的沉思与频频点头的认同，在活动后津津乐道回味课上你所讲的那些话，正是对你清晰思路的认可。

**4. 心领神会**

这是拓展指导教师接受从学员那里传递出来的各种信息并能提前或同步作出判断的一种能力。这种判断最好是与信息源的初衷相同或在同一发展方向之上，这有助于拓展训练指导教师在指导学员活动时能够对活动的发展有一定的预见性。此外，学员在表达自己观点时，有时可能言不达意或含糊不清，其他同学可能无法明白，但拓展训练指导教师往往能够心领神会，毕竟他们的话题是你熟悉的领域，意译、总结与补充显得尤为重要了。

**5. 善于捕获信息**

为了获得有用信息，弥补学科知识的缺陷，我们需要拥有图书管理员与记者的能力。当然设计好问题以引出寻找的信息是获得信息常用的方法，如果信息不在你的头脑与所拥有的材料中，那么优质的信息源应该是图书馆、专业人士、行业协会、网站、大学课堂或者讲座。当然朋友或同学的谈话以及专题电视片中也能提供有价值的信息。作为指导老师，学员回顾时会提供大量的信息，记录下来考证后可以留用。

**6. 幽默**

幽默具有惠已悦人的神奇功效，它有一种饱含智慧和情趣的能力，令人解颐、畅怀、回味和神往。一个具有幽默倾向的拓展指导教师，能够赢得他人的好感，获得学员的支持。幽默同样可以是毫不留情的批判，并能够在他人易于接受的情况下得到深刻的哲理与启迪。对于指导老师来说，幽默是一个人品质、能力、智慧的象征，在课上的使用应当深沉、高雅而不是流于滑稽，温和、含蓄而不流于粗俗，稳健、自然而不流于造作。在拓展训练课上运用幽默的原则是基于爱而不是伤害。

**7. 耐心与忍耐力**

每一个拓展指导教师都会遇到学员在困难面前表示放弃的情况，而这种困难在你看来只需稍加努力就可以轻易地渡过，如果鼓励与帮助没有起到立竿见影的效果，就到了考验你耐心的时候了，同样的情况不断发生对你的忍受力也是一个考验。

**8. 其他能力**

巧妙表达能够获得更多的认同，张弛有度是一种被学员欣赏与敬佩的艺术，化繁为简与放开能力是对问题展开程度的把握力。当然，要想做好拓展训练的教学工作，信心、责任心、直觉同样是不可或缺的。

**（四）思维方式**

拓展训练环环相扣，意图通过心理与体能的拓展使学习者得到最大的收益。从整场培训中可以看出，拓展训练指导教师运用了多种思维方式。而多种思维方式才能成就成功的培训。

**1. 观察**

观察者需要调动指导教师所有的感官以带动思维，培训过程中指导教师应观察学习者反应、活动反响和活动氛围，以决定活动下一步的发展方向。诸如：拓展训练指导教师察觉到学习者活动气氛不够浓厚时，下一步要做的是提高学习者的学习趣味而不是开始另一个活动。

**2. 联想**

拓展训练可运用于多方面的信息。指导教师只有运用联想，才能带领学习者将他们的感悟应用到具体的方面。比如"心理极限挑战"，指导教师可以带动学习者联想到其他方面如何面对大难度的工作任务，是退让，让别的同事去完成，还是给自己一个挑战与成长的机会？

**3. 对比**

对比可以从迥然不同的事物中寻找到共同点，也可以从相类似的事物中寻找到相异点。指导教师运用对比，可以将信息更鲜活地呈现给学习者。比如不同的两项活动，一项以个人为单位，一项以小组为单位，拓展训练指导教师却从中找到了共同点：个人的创新能力与勇于冒险的精神。

**4. 躯体思维**

躯体思维类似于肢体语言，主要是运用躯体来表达各种感情状态，拓展训练指导运用

躯体思维的最大目的是感染学习者。比如在"云梯"面前，学习者望而止步，拓展训练指导教师身体力行，攀上"云梯"，向学习者做出胜利的手势与欢呼的表情，用成就感感染学习者。

#### 5. 层次性思维

网络游戏中，处于不同的级别，拥有的能力与武器也不一样。拓展训练指导教师也须同游戏玩家一样，让自己的情绪和提升的理论在不同的层次上释放，并使之适当地产生影响力。比如在知识方面，拓展训练刚开始时，团队处于震荡时期，意见多争论大，要启发学员努力多讲。拓展训练中团队已进入规范期，有的学员就是有了新的想法也可能不会过多发言，而出现退让情况，这时需要激励学员大胆发表创新思想和看法；在接近项目成功时敢于把自己的知识功底亮出来，对提升有一定的益处。比如在情绪方面，拓展训练开始前，拓展训练指导教师应是严肃、严谨的态度，情绪要稍许控制；但在接近成功的时刻，放纵自己的情绪则更易感染学员；至于到了最后成功的关头，不要再压制自己的情绪了，尽情地同学员一起享受成功吧！

#### 6. 模型

聪明人通常在行动之前就在头脑中构建一个模型，从模型可以更直接地看出构想的效果。拓展训练也是一样。指导教师借模型向学员直观地介绍整场训练的全过程，让学员更容易接受拓展方式。

#### 7. 抽象

分析问题时必须去粗存精，找出本质的问题。拓展训练中需要运用抽象的思维手段帮助学习者认识一些无法用模型展示出来的复杂问题。诸如：利用抽象的解说向学习者说明如何在完成任务的过程中充分利用小组成员的个性。

#### 8. 指挥中的创造力

如同行军作战，指挥员必须具备指挥员的魅力与创造力。拓展训练指导教师也是一样，在目标明确的训练中衍化出思想和知识，挖掘出学习者的潜能。

#### 9. 综合

拓展训练指导教师将气氛、思维方式整合在一起，能够更加有效地适应不同学习者的不同学习需求。

## 三、拓展指导教师的基本能力

### （一）领导力

#### 1. 擅长计划和组织

拓展训练指导教师作为一个组织的领导者，在遇到问题时需要控制自己的情绪，保持冷静，先要以身作则，然后去鼓励其他人。要制定一个计划并且尽快实施。

#### 2. 自信

要把自己当做一个领导者，清楚自己要发挥的作用，亲身体会、不断积累经验，从容自信地扮演自己的角色。理性思考，充分考虑你的下属。作为领导要掌握领导技巧和拥有自信心。孤芳自赏会使你变得孤单，特别是在你的决定不能被广泛认同时。

锻炼控制自己，在对待冲突、自我反省时要平衡感性和理性后再作决定。要知道作为一个领导者，你总要在正确的时间出现在正确的地方。

**3. 有足够的技能**

（1）硬件工具。场地、设施和器材。

（2）软件工具的类别及效能。课程的分类和目标决定了培训的主旨和实用性，所以培训的软件必须服务于课程的目标，才能够事半功倍。

在课程目标明确的前提下，项目的理论体系将会相应展开。减少偏离的可能性，增强实用性，出现的形式应避免逻辑性极强的概括性语言，而突出"模型"的概念，满足客户的需求。

（3）培训游戏。

1）游戏可增强参训者兴趣，融洽度，熟识度。

2）为培训而游戏。这类游戏目标性非常强，成为培训过程的良好助力。

3）培训故事。对培训效果能起到很好的推动作用。这类题材可来自于自身、来自于现实、还可以来自书本。

4）生理热身。减少培训中生理性突发情况的可能性，提升参训者的适应能力和信心。

5）互动工具。在不同的课程及项目过程中，应视不同情况灵活把握，但务必在培训实施之前达到最好效果。

提升总结回顾中的互动性，运用工具的范畴很大，故事、游戏、提问方式、角色扮演、沟通方式都应属其范畴，但指导员有明确的使用体系，了解使用方法，才能很好地运用这些工具。

（4）关心他人。作为一个好的领导者应该把每次活动、每件事情都看成是一个教育、帮助别人成长的机会。"关心"要融入活动，并贯穿活动始终。一两个关心的举动不足以建立和维持一个好的关系。关心也包括包容别人的缺点和不足。关心可以让队员心情舒畅，使他们更好地团结在一起。关心可以很有效地解决冲突，可以帮助消除怒火和畏惧，能够进行真诚的交流。

关心队员的真心交流要注意掌握下面的基本方法。

1）换位思考。换一个角度思考问题，想别人之所想，也许你就能够使自己对事物的理解更为全面。

2）倾听。倾听是对人的尊重，也是广开言路的方法，可以使某些心情郁闷的队员得到释放压力、舒缓心理的机会。

（5）作出好的决策。

1）要有预判能力。在瞬息万变的形势下，迟来的决定和错误的决定是一样糟糕的。在制订方案时要考虑备用方案，要考虑一些非传统方案。要利用全部资料分析方案的风险和利益，把方案的风险和利益量化，这样利于比较。

2）根据新问题调整决定。不要让规律影响你作决定，要时刻提醒自己不要受常规的影响。如果你尽力做了就不要后悔。以你的成功或失败的经验为鉴，提高下一次的决策

质量。

（6）值得信赖。应具有充分的自信、渊博的知识、和蔼的面容、温和的话语及丰富的阅历，给人的第一印象——你是可依赖的。如果缺乏自信、轻浮浅薄、简单粗暴，往往让人对你避而远之，就更谈不上依赖二字了。

### （二）沟通能力

所谓沟通，是指人与人之间通过语言、文字、符号或类似的表现形式，进行信息、情报交流和传达思想的过程。作为一名拓展训练指导教师，良好的沟通能力是必须具备的素质。完善的沟通过程应该是信息和思想经过传递后，接受者所感知到的意义和发送者所发出的完全一致。

有效的沟通要注意以下几点。

（1）确定你的交流既正确又完全。

（2）把自己放在一个倾听者的位置去考虑别人需要知道什么。

（3）把信息提供给需要它的人。

（4）在沟通时做一些记录可以提升沟通效率。

（5）确认你提供的信息是否能表达你的想法。对于复杂的信息请求对方重复一遍，避免理解有误。

（6）不要发出相互矛盾的信息，使语言内容、语调和动作保持一致。

（7）要把你的信息传达到每一个人。你的表达要让不同性别、不同年龄、不同背景的人都明白。

（8）懂得吸收他人的优点。

### （三）处理困难人群和冲突的能力

#### 1. 冲突的定义

大多数对冲突的界定中都包括了一些明确的主题：冲突是否存在是一个知觉问题，冲突必须是被各方感知到的。如果人们没有意识到冲突，则常常会认为没有冲突。在定义当中的共同之处是，各方存在意见的对立或不一致，并带有某种相互作用，这些因素所构成的条件决定了冲突的出发点。

应对冲突应注意以下几点。

（1）在应对挑衅时，重要的是看你如何回应他们。

（2）你要学会预判可能出现的对手。

（3）持有正确的观点而遇到冲突是很少见的。

（4）解决冲突取得成功的关键是在你和你的对手之间建立信任。

（5）如果你认识到这些是困难人群，你应该从你的习惯中跳出来去通过对话和付出行动来与他们建立信任。

1）敢于面对困难，在困难人群的身上花更多的时间。

2）寻找一种温和的方式去对话。

3）建立信任的关键是要付出关心。

4）寻找一种合适的方法去处理敏感的问题，从而缓和他们的情绪。

5）简短的赞同表达。

（6）如果遇到冲突，你要利用信任，冷静、谨慎地去寻找容易的切入点。但不要为了逃避冲突去隐藏一些重要的观点。

（7）如果无法找到容易的切入点，就要确切了解他们反对的是什么。

1）尽量正确地概括出不同之处。

2）认可其他人的回答，尽量去澄清需要澄清的问题。

3）不要单纯的说教。

4）获得更多的信息。

（8）先去探索你们共同的立场，然后把它建立起来。

1）在你认同的前提下，承认一些其他的立场。

2）寻找其他的共同目标。

3）寻找一种方法去与他们分享一些故事的背景和经验。

4）如果他们处于和你一样的状况，问他们会做什么。

（9）创造一个成功场景。问你的对手和自己，最适宜的结果是什么。用一个深刻的画面来阐述这一结果，让所有人都能接受。

（10）发展一个共同的策略去实现这一场景。

（11）如果这个策略没有起作用，作为一个领导者，你要承担最后责任。

（12）重视几率。建立信任的策略未必时时都能起作用，但它能不断增加你成功应对冲突的几率。

针对冲突的定义有很多，在拓展训练中，主要把冲突定义为培训环节中出现的学员之间的冲突，以及学员与指导员之间出现的冲突。

对于学员与学员中间出现的冲突，一方面是由于项目的设计方面出现的；另一方面是意外事件引发的。

**2. 冲突的种类**

（1）挑战规则。拓展项目的规则是不断发展变化的，因此难免有些疏漏之处，这些漏洞对于全身心参与的队员而言是非常不公平的。当冲突出现的时候首先要理解队员的心情，不要采用过激的言语还击。另外在肯定队员敏锐的洞察力的基础上引导队员向其他方面转移。

（2）挑战指导教师的权威。出现这样的情况原因可能是多种多样的。比如学员个人对拓展教师缺乏好感，或是指导教师的某些话语或行为引起了学员的不满。当这样的冲突出现以后，指导教师要首先向学员真诚地道歉，然后调整对待学员的态度和方式。

1）充分利用肢体语言。你的表情和姿势要尽可能放松，向学员表明你是坦率的，微笑是最好的润滑剂。

2）不要对自己的行为和观点过度辩护。不要造成"我不能有错"的感觉，不要试图从个人角度进行辩解和防卫。

3）澄清和确认。复述关键的话，检查你自己的理解是否正确。有的时候可能是指导教师错误的理解了学员的意思。不要在无谓的问题上纠缠，在不需要争论的问题上浪费时间。

4)积极地解决问题。不要过于关注问题的本身,要将注意力集中在如何解决问题上。

5)让全体队员协助你解决问题。给其他有可能支持你的学员发言的机会,运用其他学员协助你解决问题。如果争议比较大,可采用举手表决。

6)课后个别讨论。如果有必要,可以在培训结束后找个别学员继续讨论并缓和气氛。

7)适可而止。当挑衅者改变态度后应该平常对待,不要过分纠缠。

(3)队员之间的冲突。这样冲突的产生,可能是由于部分人员之间有的矛盾在特殊事件的引导下而爆发,亦或是过分投入于项目操作而产生情绪过敏。如果冲突不能很好地解决,将在很大程度上影响活动的顺利进行。

### (四)敏锐的洞察力

在拓展培训活动中,学员的言行和行为不断发生着变化,准确地捕捉这些信息才能给予最为有效的反馈。而信息的捕捉就要依靠指导教师敏锐的洞察力。

观察要带着明确的目的。这种目的是和培训的目标相对应的,例如想要引导团队反思所沟通的问题,就要捕捉在活动中出现的沟通矛盾。

**1. 培训活动开始前**

这段时间要重点观察学员的行为举止、对培训的关注程度和期望状态。在了解学员情况的基础上,可对自己的培训风格进行微调。

**2. 培训活动进行中**

这段时间着重观察重点人物和事件以及与培训目标相对应的关键点,以点带面引出培训目标诉求,以重点人物的感受为突破口引起学员的反思,对重点事件进行分析引起学员的思考。

**3. 回顾分享时**

这段时间要特别注意学员的状态,通过分享者的评议分析所流露出的真实思想;澄清和总结队员的话语,并进一步询问学员的真正感受。

观察力的培养是需要时间过程的,达到观察的第一个层次相对来说比较容易,而透过现象提示内在动机、状态和目的是一个不断深化和经验积累的过程。

## 四、拓展指导教师的主要职责

### (一)课前准备为达到培训目的奠定良好基础

拓展指导教师上课前的第一项获取并且熟悉学员名单。如果是在学校里,拓展训练的学员人数相对是比较固定的,一般都为16~20人。拿到学员名单后,首先确认人数多少,然后查看学员姓名中是否有不认识或不能确定读音的字,这个细节对于拓展教师是非常重要的。其次,尽力记住这些名字,如果名单上还有一些诸如年级、院系等学员资料,可以略微留意一下,当然对于培训活动也需要了解这些情况。

指导老师上课前的第二项工作是在每一节课前检查必备器械与道具,课程的内容如是大纲已经确定,课程所需的器械与教具,可根据项目"后勤装备手册"核查。按照器械的使用与安全检查原则,确保上课不会因为器械与道具不足而影响进程。

对于场地与周边环境的检查也是课前必须要做的工作。提前关注天气预报，评估上课时的天气同样是必不可少的课前工作。

在"分享回顾"环节，指导教师应提前温习将会使用到的有关理论，选择一些合适的故事和名言，准备一些"大图片"或者打印一些图表及图标，以便一些问题更加直观或者更有说服力地展现出来。

如果想上好一节成功的拓展训练课，受人欢迎的气氛与教程内容同等重要。优秀的指导教师会在课前提前来到上课的地点，除了做些必备的课程布置外，也会留一些时间与早到的学员做一些看似"闲聊"的交流。比如：上课前彼此还很陌生时，指导教师在与学员闲聊中问问学员的姓名等基本情况，并将其默记在心中。在上课时如需互动，指导教师可以正确地叫出学员的名字，师生关系会显得更亲近些，至少在破冰课上对于打破僵局会更加容易。

在拓展训练课上，有时需要对某些学员的行为或活动结果进行评比，并且对某些学员进行表扬或奖励。教师用口头表彰无可厚非，但偶尔准备一些小的礼品或小奖品，对于这种体验式的学习，能够给学员们带来更多的快乐。

### （二）运用主动式学习方式实现培训目标

培训目标是拓展机构在参考客户既定目标的前提下，结合环境、人员物质等实际情况制订的具有很强针对性的培训预期目标。

灌输式和主动式是相对立的概念，从本质上说，学员的学习状态是由内容、环境和教师来决定的。能否注重建立让他人参与的氛围和运用参与手段让学员参与，是主动式学习的主要决定因素。

### （三）与参训学员共同营造培训环境的心理氛围

培训环境包括硬件和软件。硬件是指导培训实施过程中的外部环境、场地、道具和实施等环节；而软件是指导培训过程中的氛围、学员情绪以及相关规则等。

在培训环境的营造上，要因时、因地、因人而采用不同的手段和方法，避免冲突与误解，努力构建心情舒畅、气氛轻松、团结向上、相互配合的训练氛围。

### （四）培训活动的组织和实施

安全是一切活动和培训开展的前提，失去了这一个前提，任何想要达到的效果都是不可能实现的。因此要求拓展训练指导教师具有丰富的安全操作经验和强烈的责任心。除了身体的安全之外，还应该使学员感受到心理安全。

拓展训练中学员的心理安全主要在于学习的氛围与学习的有效性。

快乐学习是我们所需要的培训氛围，这是指拓展训练指导教师要善于赢得学员的积极配合，善于用合适的方式使游离于团队之外的学员参与团队活动，保持良好的心理互动。

有效性是指导培训活动能否最终达到预期的培训目标，学员在拓展训练中通过高峰体验是否达到自我实现的突破，从刻骨铭心的体验上升到震撼心灵的感悟。为此拓展训练指导教师要保证培训的实施内容与计划内容相一致，流程控制得当。

### （五）学员言行的忠实反馈

人的成长过程来自于两个方面：一是对外部世界的探索；二是对内心的自我探究。然

第一篇 知识篇

而，很多时候人们都无法真正清晰地了解自己。

在拓展的实施过程中，学员们会有很多的言行，而这些言行就是教师了解学员和学员了解自己的最好素材。对于学员正确的想法和意见，教师应给予肯定和支持；对于学员的某些错误的思想认识，也要循循善诱地引导，要避免使用简单粗暴的方法，但也不能不闻不问。有效地沟通在于排除干扰、清晰反馈。拓展训练指导与学员互为"镜子"，通过反馈达到有效的沟通，帮助学员在体验中感悟。拓展训练指导教师准确的反馈总是会使学员陷入深深的思考当中。

### （六）学员成长的引导

对自己言行的准确认知，促使我们了解现在的状态是否是我们想要的，同时也能够从一定程度上找到未来发展的方向。

作为拓展培训的最终实施环节，教师需要以适当的方式和技巧来推动和引导学员的认知改善的过程。

## 五、拓展教师的常备物品

我国大多利用景区与郊野周边的环境进行拓展训练，很少有机会到高山瀚海间，相比较而言，常备物品就少了许多。但是拓展教师除了教程内容中所需的器械和文件外，有几件物品需要每节课都应随身携带，随时使用或备用。

### （一）简易药箱与药品

无论拓展训练课的课堂移到哪里，药箱与药品要随时携带放在一个自己可以应急使用而又方便找到的地方。但建议不要轻易地把药箱摆放在太过显眼的地方，在学员们参加有一定风险的项目时，药箱上醒目的红十字可能会增加部分学员的心理压力，正如许多小朋友看到穿白大褂的医生会以为要给自己打针，于是就害怕起来甚至大哭一样。

常备药品主要是用于轻微外伤的处理，当学员身体出现异常，在不了解学员身体状况的情况下不要轻易提供口服药品，最好的方法还是尽快送到最近的医院或向医生求救，如果是出血性损伤，在需要应急包扎处理时最好带上医用手套，不要让自己或学员轻易沾上血液，尤其是手上有伤口时更需要注意。

### （二）棒球帽或穿越帽

很多时候拓展教师会在烈日下暴晒一两个小时，烈日对脑部的伤害绝对不可小视。此外，帽檐对于保护眼睛不言自明，合理利用帽檐，找到一个合适的角度，对于保护高空中的学员也是不错的选择。帽子最好是户外专用的，劣质的帽子会让人燥热难耐。

### （三）水壶

实用的户外运动水壶不仅让你显得更加专业，而且可以确保自己的水分供应。及时、多次、适量地补充水分，在拓展训练中是必需的，尤其在炎热的天气中，失水太多不仅会口干、声音嘶哑，有时会对身体造成更大的伤害。

### （四）太阳镜

眼睛是心灵的窗户，也是我们与学员进行交流的重要器官。在拓展训练中，培训老师

要准备一副太阳镜,但不要轻易戴上(面对阳光,而阳光又刺眼,眼睛睁不开除外)。太阳镜的作用除了保护眼睛外,有些时候还可以"保护"拓展教师内心深处的一些东西,尤其在一些突破定式思维或需要随时调整方案的拓展项目中,总会有一些学员向老师提出一些寻求答案的问题,而教师更希望这些答案出自他们的探索与讨论中,那么戴上墨镜,拓展教师就不必有意的回避目光或"泄露机密"。

许多拓展教师养成了喜欢戴墨镜的习惯,而且戴上就不愿摘下,这样做虽然保护了眼睛,但有时也隔断了与学员的适时交流。大多数情况下,拓展老师不需要刻意去戴太阳镜,尤其在学员挑战活动结束后,与学员们围坐在一起时,再戴着太阳镜就不符合操作规范了。

### (五)其他物品

一个不大的腰包可以装些必备的不物品,比如防晒霜、小刀等。另外拓展教师应该有一只哨子,在特定的时候它可以帮助你召唤学员,避免高声呼唤嗓子嘶哑。一款时尚的运动腕表或秒表也应是必备的物品。有些拓展教师喜欢带上指甲刀,学员过长的指甲不利于抓握类的动作,不注意折断或撕裂指甲是常有的事,甚至还会掐伤自己,但切记,如果受伤出血后不可随意使用,必须按照卫生要求认真处理,预防交叉感染。

随身带上记事本与笔是必要的,有时候在学员发言中,你可以获得很重要的信息,记录下来可以丰富自己。

## 第六节 拓展训练的实施流程

拓展训练不是随心所欲的游戏,而是一项科学严谨的活动。拓展训练课程是由多个针对不同训练目的的不同类型的项目组成,针对不同层次和需求,将不同类别、不同应用层次的项目穿插组合,让参与者体验到全部拓展训练的内容。无论是学校体育教学还是培训中的拓展训练,都需有一套完整的实施流程。

一般来说,课程实施流程包括:课程设计——场景布置——破冰课程——挑战体验——分享回顾——总结提升——改变行为。

### 一、课程设计

课程设计是依据对参训群体的特点及需求进行调查分析设计课程,制定出尽可能满足学员要求与最能表现训练结果的课程。课程设计对于整个课程来说非常关键,直接决定着课程是否取得预期效果。因此课程设计前必须对参训群体的年龄、行业背景、参训需求、时间等诸多因素进行调查,以整个团队的学习目标为主旨,使项目的设计更具针对性。

课程设计应遵循以下几个原则。

**1. 循序渐进原则**

人的心理变化有一个过程,因此拓展实践的项目安排要求有一定的顺序,具体内容设计比较理想的顺序是以"破冰课"类开始,充分拉近参与者之间的心理距离,迅速融入拓展训练的状态,然后安排小项目,让参与者感受"体验式学习"与传统学习方式的不同。

然后各队开始自己的项目,各项循环进行。整个拓展训练的最后一个项目需要安排团队协作的项目,这样可以使参与者的情绪和团队的氛围都发展到一个高潮作为结束。

**2. 连续性原则**

拓展项目之间应保持一定的连续性,开始项目之前应留出一段时间进行小游戏,有助于团队氛围的预热,项目之间的间隔时间不宜过长,避免项目之间有脱节感;对于需要几个小组(队)同时训练来说,项目的设计应该考虑各队完成任务与回顾的时间,确保交换项目的时机是在队伍之间都完成的情况下进行。拓展教师在整个过程中要调控团队的氛围,确保团队始终处于高涨的热烈气氛之中。

**3. 完整性原则**

根据参训群体的需求有所侧重,安排不同分享方向的项目进行搭配,使整个拓展训练具有完整性与系统性。设计的活动应该有一些娱乐性较强的项目,这能帮助我们更好地组织与实施训练,也有利于团队气氛的活跃。但不论是训练开始还是过程中,甚至活动结束以后,如何让拓展训练活动中所获得的感悟与实际工作和生活联系起来,这也是非常重要的。

## 二、场景布置

场景布置对于整个拓展训练来说也是关键一环。根据项目内容的特点,合理利用自然资源与相应设施,准确布置所需的器材,使活动环境紧凑协调,达到项目要表达的真实效果。

场景布置必须提前完成,对于拓展训练课程经常需要的一些特殊道具及物品、器械,均要提前准备检查,确保安全和项目的顺利进行。

除了硬件方面的场景布置外,就是项目的情景模拟、规则的布置。教师对于规则的布置必须清晰,而且项目的语言布置必须按照每个项目的特点到位,在布课时就应该清楚记得自己说过什么,可以在随后的回顾中正确引导,否则很容易引起疑义,导致项目效果不如意。

## 三、破冰课程

破冰是拓展训练项目开始前的一个必需课程,意为打破人与人之间生疏的坚冰。让团队成员之间很快熟悉起来,融入团队。拓展训练是以团队为基本单位完成一个个挑战项目,战胜一个个困难的,因此通过安排一些消除拘谨的项目,鼓励团队做一些突破常规的事情,有助于加深成员之间的相互了解,消除紧张,以便轻松愉悦地投入到各项活动中去。提高团队的凝聚力与战斗力,让每个队员对团队有归属感和责任感。如果学员没有这种充分的团队归属感和责任感,那么这个团队的建立是失败的,整个拓展训练也不能达到目标效果。

团队文化创建:选举队长──→确定队名──→创作队训──→设计队徽──→谱写队歌──→编排队舞──→学员签名。一般时间要求 15~30min。

团队文化展示:队长代表团队介绍队名、队训、队徽、分别代表的含义;团队成员做个性展示，包括自我介绍、个人爱好、最喜欢的名言；团队集体展示：齐声高呼队名、队训，跳队舞，高声齐唱队歌。

## 四、挑战体验

挑战体验是让学员接受挑战，完成项目要求的任务，从中体验项目中预先设计的理念，并自然的从中得到感悟。

挑战体验是拓展训练的实践环节，是体验式学习的基础，也是整个流程中关键一步。根据参训群体的需要，前期的课程设计要突出其强调的重点，有的侧重个人挑战，有的注重团队协作项目的挑战。挑战体验的项目绝大多数属于能力范围之内，有的看似让人望而生畏，拓展教师可以通过一些提示和引导，让他们正确面对所要接受的挑战；有的看似非常简单，但需要通过付出努力才能完成。

拓展教师在整个拓展训练过程中承担着重要的引导作用。教师首先对规则和目标用简明扼要的语言进行描述；针对不同项目特点，教师要用激励、鼓励、暗示、反问、沉默等不同的引导手段，确保团队及团队每个成员全身心地投入到项目实践中。

项目的难度与项目本身的设计有关，一般来说，高风险的项目难于低风险的项目，体力消耗多的项目难于体力消耗少的项目，主要活动在户外的比可以进入室完成的项目难些，道具增多将会加大难度。个人项目主要是提高自信心与提供自我省思的机会；团队挑战主要是提高沟通能力、领导力和与他人合作的能力。

## 五、分享回顾

分享回顾是指学生在体验后按特定的形式，在拓展教师的引导下，把自己在项目进行过程中的感想，完成任务后的感受真诚的表达出来，与大家分享得失，让团队成员充分感受到拓展训练的内涵，内心深处受到启迪，共同从中学习。

**1. 分享回顾的方式**

（1）"圆桌"分享方式。一般采用轮流发言与随机发言相结合，让每个人都有机会发表自己的看法。尤其是开课初的几个项目，要保证每个人都有机会发言。第一个发言人经常会由最先完成任务的人开始，或者困难最大的那个人开始，按顺时针或逆时针方向轮流，当然回顾过程中都应该在他们讲完之后为其成功鼓掌，也会祝贺每个成功的人。

（2）"挖掘"分享方式。按照项目设计理念和学习目的，拓展教师可以进行引导或者提出一些相关的问题，就项目中集中的重点问题进行深度分享。

（3）鼓励为主分享方式。拓展训练中会碰到在一个队伍中出现个人挑战不成功的现象，在分享时难免会出现部分学生相对沉默的，这时不要强迫和为难他们，也不要为了照顾他们的情绪或怕无意刺伤而说话谨慎，而是要坦诚相待，多鼓励他们发言。在每一位大胆讲出自己感悟时，都应给予适时的鼓励和表扬。

**2. 分享的原则**

（1）即时性原则：一个项目完成后，应该立即进行分享回顾，项目刚完成时学生还完全沉浸在项目的氛围之中，都会有许多的想法，此时进行分享回顾也正是表达的最佳时机。

（2）主题性原则：每个项目都有其核心理念，但同时也有其他方向的分享点，所以每个项目的分享回顾应重点突出其核心内涵，同时根据参训团队的需求展开分享点，围绕主题进行分享，避免跑题。

（3）联系实际原则：学习是为了以后更好的工作和生活，因此，如何让拓展项目与实际生活联系起来是每一位参训者所应做的，不要在项目的完成方法上纠缠不休，以使学习的目的更加明确有效。

（4）不作定性评价原则：对学员分享的感受，不作"对或错"的定性评价，因为这是体验过程的真实感受，通过引导找到我们想要的学习的理念即可。

## 六、引导总结与提升心智

引导总结是将活动中出现的问题和认知感受进行引导，用符合拓展训练理论基础的理念进行科学的总结，使其理论更加严谨与体系化。提升心智是将学员感悟与理解进行提升，主要运用鼓励与肯定的形式，让其对自己的能力与潜力有一个新的认识，对团队的进展充满信心，并相信自己能够在实践中合理运用的一个过程。

教师在引导总结与提升心智环节，适时地加入故事和案例，故事的运用要依据活动的内涵进行演绎，安全的使用既要具有普遍代表性以要有针对性，既要运用经典案例，又要运用一些时事性案例，这样才能让学生得到更多的认同。

## 七、改变行为

马斯洛说：心若改变，你的态度跟着改变；态度改变，你的行为跟着改变；行为改变，你的习惯跟着改变；习惯改变，你的性格跟着改变；性格改变，你的人生跟着改变。拓展训练的最终目的是将所学的知识得以运用，能否在拓展训练之后继续持续当时的激情，回到工作与学习中能够有所改变？客观地说，仅仅通过一两天的拓展训练来完全改变一个人的心志模式那是不可能的。在学校开展拓展训练课程能够解决这个问题，学校拓展训练的教学是以学期或学年为单位的，连续不断的体验势必使学生的自我概念不断地进行修订，最终引起行为习惯的改变。

# 第二篇 实践篇

# 第四章 场地拓展

在我国现行的拓展训练中，利用人工建造的拓展训练场地完成多种拓展任务是最常见的模式。场地拓展训练利于组织和实施，也最容易被活动者接受。尤其是一些高空项目，由于拓展效果明显，又有非常安全的保障，受到广大学生和爱好者的喜爱，甚至已成为拓展训练的"形象"项目。

## 第一节 高空项目

### 一、空中抓杠

#### （一）项目概述

空中单杠是一个以个人挑战为主的项目，如图4-1所示，它属于高空高难度项目，

图4-1 空中抓杠

整个过程需独立完成。即学生在规定的时间内穿好安全装备，在有保护的情况下，由地面通过扶手爬到离地 8m 的顶端圆盘上，并在圆盘上站稳，奋力向前跃出，用手去抓或者触摸单杠，不管是否抓住单杠，只要奋力跳出都视为成功，然后利用保护绳回到地面。通过他们的奋力一跃，挑战自我心理极限。

### （二）目标

(1) 自我突破、挑战自我、超越心理障碍，全力以赴，克服学生的畏难情绪。

(2) 用积极的心态去争取和获得机会，同时培养面对困难时的互助精神。

(3) 通过加油、鼓励、关注等让学生认识到相互激励与关爱是一个优秀团队的必备因素。

### （三）人数与时间

(1) 15 人左右（不少于 7 人）。

(2) 项目完成时间 120min。

### （四）场地与器材

(1) 组合训练架或专项训练架。

(2) 长 25m，直径 10.5mm 的动力绳 2 根。

(3) 丝扣锁 4 把、铁锁 4 把、8 字环 2 个，120cm 的绳套 2 条。

(4) 全身安全带 2 条、坐式安全带 2 条、头盔 2 个、手套 4 双。

### （五）组织过程

**1. 安全检查**

教师对该开展项目所需要的场地和装备进行安全性检查。

**2. 装备知识**

教师讲解装备的正确穿戴和使用的方法（具体见第三章第二节）。

**3. 保护技术**

教师讲解保护技术动作要领和注意事项，采用五步保护法（具体见第三章第三节）。

**4. 练习方法**

教师讲解抓杆的技术动作要领，即：在立柱圆盘上起跳前，学生应将双脚的前 1/3 伸出平台的边沿，然后抬头向前上方看，两腿 120°弯曲，膝关节微内扣，两手臂后伸，四指并拢、虎口张开、起跳时两腿充分向前上方蹬出，两手臂充分向前上方挥动，奋力向前跃出，身体在空中充分伸展，在跳跃过程中伸手抓或拍杆动作，完成后注意缓冲。

**5. 注意事项**

(1) 剪掉长指甲，长发盘入头盔。

(2) 学生开始之前，应由队长带领全队学生为其加油——全体学生将手放在即将上去的学生的头部、肩部、整齐地大声喊出其名字及加油的话语。

(3) 练习者起跳前应全身紧张，注意力集中，注意深度呼吸。

(4) 要奋力向前跃出而不是直直往下跳。

（5）不能抓绳（绳子在背后，如果抓绳可能夹到手指，可能形成反关节动作，也可能导致失去平衡摔离跳台）。

（6）教师讲解完保护方法和练习方法后应让学生在地面练习保护和实验跳跃几次，熟悉动作要领。

（7）下方保护人员注意力应高度集中。

（8）教师与练习的学生应及时沟通，给予足够的鼓励。

### （六）安全监控

（1）项目进行前带领学生做好充分的准备活动。

（2）疾病史：学生有严重头、颈、肩、腰、背、骶等部位伤病史或有严重心脑血管疾病、习惯性脱臼、低血糖等病史的可以不做此项目。

（3）如果学生因个人原因强烈抵触，教师不得强求其完成。

（4）教师应亲自为学生检查安全带、头盔穿戴，并摘挂铁锁，遵循复查原则。

（5）教师站位原则：必须能同时监控两组做保护的学生和上方活动的学生。

（6）学生向上攀爬时（学生未达到3m高度前，教师在下方做抱石保护动作保护），速度不能过快（如攀爬过快，做保护的学生来不及收绳，可要求攀爬者暂停攀爬，等绳收紧后继续攀爬。）注意监控做保护的学生及时正确收绳。

（7）在一名学生进行项目过程中不可更换做保护者（更换做保护学生必须由教师掌控）；在一名学生进行项目过程中，教师不可离开监控范围去做其他事（如帮其他学生穿戴安全带等）。

（8）学生下降时教师在一组保护的主保护后方虚握绳索（戴手套）控制下降速度，并安排空闲学生到下方接应。做保护的学生之间站立距离不能过远，1m左右，严禁坐着进行保护，所有高空保护都是如此。

（9）要不断提醒做项目的学生不要抓保护绳索及铁锁；须使用尼龙搭扣的帆布套将学生身后的两根保护绳并成一股，要能完整包裹住绳结。

（10）注意提醒所有学生严禁脚踩绳索，训练架下方严禁站人。

### （七）分享回顾

（1）在地面抓杠的感觉和在高空抓杠的感觉，学生心理在过程中起了什么变化？

（2）挑战过程中最害怕最困难的是什么时候，为什么？

（3）机会就在眼前，如何朝他不断追求？

（4）分析关于潜能的问题，包括激发出来的显性潜能和隐性潜能。

（5）在生活中积极向上，当机会出现的时候尽量去争取，只要我们努力过，不论我们是否得到，至少无怨无悔。

## 二、高空断桥

### （一）项目概述

高空断桥是一个以个人挑战为主的项目，如图4-2所示，属于高空心理冲击的项目，会比较刺激和紧张，整个过程需独立完成。即学生在规定的时间内穿戴好安全装备，在有保护的情况下，依次爬上断桥，完成两次跨步跳（跳过去，跳回来）视为成功。"断桥一小步，人生一大步"，浓缩了这个活动的精华。

图 4-2  高空断桥

### （二）目标

（1）自我突破，挑战自我，超越心理障碍，全力以赴，克服学生的畏难情绪。

（2）自我说服与自我激励，并培养面对困难时的互助精神和团队意识。

（3）通过加油、鼓励、关注等让学生认识到相互激励与关爱是一个优秀团队的必备因素。

### （三）人数与时间

（1）15 人左右（不少于 7 人）。

（2）项目完成时间 120min。

### （四）场地与器材

（1）组合训练架或专项训练架。

（2）长 25m，直径 10.5mm 的动力绳 2 根。

（3）丝扣锁 4 把、铁锁 4 把、8 字环 2 个，120cm 的绳套 2 条。

（4）全身安全带 2 条、坐式安全带 2 条、头盔 2 个、手套 4 双。

### （五）组织过程

**1. 安全检查**

教师对该开展项目所需要的场地和装备进行安全性检查。

**2. 装备知识**

教师讲解装备的正确穿戴和使用的方法。

**3. 保护技术**

教师讲解保护技术动作要领和注意事项，采用五步保护法。

**4. 练习方法**

在平整的场地上，要求每名学者在地面上以同一起跳线朝同一方向逐一尝试跳跃，教师观察动作是否正确，也考察一下学生的弹跳能力，并提醒不要跳得太猛。到达平台之后，学生两腿前后分开站于一侧桥面，前脚探出桥面 1/4~1/3 以便发力。单脚起跳，单脚落到另一侧桥面。然后以同样方式跳回。

### （六）注意事项

（1）跳断桥的时候不允许助跑起跳。

（2）单腿起跳，单腿落地，不允许双腿起跳或者双腿落地。

（3）要腾空起跳，而不能迈过（避免进退两难）。

（4）跳跃的过程中，不允许双手抓绳（避免O形钢锁和钢缆摩擦过大）。

（5）断桥正下方不能站人，没有特殊情况不允许离开场地，如须离开时，请向教师或队长请假，得到允许方可离开。

### （七）安全监控

（1）项目进行前带领学生做好充分的准备活动。

（2）疾病史：学生有严重头、颈、肩、腰、背、骶等部位伤病史或有严重心脑血管疾病、习惯性脱臼、低血糖等病史的可以不做此项目。

（3）如果学生因个人原因强烈抵触，教师不得强求其完成。

（4）教师应亲自为学生检查安全带、头盔穿戴，并摘挂铁锁，遵循复查原则。

（5）教师的站位必须能同时监控两组做保护的学生和上方活动的学生。

（6）学生向上攀爬时，（学生未达到 3m 高度前，教师在下方做抱石保护动作保护。）速度不能过快（如攀爬过快，做保护的学生来不及收绳，可要求攀爬者暂停攀爬，等绳收紧后继续攀爬。）注意监控做保护的学生及时正确收绳。

（7）在一名学生进行项目过程中不可更换做保护者（更换做保护学生必须由教师掌控）；在一名学生进行项目过程中，教师不可离开监控范围去做其他事（如帮其他学生穿戴安全带等）。

（8）学生下降时教师在一组保护的主保护后方虚握绳索（戴手套）控制下降速度，并安排空闲学生到下方接应。做保护的学生之间站立距离不能过远，1m 左右，严禁坐着进行保护，所有高空保护都是如此。

（9）要不断提醒做项目的学生不要抓保护绳索及铁锁；须使用尼龙搭扣的帆布套将学生身后的两根保护绳并成一股，要能完整包裹住绳结。

（10）注意提醒所有学生严禁脚踩绳索，训练架下方严禁站人。

### （八）分享回顾

（1）鼓励每一个人都讲讲自己的感受，完成不够出色的也要说，可以联系生活。

（2）在地面跨越的感觉和在高空跨越的感觉，学生心态在过程中起了什么变化。

(3) 当学生想要放弃的时候是靠什么说服自己完成项目的。
(4) 人生一步一步前进难免会遇到困难和意外,用什么心态去面对是最重要的。
(5) 分享"断桥一小步,人生一大步",讲叙身边的人面对艰难渡过难关的故事。

## 三、天梯

### (一) 项目概述

天梯也叫巨人梯,如图4-3所示,是一个以2人共同挑战和团队配合相结合的项目,具有一定的难度和心理冲击力,需要消耗较大体力。即学生两人一组,在穿戴好安全保护装备的情况下,从距离地面1m多高的第一根阶梯爬起,阶梯间的距离逐渐加大,直至爬到顶部。攀爬过程中,可借助的资源就是一根套绳。勇攀天梯是要提醒我们在竞争的社会环境中,千万不要忘记合作。

图4-3 天梯

### (二) 目标

(1) 培养学生敢于拼搏无私奉献及团队的协作精神。
(2) 全力以赴,合理分工、互相鼓励、充满自信、克服畏难情绪去实现目标。
(3) 体会团队内部人员合理搭配对实现整体目标的价值以及共同学习,不断总结经验对提高整体工作效率的重要性。

### (三) 人数与时间

(1) 15人左右(不少于8人)。
(2) 活动时间为150min左右。

### (四) 场地与器材

(1) 组合训练架或专项训练架。

(2)上保护2套:每套由两条短扁带和两把O形铁锁组成。

(3)长25m,直径10.5mm的动力绳2根。

(4)主锁6把(其中2把是自锁)、8字环2个、坐式安全带6条、头盔4个、手套6副。

（五）组织过程

**1. 安全检查**

教师对该开展项目所需要的场地和装备进行安全性检查。

**2. 装备知识**

教师讲解装备的正确穿戴和使用的方法。

**3. 保护技术**

教师讲解保护技术动作要领和注意事项,采用五步保护法。

**4. 练习方法**

一个学生踩着另一个学生的大腿根部爬上去,上去的学生十指交叉扣紧抱住横木或单手环抱横木,同时下面的学生可以抓住上面学生腰间的安全带或学生的手、脚等爬上去。

（六）注意事项

(1)练习前应先分组,安排好练习的顺序,注意强弱搭配和男女搭配。

(2)在练习前学生应穿戴好安全带,连接绳索,教师需进行安全检查。

(3)到顶后要注意下降安全,若穿戴的是坐式安全带就应往后坐,若是全身安全带就应先转过身然后往前蹲。

(4)在学生开始下降前,下面的学生需把天梯扶住,同时留出足够的空间让上面的学生安全下降。

（七）安全监控

(1)项目进行前带领学生做好充分准备活动。

(2)发现学生拉拽胸前的保护绳及两边钢缆的情况应立即制止。

(3)发现做保护的学生拉保护绳帮助做项目的学生时应立即制止。

(4)教师亲自检查安全带、头盔的穿戴情况,并亲自摘挂铁锁,学生安全带上必须挂两把铁锁,如图4-4所示。

(5)教师在每位学生开始攀爬之前须亲自检查两端保护绳索的松紧情况,在绳索收紧的情况下方可让两名学生分别攀爬;在进行攀爬的两名学生脚踩第二根横木前,教师必须站在下方,以抱石保护法进行保护,时刻准备保护因攀爬不慎向下滑落的学生,必要时教师可以给予其适当的帮助以防止其向下滑落。同时还必须监控好两组保护者,并时刻提醒收紧绳索;当两名攀爬学生上了第二根横木后教师要站在能监控到所有做保护的学生和攀爬学生的位置上(便于在学生操作错误时,迅速上前纠正);禁止教师拉拽保护绳帮助学生;随时提醒并确保及时、准确地收绳。

(6)当学生意识到两个人应当相互协助时,提醒学生只允许踩大腿根部或肩窝处;采用腕腕相扣方式拉拽;不允许拉安全带的腿带和器械环。

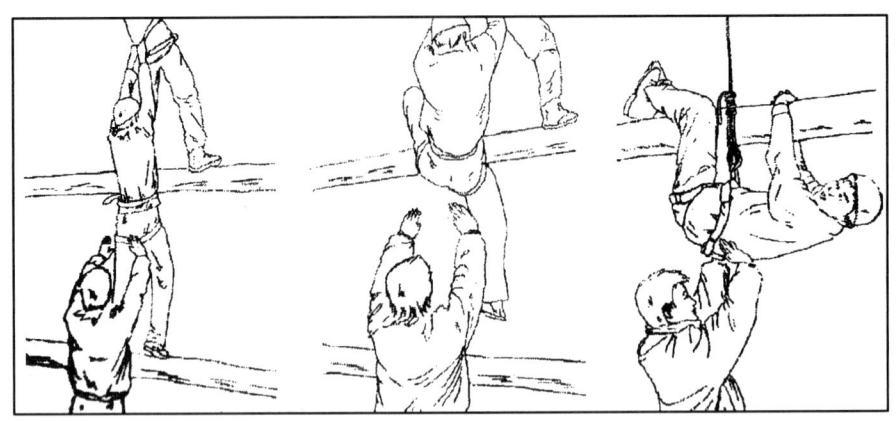

图 4-4 教师检查图示

（7）任何时候保证做保护的学生操作方法正确。

（8）学生下降时教师指导做保护的学生将攀爬学生依次放下，禁止两人同时下降。要求下降学生双手双脚打开，面朝横木，当横木迎面时双手轻扶横木。教师应站在下降方一组保护的主保护身后虚握绳索（戴手套）控制下降速度，提醒快到地面时慢放，必要时教师可配合操作绳索控制速度，并安排空闲学生到下方接应。当一方学生到达地面后，教师迅速去到另一方主保护身后以同样的方式监控下降，如图 4-5 所示。

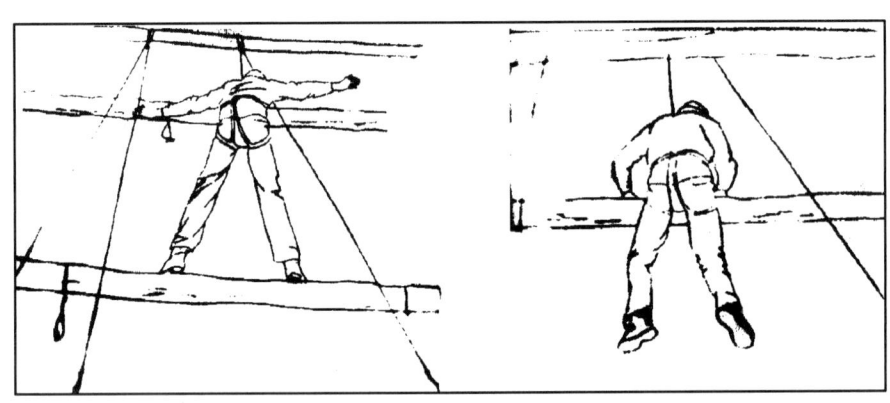

图 4-5 下天梯图示

（9）下降时，安排学生扶住最后一根横木以防止天梯晃动伤人（如果第一根横木在背部高度，请用背靠推横木的方式，如果到颈部或以上，请用手推，当避免过高）。

（10）指甲应剪短，询问学生身体状况，摘除硬质物品要彻底。

（11）如遇个别学生由于个人原因强烈抵触，不必强求。

（八）分享回顾

（1）分组搭档和完成任务之间的关系，相互协作的重要性，有些时候是一个人无法完成的，需要正视这种事实的存在。

（2）前面学生的经验对于随后挑战学生的价值与影响，对一组学生的选择与他们的努力给予肯定。

(3) 两人向上的先后顺序与技巧、信心和鼓励对他们完成挑战的影响。

(4) 经过艰苦努力登上高峰的成就感。

(5) 阶段性目标对于实现最终目标的重要意义，分享"兔子得马拉松冠军的秘密"。

(6) 珍惜别人的帮助，懂得感恩是能够继续前进的无形助力，生活中如何理解"既要有甘为人梯的精神也要吃水不忘挖井人"。

(7) 分享"天堂与地狱的故事"。

## 四、缅甸桥

### （一）项目概述

缅甸桥是一个风靡世界的项目，如图4-6所示，正如其名起源于缅甸，这是一个考验充分施展自己手脚的机会，可事实上却感受出另一番滋味。缅甸桥是由一根走绳和两根扶绳组成的钢丝桥，学生要胆大心细，手扶着两根钢丝，脚踩着一根钢丝，从一端走到另一端。

图4-6 缅甸桥

### （二）目标

(1) 克服恐惧，勇往直前，认识自我，战胜自我。

(2) 认识面对困难的互助精神，培养团队意识。

(3) 以积极的态度去面对生活和工作。

(4) 对每一个人而言，真正挑战的对象是自己而不是别人或其他客观因素！

(5) 更进一步的是，要明白当挑战来临的时候，心态比技能更重要！

(6) 体验杂技中走钢丝的感觉，更可认识到面临绝境的时候，沉着、冷静是化险为夷的制胜武器。同时锤炼学生坚韧不拔的品质和应具备的自我完善的精神以及永不放弃、追求胜利的自信心。

### （三）人数与时间

（1）15人左右（不少于7人）。

（2）项目完成时间120min。

### （四）场地与器材

（1）组合训练架或专项训练架。

（2）上保护：中扁带2条梨形锁2把。

（3）专用主绳1根：直径10.5mm动力绳；铁锁3把（其中2把是自锁）、8字环1个、全身安全带1条、坐式安全带1条、头盔2个、手套2双以上。

（4）注意：器械紧张时以上述为标准，在允许的情况下适当备份。

### （五）组织过程

**1. 安全检查**

教师对该开展项目所需要的场地和装备进行安全性检查。

**2. 装备知识**

教师讲解装备的正确穿戴和使用的方法。

**3. 保护技术**

教师讲解保护技术动作要领和注意事项，采用五步保护法。

### （六）安全监控

（1）项目进行前带领学生做好充分准备活动。

（2）叮嘱学生如果中途失误，一定要向一边倒，不要骑在桥缆上，不要抓桥缆。

（3）学生走完后一定要按照教师要求规范下桥。

（4）如果环境方便，周围学生做保护，并且在挑战学生的侧方，保护绳略紧，以不影响挑战学生的平衡为佳。

（5）长发学生必须把头发盘到安全头盔里面。

（6）一定切记戴手套，保护学生也要保护自己。注意安全。

### （七）分享回顾

（1）鼓励每一个人都讲讲自己的感受，完成不够出色的也要说说，可以联系生活。

（2）有没有处于进退两难时候？我们只能向前走不能回头，否则就会变成"石像"，激励学生前进。

（3）"树欲静而风不止"，此时此刻此情此景我们该如何保持内心的平静？

（4）走走停停也是让自己获得一次又一次成功的好方法，停下来让自己更平稳，恢复一下体力，"磨刀不误砍柴工"，该停就停，只要不是太久。

## 五、独木桥

### （一）项目概述

在规定的时间内穿好安全装备，学生在有保护的情况下，由地面通过扶手爬到离地

8m 的顶端圆盘上,依次从 8m 高、直径 35cm、长 6m 的独木桥上通过,如图 4-7 所示。

图 4-7 独木桥

## (二)目标

(1)增强学生自我控制与决断能力以适应不断变化的外部环境。
(2)克服心理压力,建立挑战困难的自信心和勇气。
(3)重新审视个人能力,不轻言失败,培养积极进取的心态。

## (三)人数与时间

(1)15 人左右(不少于 7 人)。
(2)项目完成时间 90min。

## (四)场地与器材

(1)组合训练架或专项训练架。
(2)长 25m,直径 10.5mm 动力绳 2 根。
(3)丝扣锁 4 把、铁锁 4 把、8 字环 2 个、120cm 的绳套 2 条。
(4)全身安全带 2 条、坐式安全带 2 条、头盔 2 个、手套 4 双。

## (五)组织过程

**1. 安全检查**

教师对该开展项目所需要的场地和装备进行安全性检查。

**2. 装备知识**

教师讲解装备的正确穿戴和使用的方法。

**3. 保护技术**

教师讲解保护技术动作要领和注意事项,采用五步保护法。

### (六)注意事项

(1) 剪掉长指甲,长发盘入头盔。

(2) 学生开始之前,应由队长带领全队学生为其加油——全体学生将手放在即将上去的学生的头部、肩部,整齐地大声喊出其名字及加油的话语。

(3) 练习者应当呼吸平稳,身体重心不能倾斜。

(4) 不能抓绳;(绳子在背后,如果抓绳可能夹到手指,可能形成反关节动作,也可能导致失去平衡摔离跳台)。

(5) 下方保护人员注意力应高度集中。

(6) 教师与练习的学生应及时沟通,给予足够的鼓励。

### (七)安全监控

(1) 项目进行前带领学生做好充分的准备活动。

(2) 疾病史:学生有严重头、颈、肩、腰、背、骶等部位伤病史或有严重心脑血管疾病、习惯性脱臼、低血糖等病史的可以不做此项目。

(3) 如果学生因个人原因强烈抵触,教师不得强求其完成。

(4) 教师应亲自为学生检查安全带、头盔穿戴,并摘挂铁锁,遵循复查原则。

(5) 教师站位原则:必须能同时监控两组做保护的学生和上方活动的学生。

(6) 学生向上攀爬时,(学生未达到3m高度前,教师在下方做抱石保护动作保护。)速度不能过快(如攀爬过快,做保护的学生来不及收绳,可要求攀爬者暂停攀爬,等绳收紧后继续攀爬。)注意监控做保护的学生及时正确收绳。

(7) 在一名学生进行项目过程中不可更换做保护者(更换做保护学生必须由教师掌控);在一名学生进行项目过程中,教师不可离开监控范围去做其他事(如帮其他学生穿戴安全带等)。

(8) 学生下降时教师在一组保护的主保护后方虚握绳索(戴手套)控制下降速度,并安排空闲学生到下方接应。做保护的学生之间站立距离不能过远,1m左右,严禁坐着进行保护,所有高空保护都是如此。

(9) 要不断提醒做项目的学生不要抓保护绳索及铁锁;须使用尼龙搭扣的帆布套将学生身后的两根保护绳并成一股,要能完整包裹住绳结。

(10) 注意提醒所有学生严禁脚踩绳索,训练架下方严禁站人。

### (八)分享回顾

(1) 你是如何作出决定跨出第一步的?

(2) 你在跨出第一步前是否有自我怀疑和自我否定的情绪?

## 六、团队桥

### (一)项目概述

在规定的时间内穿好安全装备,学生在有保护的情况下,由地面通过扶手爬到离地8m的顶端平台,面前8m的高空有3块30cm宽不同长度相隔50~100cm摇晃不平衡的木板,其他学生分组抓住木板垂下的绳子,掌握平衡,让高空的学生顺利通过,如图4-8所示。

图 4-8 团队桥

## (二) 目标

(1) 自我突破、挑战自我、超越心理障碍,全力以赴,克服学生的畏难情绪。
(2) 体会合作的重要性。
(3) 通过相互关心、支持与合作来增强团队的凝聚力。
(4) 体会个人成功与团队成功的辩证关系。

## (三) 人数与时间

(1) 15 人左右(不少于 8 人)。
(2) 项目完成时间 120min 左右。

## (四) 场地与器材

(1) 组合训练架或专项训练架。
(2) 专业主绳 1 根:直径 10.5mm 的动力绳。
(3) 丝扣锁 2 把、铁锁 3 把(其中 1 把是自锁)、8 字环 1 个。
(4) 全身安全带和坐式安全带各 2 条、头盔 2 个、手套 2 副以上。
(5) 注意器械紧张时以上述为标准,在允许的情况下适当备份。

## (五) 组织过程

**1. 安全检查**

教师对该开展项目所需要的场地和装备进行安全性检查。

**2. 装备知识**

教师讲解装备的正确穿戴和使用的方法。

**3. 保护技术**

教师讲解保护技术动作要领和注意事项，采用五步保护法。

## （六）注意事项

（1）安全意识。提醒学生安全器械都是有质量保障的，安全没有问题，但前提是正确掌握使用方法。

（2）安全装备讲解。头盔、半身安全带、全身安全带的正确穿戴，五步保护法的讲授和练习。

（3）严禁抓握背后保护绳索及铁锁。

（4）在每位学生行走浮桥的过程中下方需有其他学生拽绳与其配合，拽绳人必须戴手套。

（5）学生在浮桥上只能行走，严禁跑动、跳跃。

（6）询问身体状况（注意表达方式）及摘除硬质物品（包括易掉落、易硌伤、划伤身体的物品）。

## （七）安全监控

（1）项目进行前带领学生做好充分的准备工作。

（2）疾病史：学生有严重的头、颈、肩、腰、背、脏等部位伤病史或有严重心脑血管疾病、习惯性脱臼、低血糖等病史的可不做此项目。

（3）如遇学生因为个人原因强烈抵触，训培师不得强求其完成。

（4）教师应亲自为学生检查安全带、头盔穿戴，并摘、挂铁锁，遵循复查原则。

（5）教师站位原则：必须能同时监控到保人员、上方做活动的人员及下方配合拽绳的人员。

（6）学生向上攀爬时，速度不可过快，注意监控学生及时正确地收绳，必要时刻要求攀爬者停下等绳索收紧后继续攀爬。

（7）在一名学生进行项目过程中，不可更换保护学生（更换保护学生必须由教师掌控）。

（8）学生中途采用下降方式返回地面时，教师迅速站到住保护身后虚握绳索（戴手套）控制下降速度，提醒快到地面时慢放，并安排空闲学生到下方接应。

（9）要不断提醒学生不要抓保护绳索及铁锁；提醒在浮桥上严禁跑跳。

（10）随时关注下方配合拽绳人员的安全，及时制止有安全隐患的行为。

（11）保护人员及拽绳人员必须戴手套。

（12）注意提醒学生严禁脚踩绳索。

（13）训练架正下方严禁站人。

## （八）分享回顾

（1）你们是如何进行有效沟通的？

（2）下方保持平衡的学生之间是如何进行沟通从而使上方桥板尽量保持平衡？

（3）上方渡桥同学信心来自哪里？如果对下方学生没有足够的信任你敢跨出第一步吗？

## 七、攀岩

### (一)项目概述

在特定环境下,学生按照拓展教师的要求,攀登一定高度的岩壁,并且保证安全的前提下锻炼团队,如图 4-9 所示。

图 4-9 攀岩

### (二)目标

(1) 培养学生坚韧不拔的意志,使之遇到困难时都能咬紧牙关,勇敢面对,并最终取得胜利。

(2) 培养学生认识自我,挑战自我,不断进取的精神。

(3) 培养正视自我,合理估计自己的能力,设定切实可行的目标。

### (三)人数与时间

(1) 14 人以上(不少于 8 人)。

(2) 项目完成时间为 120min 左右。

### (四)场地与器材

(1) 专业合格的人工攀岩墙或情况良好的自然岩壁。

(2) 60cm 短扁带 4 根、120cm 长扁带 2 根、铁锁 4 个。

(3) 坐式安全带 4 条、锁扣 2 个、8 字环或 ATC 2 个、60m 直径 10.5mm 的动力绳 1 根。

(4) 手套 4 双、头盔 4 个。

### (五)组织过程

**1. 安全检查**

安全检查:教师对该开展项目所需要的场地和装备进行安全性检查。

**2. 装备知识**

教师讲解装备的正确穿戴和使用的方法。

**3. 保护技术**

教师讲解保护技术动作要领和注意事项，采用五步保护法。

### （六）注意事项

（1）在攀爬的过程中需 3 点固定，移动一点，重心紧贴岩，尽量腿用力，不要靠"引体向上"的方法上。

（2）询问身体状况（注意表达方式）及摘除硬质物品（包括易掉落、易硌伤、划伤身体的物品）。

（3）攀岩前应把手脚指甲剪短，长发者须将头发扎起。

### （七）安全监控

（1）参加攀岩训练所有学生一定要服从指挥，未经允许不得擅自行动。

（2）攀岩训练项目在正确的保护措施下是绝对安全的，心理压力不要太大。

（3）攀岩前每个人都必须学会基本的绳结，在必要时候由拓展教师来完成。

（4）攀岩前必须在教师的指导下进行充分的热身。

（5）攀岩时注意不要踩到垂在地上的绳子，进行器械操作时务必小心防止跌落。

（6）进行练习热身时务必先找人保护，保护者要专心保护，对练习者的受伤情况负全责。

（7）进行攀爬之前务必先自行检查器械安装是否正确，并由保护者确认后方可攀爬。

（8）当保护员做保护时，不要与其闲聊干扰保护。

### （八）分享回顾

（1）在攀登之前有没有观察过线路？所谓磨刀不误砍柴工，在学习和工作中体会到计划的重要性。

（2）我们根据什么确定自己的目标，也就是说目标确定时是怎么想的？

（3）是什么让你对保护学生有足够的信任。

## 八、求生墙

### （一）项目概述

有时也叫海难逃生，因为常常将它安排在最后一个项目，所以也叫毕业墙或者胜利墙，国外通常称 14 英尺墙。这个项目让学生懂得个人目标与团队目标的关系，只有团队获得胜利才有真正的胜利。全队所有成员在规定的时间内翻越一面高 4.2m 的光滑墙面，在此过程中，大家不能借助任何外界的工具，包括衣服、皮带、绳子等。所能用的资源只有每个人的身体，如图 4-10 所示。

### （二）目标

（1）提高危急时刻的生存技能。提高安全意识和保护意识。

（2）培训团队内部及团队之间的凝聚力。

图 4-10 求生墙

(3) 民主、有效讨论，合理、快速决策，科学评估创新方案，勇于实践，不断尝试。

(4) 认同差异，合理分工，学习最优配置资源。

(5) 更深的感受信任和帮助的重要性，尝试完成不好完成的任务。

### （三）人数与时间

(1) 学生人数不应少于 11 人，其中男士不应少于 5 人，如果人数不够以上标准，或学生中有人体重超过 100kg，教师按相关规定调整项目。

(2) 时间 40min 左右。

### （四）场地与器材

帆布罩、海绵垫、整理箱。

### （五）组织过程

(1) 不允许借助任何延长肢体的工具，如衣物、腰带等。

(2) 不得在垫子上助跑起跳（避免崴脚、磕头）。

(3) 同一时间内只允许搭建一组人体，支持一人翻越求生墙。

(4) 基座学生必须运用合理姿势并保护好自己的腰部，保持腰部挺直或有专人扶腰。

(5) 向上攀爬时，只允许踩肩窝、大腿根部或凌空交叠的双手，其他任何部位严谨踩踏；禁止用爆发力、禁止碾压。

(6) 向上攀爬未经允许禁止蹬墙，以免磕伤膝盖；上面的学生禁止骑跨墙头，保持重心稳定，双脚着地。严禁只拉衣物。拉手时要同侧手腕腕相扣，禁止一侧手腕腕相扣，避免出现反关节受力。

(7) 所有学生必须认真负责地参与保护，保护时采取"抱石保护"法弓步站立，双手举过头，屈肘，掌心向前，抬头密切关注攀爬者，当攀爬者出现以下情况时，在保护好自己的前提下进行保护，具体如下：①当攀爬者向后坐下，应上前托住；②当攀爬者滑落或向外侧倾倒，应将其按在墙上慢慢放下；③当攀爬者由较高高度跌落，应顺势将其引在垫上。在项目过程中（可让学生互相提醒及时做好保护），当听到"保护"二字时必须迅速做好保护（练习两遍，在练习过程中再次强调要迅速准确，并对不规范动作进行纠正）。

（8）大声示警原则，在项目过程中，如果觉得自己支持不住了或者感到疼痛，要大声清楚地表达出来：我坚持不住了，我疼。不要只是发出些象声词：啊，呀等。并稍微坚持一会儿，听从教师安排。

（9）令行禁止原则，当教师发现安全隐患，会立即鸣哨或大声制止，所有人应在有安全保护的情况下停止动作。

（10）如有严重头、颈、肩、背、腰、骶等部位伤病史或有严重心脑血管疾病、习惯性脱臼，以及自己不能确定是否适合进行该项目的身体状况请及时与教师沟通，我们根据具体情况判断参与程度。

（11）摘除硬质物品。

### （六）注意事项

（1）面向墙壁倒挂时，要求学生腰部以下不得探出墙头，安排专人拉住双腿，并注意监控。

（2）背向墙壁倒挂时，将倒挂学生小腿压在墙头，将其膝关节后侧压在墙头外沿，背靠墙壁，两手下垂、紧贴墙面（两人拉住倒挂学生的双手，让其先坐在墙头上，臀部向后坐，直至膝关节后侧压在墙头外沿，事先安排好的4人上前分别握住其脚踝，压住其小腿）。

（3）面向墙壁正挂时，使腋下卡在墙头外沿，两侧至少各有一名保护者一手按上臂一手抄腋窝。

另：方案实施时，教师若认为难以把握时，须果断叫停；如最后一人身体已离地，脚已举上空中，此时如脱手即会头朝下摔落，教师应格外注意，扶住攀爬者的身体，避免坠落。

### （七）安全监控

（1）场地要求。清除场地硬物，海绵垫是否完好无损，正确放置（缝隙朝下）。

（2）项目开始前，应带领学生做好充分的准备活动。

（3）只有一名教师时，必须站在下方监控。

（4）当在场教师超过人数时，应事先明确分工，以该项目主带教师为核心；在上方监控的教师应注意站位，不能站在矮墙上，必须站在护栏内，能同时监控到上方拉人的学生和下方正在攀爬的学生；下方教师在项目监控时的站位应能控制住基座正后方及一个侧面，另一个侧面安排专人保护；原则教师应站在能够掌控全局、观察到整个活动情况的位置上。

（5）禁止主带项目的教师身上佩戴硬质物品，塑质的眼镜、手表、哨子除外。

（6）建议女学生不做中间连接或当基座。

（7）如发现踩头、颈、腰、肩关节等身体部位的行为应立即制止。

（8）提醒学生不能蹬墙。

(9) 提醒上方学生注意上方平台范围，严禁骑跨墙头。

(10) 当上方已有 2 名以上学生，而下方学生仍搭 3 层人梯时，可适当提示减少一层人梯。

(11) 当攀爬者出现困难滞留空中时，应果断提示学生再搭层人梯。

(12) 当上方学生人数过多时，教师可以让部分学生回到下方，站在垫外参与保护。

(13) 当剩下最后 2 名学生时，教师用大腿支撑基座学生的臀部，一手扶其腰，一手上举。

(14) 在采取最后行动方案前，为确保安全，教师先叫停，问清行动方案并给予适当安全提示，得到允许方可行动。无论采用什么方法都要时刻注意作为连接角色的学生的感受（其他人应保持安静），连接者说不行时应停止动作。

### （八）分享回顾

(1) 对大家共同完成项目给予肯定和表扬。

(2) 如果时间容许鼓励大家说说对项目都感受。

(3) 决策与及时执行对应对危机的价值是什么？我们在这类活动中是否赶早不赶晚？

(4) 第一位上去的人有何感觉？先锋的作用与榜样的力量对他人的激励。

(5) 上墙的顺序及角色的认定对团队完成任务的积极作用。

(6) 甘为人梯的精神值得大家尊敬和感谢。

(7) 项目完成后，对全体完成的信心差别以及今后遇到此类活动信心的增加。

(8) 可以分享曾经个别队伍没有完成的遗憾及他们的感悟。

## 第二节　中低空项目

### 一、信任背摔

#### （一）项目概述

这是一个个人挑战与团队协作项目，名字叫背摔。所有学生都将依次站到背摔台上，背向大家倒下来，下面学生用手臂将他接住，团队的每一个人都要参与，如图 4-11 所示。

#### （二）目标

(1) 培养学生挑战自我的信心和勇气。

(2) 增强学生的责任感。

(3) 提高学生团队间的凝聚力。

#### （三）人数与时间

(1) 人员不得少于 11 人，男学生不得少于 5 人。

(2) 时间 90min。

#### （四）场地与器材

(1) 各基地背摔场地。

图 4-11 背摔

（2）外训场地：约 1.4m 高背摔台，台前 2m×5m 较软场地（如草地、软泥地等松软地面）或者在条件允许的情况下配备同样大小的软垫。

（3）捆手绳 1 根，1.5m 高背摔台 1 个。

### （五）组织过程

（1）人员不得少于 11 人，男学生不得少于 5 人。

（2）台上学生：双手胸前交叉绑住，双脚并拢膝盖接近，头部微含，身体保持紧张状态。脚后跟出台 1/3，发出口令：准备好了吗？听到确切的回答后大声数 1、2、3 倒下来。

（3）台下学生：两两相对，双手平伸，掌心、肘窝向上，指尖触及对方身体，双臂自然微曲绷住，4 条臂膀平行交错，右脚前弓步脚内侧与对面学生接近，上体保持正直，头向后仰，双眼盯住台上学生的后背，相邻学生双肩相靠形成一个整体，根据学生倒的方向及时调整。当台上学生发出口令后齐声回答：准备好了！接住学生后，先放脚，帮助其站直。

（4）所有人员，取出身上所有硬物，长发女学生把头发放在衣服内，戴眼镜的学生要把眼镜取掉。

（5）队长安排人员，适当对疲劳的学生进行调换。

（6）如有身体不适、体重过重、腰部疾病、高血压等症状事先告之教师。

### （六）安全监控

（1）实际操作前再次确认学生是否按安全要点准备，并且让接人的学生做好动作，教师纠正他们的错误，一切就绪后，教师上到背摔台，开始项目操作。

（2）在整个过程中，应多与学生交流，并注意观察。

1）台上学生是否紧张，下方学生的注意力是否紧张。

2) 台上学生的动作是否安全、规范,并及时给予调整。
3) 台下学生的动作是否规范,即使给予提醒和调整。
4) 学生们的参与度。
5) 给予足够的鼓励。

(3) 反复强调安全,学生倒下后,强调先放下脚,然后解开捆手绳,换下一个。

### (七) 分享回顾

(1) 让学生们体验到信任与责任。
(2) 强调沟通的重要性。随时保证清晰有效的信息交换。
(3) 体验规则,约束和自律的重要性。
(4) 克服学生们的畏难情绪,体验团队的温馨。

## 二、电网穿越

### (一) 项目概述

在规定的时间之内,所有学生都要依次从网洞中通过,由网的一边到达另一边,中途任何人不得触碰电网,每个网眼只有一次使用机会。其中网眼数大于学生数,如图 4-12 所示。

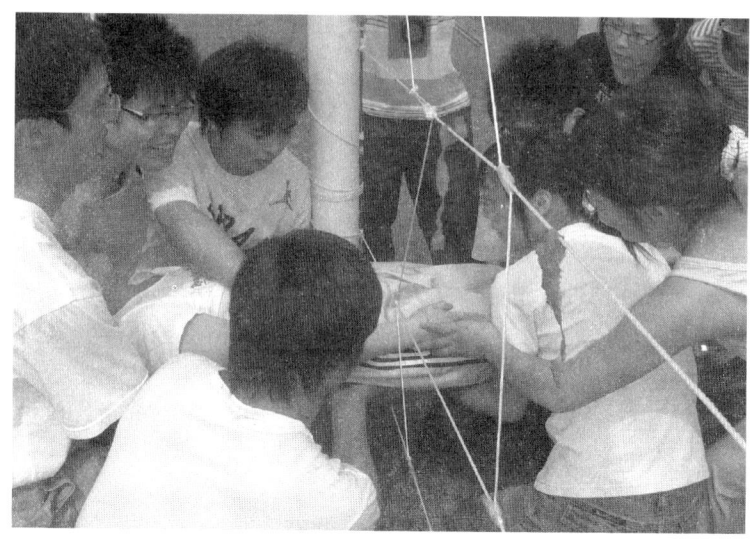

图 4-12 电网

### (二) 目标

(1) 让学生了解如何有效地认识、分配和利用资源。
(2) 正确科学的决策制定程序,统一的意见与领导,明确的分工。
(3) 科学的团队工作方法,P—D—C—A 工作方法的重要性——计划、执行、检查、行动循环的工作程序。
(4) 通过身体的亲密接触增进交流,拉近彼此距离。

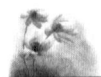

### (三) 人数与时间

(1) 15 人左右。

(2) 60min 左右。

### (四) 场地与器材

(1) 两头固定的 1.5m×6m 的网 1 张，封网洞用绳若干条。

(2) 场地平整，没有硬物。

### (五) 组织过程

(1) 前面的是一张无限延伸的高压电网，只能从网洞中通过。

(2) 所有人不得在网的两侧帮忙送人，过去的人不可以回来帮忙。

(3) 每个网眼只准使用 1 次。

(4) 任何人、物体不得触网、不得用任何工具随意改变网眼的形状，否则该网洞作废。

(5) 在整个活动中，如出现危险动作，教师及时制止。

(6) 如学生进行抬人，应告知被抬的女士不能正面朝下，另外要求学生在放下被抬的学生时应首先将其腿放下。

### (六) 注意事项

(1) 可用网洞一般为 n+1 个（n＝学生人数）。

(2) 教师在项目中应向人少方向移动。

(3) 封洞时轻而快，不要影响项目进行和监督。

### (七) 安全监控

(1) 保证场地较为平整、松软。

(2) 提醒学生将身上所有硬质物品放于整理箱内，特别是眼镜、手机等。

(3) 教师要密切关注前两个和最后两个通过者。

(4) 不允许蹲越过网，将通过者托起时，任何情况下不得松手或将其抛起。

(5) 将通过者托起过网后，必须先将脚放下，然后将其身体扶正。

(6) 教师始终要注意站位，保持在人少的一边，腾出双手时刻做好保护准备。

(7) 女学生被搬运过网的时候，要求面部向上。

(8) 天气寒冷时，提醒学生及时穿好衣服。

(9) 注意保护者的安全，坚决制止违反安全规则的行为。

### (八) 分享回顾

(1) 你在台上的时候在想些什么？你的信任来自哪里？

(2) 你在台下做保护的时候是否有一种很强烈的责任感？

## 三、孤岛求生

### (一) 项目概述

"孤岛求生"，这个项目是在 3 个岛上分别有 3 队人，一个岛是盲人岛，岛上全是盲人。第二个岛是哑人岛，岛上全是哑人。第三个是珍珠岛，岛上的是健全人。每个岛上教师都发给了一个任务书，每个岛上的人只知道自己的任务而不知道其他岛上的任务，如图4-13所示。

图 4-13　孤岛求生

这个项目的最终目的是在规定的时间将所有的人集中在平安岛上。这个项目主要是考验一个团队在接到任务后高、中、低层学生的相互配合与沟通。珍珠岛代表着管理层，他们的任务书上的任务很多，需要考验他们是如何在很多信息中找到最有效的信息。哑人岛代表公司中层，他们的任务书是在盲人岛的队友完成第一个任务后利用木板将盲人岛上的盲人从盲人岛上救出。盲人岛代表着公司的最底层职员，他们有任务书可是他们看不到，因此不知如何去完成任务，这就需要其他岛上的人员对他们进行必要的帮助和指导。

（二）目标

（1）对团队共同目标的认同与执行。

（2）培养学生全局观念与责任意识。

（3）突破思维定式，寻求有效沟通方法。

（4）信息公开与共享，不要保留对他人对团队有用的信息。

（5）创新与风险意识。

（6）体验主动沟通，双向沟通的重要性，学习上行沟通、下行沟通、平行沟通的不同技巧。

（7）如何做到综合统效，高效的完成团队任务。

（三）人数与时间

（1）15 人左右。

（2）60min。

### (四）场地与器材

3 个孤立的小岛（2m 见方）。

1 号盲人岛：本岛的任务书 1 张，眼罩若干。队人数的 1/3，项目开始前给盲人戴上，小桶 1 个（置于岛边 1m 处），小球若干。

2 号哑人岛：本岛的任务书 1 张，木板 2 块。

3 号珍珠岛：本岛任务书 2 张，3 张 A4 纸、筷子 2 双、2 个鸡蛋、1 根胶带（1m 左右）。

### (五）组织过程

（1）将全队按健全人、哑人、盲人平均分为 3 组，分别将他们带到各自的岛上。

（2）学生全部到位后，将 3 个岛的任务书分别交到各组的手里，宣布项目开始。

（3）在项目进行中，各个岛的学生会按照任务书上的要求完成规定的任务，此时应做好监控。

（4）学生在规定时间内完成各岛任务，或者超过规定时间未能完成任务，项目结束。

### (六）注意事项

（1）安全问题，学生一有危险举动要立即上前制止，待危险排除继续项目：注意移动板子的学生，方法不当可能使手受伤；盲人岛上可能出现意外情况，盲人过板子时有危险性。

（2）团队项目进行中需及时进行观察和记录学生所表现出来的状况。

1）学生是否遵守规则：健全人、哑人不说话，盲人不可偷看，只有盲人可以触球，只有哑人可以动木板。

2）健全人与哑人有没有认真地研究任务书。

3）健全人有没有明确分工。

4）盲人是否有人在吸引他人注意。

5）关注第一个上盲人岛的人的时间。

6）哑人是如何与他人沟通的。

### (七）安全监控

**1. 重点注意监控盲人岛上的学生**

（1）随时关注"盲人"，及时提醒他们注意自己在岛上的位置，不要掉下去。

（2）在木板搭好后盲人向其他岛移动的过程中严密监控盲人，以防其掉下木板，教师身体应跟随其一起移动，张开双臂做出保护的姿势，但与学生身体保持适当的距离。

（3）摘眼罩步骤：闭上眼睛，摘除眼罩，经过十几秒后再缓缓睁开眼睛。

**2. 监控聋哑人及健全人**

（1）监控哑人，防止木板呈跷跷板状态。

（2）哑人搭板（特别是运用杠杆原理）时，提醒其不要压伤手、脚，别砸到其他人。

（3）当大多数人集中至一个岛上时提醒他们互相保护。

### (八）分享回顾

（1）通过盲人、哑人、健全人让学生体会到企事业单位内高、中、基层的结构与状态。

(2) 让学生体验到团队中明确分工的重要性，不同角色所产生的作用。

(3) 有效的沟通是成功的团队必须具备的素质之一。

## 四、罐头鞋

### (一) 项目概述

团队协作项目，又叫穿越沼泽，所有学生站在两块 10m 长的模板上，两块模板架在 3 个高 1.2m 的铁桶上，人不准落地，模板不能落地，在 40min 内移动铁桶和模板到 10m 距离的目标，如图 4-14 所示。

图 4-14 罐头鞋

### (二) 目标

(1) 体验有效的集体工作方法。

(2) 良好的决策力与执行力对于一个团队的重要性。

(3) 如何进行有效的沟通，如何让他人接受自己的意见和建议。

(4) 建设性讨论对于团队决策和执行的巨大作用。

(5) 统一权威的领导作用。

### (三) 人数与时间

(1) 板上学生人数不应多于 13 人，其中男生不应少于 3 人，如果人数超过以上标准，应让多余学生在板下参与保护并观察、记录等。

(2) 时间 90min 左右。

### (四) 场地与器材

(1) 场地：平整坚硬空地一块。

(2) 器材：3个大汽油桶，2块木板；木板放置在3个汽油桶上。

(3) 目标标志物一个，手套每人一双。

### （五）组织过程

(1) 宣布项目开始，同时开始计时。

(2) 在整个过程中，严格监控学生安全。

(3) 在整个过程中，应多与学生交流，并注意观察。

1) 学生的参与度，是否有人游离在外。

2) 当有人提出正确想法时，是否引起了他人的注意。

3) 当有争议时，是否有效进行了意见的整和和统一，是否在队内形成了小团队。

4) 队内是否出现一个有效的组织者和决策者。

(4) 学生在规定时间内进行项目操作，规定时间一到，项目结束。

### （六）注意事项

(1) 木板上最多站14个人，多余的人做观察员。

(2) 学生不能从油桶上跳下来（结束时注意安全问题）。

(3) 在木板上的人不能大力挤压在一起。

(4) 除移油桶外不能蹲在木板上，注意木板和油桶边缘的倒刺。

(5) 交换位置时，应面对交换。

(6) 严格听从教师指令，学生在有危险动作时教师应进行制止，排除危险后教师指令继续进行。

### （七）安全监控

(1) 板上不得超过13人。

(2) 安全监控过程中，教师手中不得拿任何物品。

(3) 当学生挪动木板时，教师应双手放在木板远端下方，保持约5cm距离，防止木板突然坠地，女学生上板需同伴托扶，不允许跳跃上板，不允许板上人拉拽板下人，不允许跳跃，形成共振。

(4) 当学生挪桶时，教师应跟随其旁边，双臂张开，做保护准备；同时，教师应注意木板上其他学生，特别是远端人员的安全，并且不断大声提醒，注意安全，以免掉下木板（场地布置时请注意不要把桶放倒在地板上滚动，避免发出巨响影响其他人）。

(5) 如学生采用杠杆原理，只有在两木板重叠部分达到板长1/3，且重叠部分由至少五名学生压住时，另一端方可上人（体重不可过重，动作要轻，当挪板学生跨越时，教师应双手张开保护）。

(6) 当学生抬、放木板时，教师需大声提醒防止压手、脚，提醒小心木刺扎手。

(7) 项目结束时，让学生先坐在木板上放松双腿后依次下板（尤其是天冷的时候），教师注意监控，保证安全。

(8) 有学生换位时，教师应伸手保护；教师保护的方法是双手抬起，时刻保持警觉，站在移桶学生的周围，时刻关注人员相对密集的地方，大声提醒学生注意安全。

(9) 木板压桶面至少到达桶面直径的1/3；木板不可并列放在桶上；不可斜搭在桶

上，也不可出现跷跷板的情况。

（10）当两块木板重叠且上方木板站有学生时，禁止抽动下方木板。

### （八）分享回顾

（1）成功（失败）的关键在什么地方？

（2）团队在解决问题时，采取了哪些步骤？有哪些可以改进？

（3）我们的目标是什么？应该制定怎样的目标？

## 五、飞跃激流

### （一）项目概述

选择一个高大粗壮的树杈，在上面系上准备好的足够长的粗绳子。绳子的用处是帮助学生"渡河"。学生依次抓着绳子，从"河"的一边，像荡秋千一样，飞到河的对岸，完成任务，如图4-15所示。

图4-15 飞跃激流

### （二）目标

（1）培养学生挑战自我的信心和勇气。

（2）培养学生相互鼓励相互交流的沟通能力。

### （三）人数与时间

（1）人数不限，人太多时，需要将学生划分成若干个由8～12个人组成的小组。

（2）项目完成时间为30～60min左右。

### （四）场地与器材

（1）1棵枝杈很高的大树（用来捆绳子）。

（2）一根粗绳子，这根绳子至少要能承受一个人的重量（以最重的游戏者为准）。

(3) 两根 4～6m 长的木条（10～20 英尺）。或是准备两根绳子和 4 个木桩（用来标记河岸）。

(4) 一桶水（代表液体炸药）。

(5) 准备一些水备用。

### （五）组织过程

(1) 安全检查：检查树枝和绳子是否牢固。

(2) 组织实施。分好小组后，做游戏开场白，开场白示例如下：你们在野外勘探稀有金属和矿石，挖掘工作正在进行中。突然，正在开凿的岩洞出现部分坍塌。你所在的小组侥幸逃了出来，可是，还有很多成员被困在岩洞中，艰巨的营救工作落到了你们小组的肩上。营救的唯一希望是炸开落下的巨石。你们小组赶回营地，取了一桶液体炸药。现在你们需要快速返回到出事地点。不幸的是，一条布满鳄鱼的急流挡住了你们的去路。你们可以通过绳子从河上荡过去，但是在飞越的过程中必须有人要携带那桶液体炸药，而且一滴也不能洒。如果不小心弄洒了炸药，即便只有一点点，携带炸药的人都必须回去，重新开始。如果有人在渡河的过程中不小心碰到了河面，这个人就会被鳄鱼吃掉。一旦发生了这种情况。整个小组都必须回到对岸，重新开始。你们面临的第一个挑战是绳子悬在河的中央，必须想办法把它拉到岸边来。注意，任何人都不许接触河面。等所有小组都做完游戏之后，引导学生就团队合作、克服困难等话题展开讨论。

### （六）安全监控

(1) 保证场地较为平整、松软。

(2) 提醒学生将身上所有硬质物品放于整理箱内，特别是眼镜、手机等。

(3) 通常情况下，不允许在悬挂的绳子上打结，如果学生坚持这样做或者学生年龄较小时，可以考虑在绳子末端打一个结，距地面 1m 左右，这样他们就可以用两腿夹住绳结比较容易地摆过去。

### （七）分享回顾

(1) 你们在游戏过程中碰到了什么问题？你们是如何对问题进行分解的？每个人的任务是什么？

(2) 哪些因素有助于成功完成游戏？

(3) 你们遇到了什么困难？是如何克服这些困难的？

(4) 游戏过程中有无领导者产生？

(5) 这个游戏揭示了什么道理？

(6) 如何将这个游戏和我们的实际工作联系起来？

## 六、荆棘取水

### （一）项目概述

这是一片埋设了地雷的土地，任何接触到这一区域地面的人都将危及生命。但是所有人赖以生存的一杯水被遗留在了雷区的中心。团队只有两条绳索，在不损及人员的条件下，要毫不洒漏的将它取出，如图 4-16 所示。

图 4-16 荆棘取水

### (二) 目标

(1) 培养学生挑战自我的信心和勇气。
(2) 增强学生的责任感。
(3) 提高学生团队间的凝聚力。

### (三) 人数与时间

(1) 12~16 人左右。
(2) 45min 左右。

### (四) 场地与器材

(1) 平整开阔柔软的场地 1 块。
(2) 足够牢固的绳子 4 条、眼罩 1 个。
(3) 手套每人一双。
(4) 水杯。

### (五) 组织过程

(1) 安全检查：检查场地的清理情况及绳结牢固程度。
(2) 组织实施：取水学生带上眼罩后要慢慢趴到绳网上，以试探其承受度。通过其他学生和他的沟通来取到水从而完成任务。
(3) 注意事项：该活动不可太过追求速度，尽量求稳，以防取水人受伤。同时教师应做好取水人的保护工作。

### (六) 安全监控

(1) 保证场地较为平整、松软。
(2) 提醒学生将身上所有硬质物品放于整理箱内，特别是眼镜、手机等。

(3) 要求拉绳学生无论何时都不能突然松手放开手中绳子。

### (七) 分享回顾

(1) 拉绳学生一旦一个人失去平衡，是不是会影响到整个任务的成败？
(2) 取水的任务最后集中到取水学生一个人的身上，是否感觉责任重大？
(3) 责任大是否随之而来的是压力大？

## 七、穿越曲径

### (一) 项目概述

这是一个富有挑战性的有趣游戏，要求学生利用现有道具开展，如图 4-17 所示。

图 4-17　穿越曲径

### (二) 目标

(1) 使学生们发扬团队精神解决问题。
(2) 培养学生之间团结协作能力。
(3) 提高学生之间彼此沟通的能力和技巧。

### (三) 人数与时间

(1) 8~12 人左右，人数多则分小组进行。
(2) 60~90min 左右。

### (四) 场地与器材

(1) 平整开阔场地一块。
(2) 3 根枯树干或者木杆，直径 5~7.5cm。其中两根约 4m 长，另一根约 2m 长。
(3) 3 段绳子，每段约 1m 长（足够把 3 根树干捆绑在一起的绳子）。
(4) 6 根绳子，每根约长 6m。

## （五）组织过程

（1）把学生们集中到一起。

（2）准备好 3 根树干和 3 段短绳，让他们利用这些道具，搭建一个看起来像字母"A"的框架。字母"A"中的横梁要足够结实，可以让一人站立。

（3）学生将继续游戏的第二部分。必须把"A"结构竖立起来，并让一个人站到横梁上。为使结构牢固，把另外六根绳子绑在"A"框架的顶端。除那个站在横梁上的人外，不允许其他人接触框架。

（4）要求学生们把框架移动 30m，同时横梁上还站着一个人，而其他人要远离框架 3m 之外。并且在移动过程中，框架至少有一点要接触地面。在距离框架顶端 3m 远处的绳子上，扎一个彩色飘带，学生们可以很容易地识别界限。

（5）开场白示例如下：

你们组到密林深处探险，一名队友在森林里感染了一种罕见的疾病。这种疾病极易传染，你们必须一直远离病人 3m 之外。为了挽救队友，大家必须帮助他穿越一段狭窄地带。

这段路长 30m。令人头疼的是地上的草对病人有不良影响。应尽量避免病人接触这种草。你们组决定用找到的 3 根树干和 3 段藤条捆扎一个框架，拉着病友穿过草地。把 6 根藤蔓捆绑在框架顶端，能起到固定作用，防止坍塌。同时大家也要远离框架，注意安全。没有其他材料了，只能利用这些。祝你们好运！

## （六）安全监控

（1）保证场地平整开阔。

（2）提醒学生将身上所有硬质物品放于整理箱内，特别是眼镜手机等。

（3）保证木材的边缘圆滑，不要棱角分明，并且木材要足够结实，能承受一个人的重量。

（4）提醒其他学生不能走得离"A"字太近。

## （七）分享回顾

（1）如何沟通才能有效地达到前进的目的？

（2）如果大家不配合协作，一个人使用蛮力拉扯有效果吗？

# 第三节　地　面　项　目

## 一、盲人方阵

### （一）项目概述

这是一个团队挑战为主的项目，在今天的经济生活中占有了越来越重要的地位，项目主要凸显有效沟通等。每个学生都戴上眼罩并围站成一圈，教师给学生一根长度适合的绳子或者几根长度适合的绳子。接下来，教师要求团队将绳子分别摆放成各种形状——正三角形、正方形等。同时所有的学生须大致均匀的分布在正几边形的边上，如图 4-18 所示。

图 4-18 盲人方阵

### （二）目标

（1）领导在实现团队目标中的重要性，策划、组织、协调是实现目标的重要手段。

（2）培养学生科学的思维方式和对知识的运用能力，感受特殊情况下完成任务的合作方式。

（3）有效的沟通是实现团队目标的必要条件，培养沟通意识，提高沟通技巧。

（4）使学生理解角色定位及尽职尽责完成本职工作的重要性。

（5）体会团队实际上会带来的负面效应：团队的平均智商往往低于团队中个人的智商，这就是所谓的团队智障。

（6）团队在合作时，由于少数服从多数的团队压力的存在，往往使得团队在完成任务的过程中出现很多盲区，从而使得团队合作的效率低下。

### （三）人数与时间

（1）人数不少于 8 人。

（2）30min 左右。

### （四）场地与器材

（1）要求地面平整，周围没有障碍物。

（2）每人一个眼罩。

（3）25m 绳子 1 捆。

### （五）组织过程

#### 1. 任务布置

这是一个团队合作项目，叫盲人方阵。全队人员在不可视的情况下，将教师所提供的几段绳子拉成一个全封闭的，最大的正方形。

## 2. 宣布规则

（1）项目进行中，所有的学生必须带着眼罩，并且不得偷看。

（2）项目进行中如出现危险情况，教师会及时制止，危险排除后继续进行。

## 3. 项目进行中监控学生

（1）安全监控，排除危险情况。

（2）是否有人违规，在项目进行时偷看。

（3）学生是否积极参与并在进行有序地沟通。

（4）学生在规定时间内认为完成任务，可提出结束，教师在得到信息经确认后，宣布任务结束。

### （六）注意事项

（1）要求地面平整，周围没有障碍物。给学生讲清楚安全要点，严格监督安全操作，保证学生的安全。

（2）学生戴上眼罩后一定要强令将双手放在胸前或正前，严禁背手行走，严禁打闹疯跑，严禁蹲坐在地上。

（3）不要让绳子绊倒学生，强调学生不要猛烈甩动绳子以免打伤其他学生的面部。

（4）避免在暑期烈日下完成任务及在其他天气环境恶劣条件下完成任务。

（5）布课时强调"一堆绳"、"面积最大"、"正方形"、"人均匀分布"。

（6）分享回顾的时候不要围绕正方形纠缠不清，尽快让学生联系理论与生活实践回顾分享。

（7）不宜让学生戴上眼罩走很长距离之后再开始项目，提高班的学生可以验证正方形。

### （七）分享回顾

（1）体验团队工作中统一领导的作用性。

（2）如何在障碍下进行有效的沟通。

（3）如何在有争议有冲突的情况下形成统一的意见与决策。

（4）分享回顾的时候不要围绕正方形纠缠不清，尽快让学生联系理论与生活实践回顾分享。

## 二、有轨电车

### （一）项目概述

团队挑战为主的项目，挑战学生协调一致、调节协作的能力，提高学生的团队意识。学生两脚分别踩着两根长 3.6m、宽 0.15m 的木板，手提两根与木板连接的绳子，按照教师的命会前进或后退，如图 4-19 所示。

### （二）目标

（1）培养学生获取胜利的信心和勇于向前的精神。

（2）了解提前演练对于实际工作的价值。

图 4-19 有轨电车

(3) 感受协作的一致性与指挥方式的作用。

(4) 理解个人、小团队、大团队的相互关系。

(5) 体验简单事情复杂做和复杂事情简单做的不同结果。

### (三) 人数与时间

(1) 12 以上（偶数）。

(8) 30min 左右。

### (四) 场地与器材

(1) 开阔平整的场地。

(2) 两根长 3.6m、宽 0.15m 的木板，有与木板相连的绳结。

### (五) 组织过程

(1) 学生按照轨道上绳的数量站在轨道上，多余的学生做安全保护。听到开始的发令后比赛。赛前练习非常重要。

(2) 活动中要保持步调一致，遇到情况及时调整，如果调整不及时出现摔倒状况，手要扔掉绳子，同时大声告诉队友停止前进。

(3) 不要把绳子缠绕在手上，失去平衡的时候要把脚向两侧踏，不要向中间。

(4) 人数多的时候建议一名教师负责一套电车，教师讲解要重点突出、语意清楚、反馈及时，确保学生清楚规则。

(5) 首先分开练习，然后比赛。没有参与的学生一定要做好保护，同时注意观察自己队伍有什么问题及时改进。

(6) 如果有指挥，最好是参加的学生指挥，不要在不默契的时候由旁观学生指挥。

### (六) 安全监控

(1) 学生有严重的外伤史的或者不适合做剧烈运动的可以不做此项目。开始前需问清楚。

(2) 尽量安排在平整的场地。

(3) 避免学生在操作的过程中速度过快，如果安排拐弯，拐弯处要防止侧滑。

(4) 教师一定要在离学生 1.5m 左右观察以做好安全防护准备。

(5) 有人失去平衡或者倒地后其他学生不要剧烈提放电车，倒地学生不要用手扶电车。

(6) 注意拐弯或者设计特殊路段的运用。

### (七) 分享回顾

(1) 你们的队伍是通过什么方法使步伐保持一致的？

(2) 队伍中发号口令的人起到的领导作用对整个任务成败的重要性体现在什么方面？

(3) 领导是如何产生的？

## 三、雷阵

### (一) 项目概述

一个团队挑战为主的项目，所有人尝试着穿越一片雷区。当我们一名学生遇到雷返回后另外的学生接着上去，直到最后探索到一条没有雷的路走出来。很容易做的事有时候也会难倒很多人，如图 4-20 所示。

图 4-20 雷阵

### (二) 目标

(1) 突破思维定式，走出理性盲区、培养创新意识。

(2) 培养善于吸取经验教训，少走弯路的能力。

(3) 善于利用工具与资源。

(4) 经验与修整。

(5) 善于学习、尤其向别人学习。

### (三) 人数与时间

(1) 8~12 人左右。

(2) 30~45min 左右。

### (四) 场地与器材

雷阵图 1 张，上面的格子内有数字 1~120，其中 1~12 为入口，109~120 为出口，两侧有两片空白区域为悬崖峭壁不可穿越，空白边缘的黄区可穿越——整个雷区其实是封闭的，只有通过黄区才能走出，但事先并不告知学生，所有人必须从入口进入，从出口出来。

### (五) 组织过程

(1) 蓝线内为雷区。

(2) 全队人必须依次进行，允许从 1~12 号任意一个格子进入雷区，只允许走相邻的格子；每走一步必须报数然后听命令行进；①无雷请继续前进；②有雷请按原路返回；返回的人退回队尾。

(3) 几种违例现象提示：不可试探、不可重复触雷、不可踩线、不可跨越。

(4) 每违例一次扣 1 分，总分 100 分。

### (六) 安全监控

(1) 控制场面很重要，使学生认真、投入，遵守纪律和项目要求。

(2) 学生作标记时，要禁止其在雷阵图上面划痕迹，不易去掉。

(3) 项目结束后教师应及时带领学生将场地上的标记物清除干净。

(4) 不要过早地将路封住，可以作适当调整。

### (七) 分享回顾

(1) 雷阵有没有任何规律可循？

(2) 要勇于尝试。50%的成功率！这些格子不是画在地上，而是画在我们的头脑中，突破思维定式还表现在其他方面：利用相邻的格子、以退为进。

## 四、飞毯

### (一) 项目概述

这是一个消除学生之间拘泥感的游戏，适合在培训初期进行，如图 4-21 所示。

### (二) 目标

(1) 消除学生之间的拘泥感。

(2) 激发同学们的创新能力。

(3) 培养同学协作能力。

### (三) 人数与时间

(1) 人数不少于 8 人。

图 4-21 飞毯

(2) 30min 左右。

### (四) 场地与器材

(1) 开阔平整场地 1 块。

(2) 30cm×30cm 地毯或硬纸板 10 块。

### (五) 组织过程

在规定时间内,每组先派出 4 人,通过提供给各组的 3 块地毯,从起点开始到转折点后回到起点,途中身体的任何部位都不能触及地面,回到起点后,换上其他学生,直到所有学生都完成。

### (六) 安全监控

(1) 保证场地较为平整、松软。

(2) 提醒学生将身上所有硬质物品放于整理箱内,特别是眼镜、手机等。

(3) 一旦地毯或者纸板不能使用,及时更换。

### (七) 分享回顾

(1) 你们是如何寻找到比较有效的方法既快又稳的前进的?

(2) 4 名学生中有男有女,你们是怎么消除拘泥感和隔阂的?

## 五、履带战车

### (一) 项目概述

通称无敌风火轮,给每队学生一定量的报纸和一卷胶带,工具剪刀一把,不能借助其他材料。30min 内完成一个大的履带,最后比赛。比赛时所有的学生站在履带上,开动履带前进。先到者为胜利队。在比赛过程中,如果履带断裂或有学生的脚接触地面,将接受教师相应的惩罚,如图 4-22 所示。

图 4-22 履带战车

## (二)目标

(1)培养学生的动手能力,让每一位学生参加共同制作自己队的"风火轮战车"。
(2)提高学生对事物的认知,尤其是不熟悉的事物的判断。
(3)学会规划,根据不同的环境、条件、限制因素等完成布置的任务。
(4)合理利用有限资源,不浪费也不能不够用,将活动的准备工作做到最好。
(5)人员协调,合理分工,检测试验等都必然要提高。

## (三)人数与时间

(1)人数不少于 8 人。
(2)45min 左右。

## (四)场地与器材

(1)开阔平整的场地。
(2)剪刀 1 把、报纸 30 张、透明大胶带 2 卷。

## (五)组织过程

(1)全体学生利用现有的报纸或其他纸张,两卷透明胶带,两把工具剪刀。在 20min 内制作完成一副"履带"。
(2)制作的"履带",也就是"风火轮战车"要可以容下全队学生在里面,并且能开动起来。
(3)设定比赛区域,所有的"风火轮战车"齐头待发,当所有的"风火轮战车"上的学生都准备好以后,开始比赛。
(4)比赛过程中,所有人脚不得触地,每触地一次自己队的"风火轮战车"罚停 10s。如果中途有哪队"风火轮战车"坏了,可以停下来修补,但是计时不停。

(5) 教师在控制比赛的同时，控制现场的安全。
(6) 适当的让比赛有点戏剧性，教师可以控制一下比赛结果和比赛过程。
(7) 教师随时注意观察和记录学生的表现，选择一两个代表性的记录下来，以备分享和点评。

### （六）安全监控

(1) 保证场地较为平整、松软。
(2) 提醒学生将身上所有硬质物品放于整理箱内，特别是眼镜、手机等。
(3) 注意安全，提醒学生剪刀不要随便乱丢乱放，严禁用剪刀对准人，用后迅速归还给道具教师。
(4) 比赛完后，提醒学生将用完的报纸和用后的"战车"丢到就近的垃圾桶，杜绝留下垃圾。

### （七）分享回顾

(1) 体会计划和操作的重要性，有没有合理安排和利用团队成员的长处，合理分工，各尽其责，各尽其能。
(2) 学会如何利用有限的资源作出最好的安排。有没有图案多、报纸或者胶带不够用的，有没有团队剪裁报纸之后发现做出来的"风火轮战车"比想象的要长很多，实际运动中由于太长而跑的很慢的？
(3) 起来谈感受的学生必须跟前面的一位谈感受的学生说不一样的感受。

## 六、超级接力棒

### （一）项目概述

这是一个需要学生高度集中注意力的游戏，会有成功的喜悦和扼腕的叹息。全体学生手持接力棒成功完成（均无倒棒）半径为 3m 和 5m 圆圈的交接棒各 6 次，如图 4-23 所示。

### （二）目标

(1) 培养学生积极拼搏的态度。
(2) 考验学生的创新能力。
(3) 培养同学协作和有效沟通的能力。

### （三）人数与时间

(1) 12 人左右。
(2) 30min 左右。

### （四）场地与器材

(1) 平整开阔场地 1 块。
(2) 直径为 3cm、高位 1.3m 的木棍 12 根。
(3) 皮尺 1 卷。

图 4-23 超级接力棒

**(五) 组织过程**

(1) 在比赛过程中全体学生必须围成一个符合要求的闭合圆圈，不得缩小半径，否则完成均视为无效。

(2) 在比赛中全体学生都必须右手持棒于右体前，同时都必须用右手去接棒，否则完成均视为无效。

(3) 各组必须在规定时间内完成，如未完成，则教师可以采取相应惩罚措施。

**(六) 安全监控**

(1) 保证场地较为平整、松软。

(2) 提醒学生将身上所有硬质物品放于整理箱内，特别是眼镜手机等。

(3) 严禁学生用接力棒互相嬉戏打闹。

**(七) 分享回顾**

(1) 一个人的成败决定了整个队伍的成败，是不是每个人内心的责任感都特别重？

(2) 出现倒棒，你做了什么样的调整？

(3) 如果教师继续扩大圆圈半径，你们又会怎样调整来面对这个情况？

## 七、齐心协力

**(一) 项目概述**

在规定的 20min 之内，各组先派出两名学生背靠背坐在地上，两人双臂相互交叉，合力使双方一同站起来，成功后每组每次增加一人，直到所有学生一同站立起来，如图 4-24 所示。

**(二) 目标**

(1) 培养学生相互配合协作的能力。

图 4-24 齐心协力

（2）培养学生有效沟通的能力。

### （三）人数与时间

（1）6 人以上。

（2）20min 左右。

### （四）场地与器材

开阔平整的场地一块。

### （五）组织过程

（1）在比赛过程中学生都必须完全坐下且相邻同伴的手臂必须相挽，否则均视为无效。

（2）每次成功后都只能增加 1 名学生，不得多加，否则视为无效。

（3）全体成员起来的节奏要一致，不能出现依次感，否则均视为无效。

（4）在比赛过程中学生不要搭肩进行，以免关节脱臼；站起来时避免手臂松脱，朝下跌倒；同时要做好自我保护。

（5）各组必须在规定时间之内完成，如未完成，教师可以采取相应惩罚措施。

### （六）安全监控

（1）保证场地较为平整、松软。

（2）提醒学生将身上所有硬质物品放于整理箱内，特别是眼镜手机等。

（3）提醒学生不能搭肩进行，以免脱臼。

### （七）分享回顾

（1）每组当中有男有女，个子有大有小，怎样安排才能更有效地完成任务？

（2）如果有人不发力队伍能否同一个节奏起来？感受团结的重要性。

## 八、信任之旅

### （一）项目概述

团队协作与配合的项目，主要磨炼和提升学生之间的信任度和关心度。缓解压力，降低距离感。所有学生在戴上眼罩的情况下，由引导员引导，走完一段荆棘的道路，如图4-25所示。

图 4-25　信任之旅

### （二）目标

（1）培养团队学生的沟通能力，提高沟通技巧。了解多种沟通的方式，在特殊情况下，学会用不同的沟通方式。

（2）友爱的满足，协作的必要，感受互相帮助与关爱。

（3）体验信任对于我们完成任务的作用，在信任别人的同时给别人以信任。

（4）理解与误解，对待他人的态度、方式。

（5）换位思考意识，感谢与帮助，增强团队内部的融洽。

### （三）人数与时间

（1）10人以上（成偶数）。

（2）45min左右。

### （四）场地与器材

（1）布有障碍物的跑道或者崎岖小路。

（2）眼罩若干（视每组人数而定）。

### （五）组织过程

（1）信任之旅，团队合作项目。我们是一群盲人朋友，需要共同通过一段荆棘的路途。活动中必须戴好眼罩。

(2) 选定一名学生做引导员，一名学生做安全监督员。要求引导员和安全监督员有一定的表达能力、做事认真、有责任感。对引导员和安全监督员做特别交代，严格按项目规则完成任务，保证全体学生安全。

(3) 全体学生 3min 内可以讲话，但是 3min 后不能发出任何声音直到项目完成。活动中，严格按照规则挑战，学生不得摘下眼罩，不得在噤声时间讲话，否则将受处罚。

(4) "盲人"依次牵手或者把手搭在前一名学生的肩上，引导员在最前面，负责总的行进速度及安全肢体语言提示。路径长度尽量设置在 200～300m，障碍的个数最好是 7～10 个。

(5) 随时提醒学生注意安全，每到一处障碍，教师就要站在障碍处等待帮忙。

(6) 对表现不够好的学生多做一些鼓励和安慰，提醒引导员不要催促学生，不要急于求成。

(7) 安全监督员在不放出声音和不干扰学生的情况下，监督队伍中等待或者移动的学生。保证安全。

### （六）安全监控

(1) 要求道路平坦，地面平整，障碍物明显，不要设置尖锐障碍物，教师提前排除路中可能存在的危险因素。

(2) 提醒和督促学生戴上眼罩后不要随意移动，引导员严禁有意加大难度或者打闹玩笑。

(3) 关注戴眼罩学生的安全，尤其是过障碍物的时候，随时监控。

(4) 引导员在束手无策时给予鼓励，出现急躁情绪给予语言安慰，使其保持必胜的信念。

(5) 可以适当的提示信息，指令发出之后需要学生完全接受并作出判断之后再发下一条指令。

### （七）分享回顾

(1) 鼓励每一个人都谈谈自己的感受，盲人先谈，安全员和引导员后谈。

(2) 关于沟通我们采取了什么方法？3min 是怎么利用的？

(3) 信息的传递接受是怎样进行的？正确的信息传递后还没有来得及反馈，下一条信息又到来，信息的叠加会导致什么后果？

(4) 互相信任对于完成任务的重要性。

# 第五章 户外拓展

在户外进行拓展训练，由于周边环境复杂多变，因而适合具有一定专业能力的人或是在其组织与领导下，体验拓展训练的刺激与乐趣。参与此类拓展训练必须事先熟悉地形，对当地的气候条件和周边的人文环境有一定的了解，做好各项准备之后，在活动前的一周内要求对场地和路线再次进行前期考察，然后才能开展活动。

## 第一节 校内项目

近几年来，定向拓展运动成为了校园里常见的一个拓展项目，它以形式新颖、易于掌握、趣味性强、练习价值大而深受学生的喜爱，但作为一个新兴的运动项目，有很多学生对此还是一知半解，不能把握住此项目的本质和要点，结果组织得并不是很好。因此，在这里我们重点对定向拓展运动做一个梳理，同时也介绍一下真人CS项目。

### 一、定向拓展运动的产生

定向拓展是指将定向运动和户外拓展训练相互结合，形成的一种全新的户外体验式运动方式。

定向运动是一项时尚而且风靡世界的户外运动。它起源于瑞典，运动员凭借对地图的识别和使用能力，依据组织者预先设计的图上路线，借助于指南针和地图保证运动方向，在野外徒步赛跑，依次逐一到达各个检查点，以全程耗时最少者计为优胜。

定向运动是一项非常健康的智慧型体育项目，是智力与体力并重的运动。它不仅能强健体魄，而且能培养人独立思考，解决问题的能力及体力和智力受到压力下做出快速决断、分析问题的能力。同时，良好的运筹能力、计划性、空间感、方向感等智力因素也非常重要，能很好地考验参赛者的思维判断能力，实用性很强。

定向运动是合作与和谐的运动。定向活动结合团体培训是非常好的团队建设活动，对团队观念的培养、协作精神的增强都是很好的实践形式。定向运动是融合人与自然的运动。活动在没有污染、空气清新的户外进行，可满足人们返璞归真、回归自然、追求高生活质量的需求。目前，浙江省的学生定向运动开展得非常好，是全国开展定向运动最好的省份之一，到2009年为止，浙江省已经举办了10多次的国家级、省部级定向比赛。

基于定向运动所需要的参与者之间的团结协作和互相配合的精神，前几年有关机构将定向运动的特点和拓展培训的功能性相互结合，在国内最先倡导定向拓展的概念并付诸于实践，由此成为了一种时尚全新的户外体验式练习——定向拓展。

### 二、定向拓展的意义

现代社会是一个高度人际互动的社会，是一个团队英雄主义的时代。如何实现团队的整体优势和优势互补？在这个生活节奏越来越快，工作分工越来越细，学习、工作压力越来越大，人与人的情感交流越来越困难的竞争环境中，单位、组织和个人更需要团队。

定向拓展运动糅合了高挑战及低挑战的元素，学生从中在个人和团队的层面，都可透过危机感、领导、沟通、面对逆境和辅导的培训而得到提升。拓展培训强调学生去感受学习，而不仅仅在课堂上听讲。当我们不了解其他人的感受时，即使我们有很好的见解，我们也很难说服他人。研究资料表明，传统课堂式学习的吸收程度大约为25%，而要求学生参与实际操作的体验式学习吸收程度高达75%，能更加有效地将资讯传授给学生。定向拓展运动正是一种典型的户外拓展。

定向拓展运动这种形式既安全又有一定的趣味性，易于被学生接受。但这种训练的最终目的，是让学生将活动中的所得，应用到学习和将来的工作中去。

大多数人认为，提高素质的手段，就是通过各种课堂式的培训来掌握新的知识和技能。其实，知识和技能作为可衡量的资本固然重要，而人的意志和精神作为一种无形的力量，往往更能起到决定性作用。户外拓展训练就是一种在传授基本知识和技能的同时，更加注重训练人的意志和精神的运动。

### 三、定向拓展运动的目标

#### （一）定向拓展运动团队目标

（1）了解个人的强项与弱项，在今后的学习和工作特别是在团队中保持正面和积极的心态。

（2）了解有效团队的特征和团队成员的作用，增强迎接挑战的能力。

（3）充分认识团队合力将创造 $1+1>2$ 的绩效表现。

（4）掌握团队创新和克服团队沟通障碍的技巧。

（5）获得一段团队生活的愉快经历。

#### （二）定向拓展运动个人目标

（1）使个人自信、负责，人生目标明确。

（2）使个人思维活跃，创新欲望强烈。

（3）使个人情感沟通和表达能力增强，人际关系趋向和谐。

（4）使个人果断、主动、坚毅、自制力强。

（5）使个人行动敏捷，动作灵巧。

（6）使个人身心健康，机能健全。

（7）使个人团结合作，集体感强。

（8）使个人助人为乐，关爱生命和自然。

#### （三）定向拓展运动集体目标

（1）可以帮助集体进一步明确和认同组织目标，增强组织的凝聚力。

（2）可以帮助集体树立相互配合，互相支持的团队精神和整体意识。

（3）可以帮助集体改善人际关系，形成积极向上的组织氛围。

（4）可以帮助集体改进组织内部的沟通与信息交流。

(5) 可以帮助学生干部在工作岗位上表现出更佳的领导与管理才能。

## 四、定向拓展运动的组织形式

定向拓展运动中的组织形式主要有个人和团队两种。

### （一）个人或团队形式的定向拓展运动

#### 1. 项目概述

这是一种主要以个人形式出发的定向拓展运动练习。如图 5-1 所示，在指北针和地图的帮助下，每一个人单独从起点出发按顺序正确到访各点点标，途中还要完成飞毯、盲人阵、九宫图、履带战车 4 个拓展项目（只有完成项目，才能去打相应的点标），以完成时间最短者为胜者，未完成拓展项目者为失败。

但在实际练习中，由于各种原因，往往会安排多人组成一个小组，把每一个小组作为个人进行练习，这种变化十分符合当前的需要，有些拓展项目如图 5-1 中的飞毯和履带战车项目如果有多人一起参与的话效果会更好，但要注意的是同组所有人必须一起进行练习，绝对不能分开跑动。

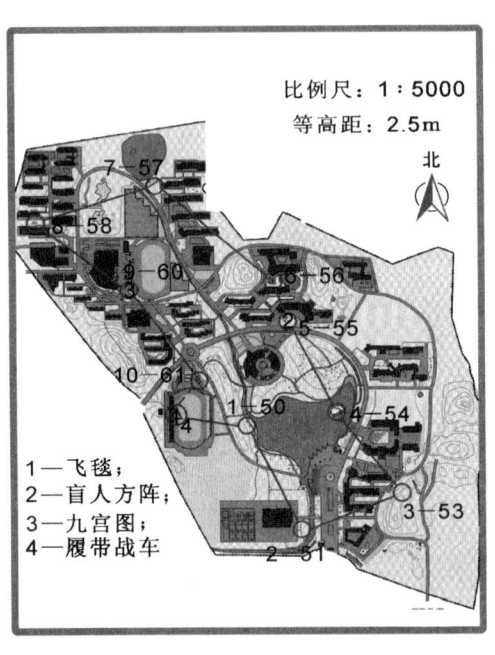

图 5-1 浙江林学院定向比赛图

#### 2. 目标

（1）提高学生的情感沟通、表达能力和人际关系调节能力。

（2）提高学生的身心健康，特别是耐力水平。

（3）培养和提高学生吃苦耐劳、坚持不懈的意志品质。

（4）了解一个有效团队的特征和团队成员的作用，增强迎接挑战的能力。

（5）树立相互配合、互相支持的团队精神和整体意识。

#### 3. 人数与时间

可根据环境、水平、难度各个条件控制人数，练习时间应控制在 120min 内，天热可缩短。

#### 4. 场地器材

（1）有规划地图或者是专业定向彩图的校园。

（2）地图、一套手动定向器材或电子定向器材。

（3）6 张 60cm×60cm 大的飞毯（最好用毛毯，其次用硬纸板，都没有也可用报纸）。

(4) 6 根 5~10m 长的绳子，一大沓报纸，20 个大透明胶带。

(5) 每一个人或每一个小组乘以 2 份数的九宫图。

(6) 桌子、凳子、若干纸笔。

**5. 组织过程**

(1) 安全检查。

1) 地图上的设点区域在前一天要去实地认真了解，如有变化应在练习前通知学生或做一些相应改变。

2) 检查定向器材等是否齐全、到位。

(2) 组织实施。

1) 事先集体和单个培训 30min，再进行抽签决定出发顺序。

2) 休息 10min 后比赛开始。

3) 每个人或小组先完成飞毯项目后才可以去打起点，按顺序完成 1~4 号点，在 5 号点上，先完成盲人方阵的项目后去打 5 号点，再按顺序完成 6~8 号点，完成九宫图的项目后去打 9 号点，到达终点后，先完成履带战车项目后再去打终点点，打完终点点比赛结束。

4) 取决名次，以完成比赛的时间为依据，在比赛中没有完成项目的、不按顺序打点的、点标有错的都不能录取名次。

(3) 注意事项。

1) 地图上的设点准确位置要事先确定，以防临时由于时间紧或紧张挂错点标位置，会极大影响项目的进行。

2) 学生要求穿运动服和运动鞋。

3) 在比赛中，注意安全，留心来往的车辆和场地。

4) 在比赛中，是团队的组员不得分开，必须始终在一起。

5) 在各个点上监督的人员判罚尺度一定要相同，做到认真负责到位。

**6. 安全监控**

1) 练习当天要注意天气，太热要准备防暑药品，雨天要准备一些塑料袋用来放地图以免淋湿看不清楚，从而跑错地方。

2) 如果是小组进行练习，打点时要同组全体成员到达后才可以打点。

3) 做九宫图的地点要选择可以遮阳避雨、有地方坐的，有利于休息恢复体力。

4) 在地图上写上组织者的 1~2 个电话号码，便于出现问题时可及时联系。

**7. 总结**

(1) 分享回顾。

1) 大家共同完成活动时要相互肯定和表扬。

2) 鼓励每一个学生谈谈自己的感受，并对发表的意见给予肯定。

3) 对项目完成的分工方法和效果进行总结。

4) 分享个别队伍没有完成的遗憾以及他们的总结。

(2) 总结提升。

1）如果是一个团队，那么必须要有领导存在，进行讨论总结，最后决议采取最好的办法。

2）细节决定成败，活动中有时太注重细节会影响全局，但有时不注重细节又会使任务失败，结合这个项目谈谈如何判断和关注细节，在生活中又该如何关注细节。

3）在完成活动中，有时看似弱势的资源在特殊情况下可以转变为优势的，在团队中优势互补是极其重要的一部分，结合生活详细谈谈。

此项目只是个人定向拓展运动一种具体表现形式，就对定向形式而言，还有积分、专线、百米等几种个人定向运动形式，至于拓展项目则完全可根据自身情况重新选择和设计，因此个人定向拓展运动的具体实施是有很多组合形成的。

**8. 积分定向简介**

积分定向是一种常见的定向运动形式，通常以个人方式进行，比赛设有一个起点、一个终点和若干个检查点，但检查点没有规定顺序，而是根据点标寻找的难易、距离的远近、各点间位置的相互关系被赋予不同的分值，参与者在限定的时间内尽可能多的获得在地图上标注的点标分数。组织者不给出具体的路线，参赛者完全根据自己的判断自行设计出最佳的路线组合，以便在规定的时间内取得最高的积分。如果超时，将按一定的比赛规则扣除一定的积分。

积分定向比经典的定向需要更高的智慧、技能和应变能力，特别是对运用数学知识的能力和逻辑分析的能力有较高要求。同时，积分赛中各组别所有选手同时出发，无先后顺序和时间间隔，这也比经典的定向更加具有观赏性和挑战性，而且还有易于组织、参与，比赛用时短等优点。

积分赛的比赛路线是由参赛者自己设定的，因此地图上不标出比赛路线的连线，也不标各个点的序号，只标出该点的分值。选手在规定时间内自行寻找若干或全部检查点，以积分最高者为胜，如果积分相同则用时少者为胜。如果超出比赛时间，将按超出时间的多少进行扣分或者取消成绩。

在积分赛的比赛中选手要注意不要重复打点和漏点，积分赛地图点多而无序，选手很可能会在巨大的压力下把握不好自己的路线问题，从而出现重复打点浪费时间，或不经意漏点，影响积分的情况。此外，不要盲目跟跑，由于所有选手同时出发，有些选手容易盲目跟跑，以致迷失自己的方向。

在我们平时所用的积分定向中，还可以采用规定一定的积分，以完成相应积分的时间长短来进行评价的练习。

**9. 专线定向简介**

这种比赛与其他比赛的最大区别在于地图上明确地标出了比赛的路线，运动员必须按这些规定的路线行进，并将途中遇到的检查点位置标绘到图上去。成绩以检查点位置标绘的准确程度和所用时间的长短确定。

图 5-1 中 4 个拓展项目的介绍：

九宫图：每一个组一支笔，一张九宫图，要求正确填写图上横向方格里的 1～9，纵向的方格里面有 1～9 以及小九宫里面有 1～9，不得出现重复，可根据水平调整做题难度，如图 5-2 所示。

|   |   |   |   |   |   |   |   |   |
|---|---|---|---|---|---|---|---|---|
|   | 6 | 1 |   | 3 |   |   | 2 |   |
|   | 5 |   |   |   | 8 | 1 |   | 7 |
|   |   |   |   |   | 7 |   | 3 | 4 |
|   |   | 9 |   | 6 |   |   | 7 | 8 |
|   | 3 | 2 |   | 9 | 5 |   |   |   |
| 5 | 7 |   | 3 |   |   | 9 |   |   |
| 1 | 9 |   | 7 |   |   |   |   |   |
| 8 |   | 2 | 4 |   |   |   | 6 |   |
|   | 4 |   |   | 1 |   | 2 | 5 |   |

图 5-2 九宫图（此图比赛用，事先不得公开）

飞毯：每一个小组两张飞毯，每个人或组利用飞毯完成 40m 的距离，在进行中间每一个人都必须站在飞毯上，身体任何部位均不得触及地面。

盲人方阵：每个人或小组一根长绳，要求组成一个尽可能大的正方形，在练习中，要求其余人员蒙眼（用具自带）完成项目，一个人可以用语言讲述，帮助蒙眼的人完成。

履带战车：利用报纸做成履带，要求每个人或小组成员在履带上完成 30m 的距离，中间任何成员不得触及地面。

### （二）团队形式的定向拓展运动

如图 5-3 所示。

**1. 项目概述**

这是一种以团队形式出发的定向拓展运动练习。如图 5-3 所示，是以团队为单位借助地图和指南针，按要求到访若干必到点和若干自由点，并以最短时间完成全赛程的运动。其中必到点是指团队中每个选手必须按照指定顺序到访的检查点，自由点是指团队中至少一名选手到访的检查点。

竞赛形式是每个队的选手一起出发，所有队等间隔出发。团队由 3 人或 3 人以上组成（根据组别要求可分成是单性别和混合性别），每队参照队里各人的情况选取最佳路线和自由点的分配方法［必到的检查点要像通常的路线（指个人赛的路线）］一样必须按预定的顺序打卡。其他那些分散的自由点可以穿插在其中打卡，目的是能够使全队在尽可能少的时间内完成比赛，在开始和最后整个团队要完成齐心协力和翻树叶两个拓展项目。

**2. 目标**

（1）提高学生的身心健康，特别是耐力水平。

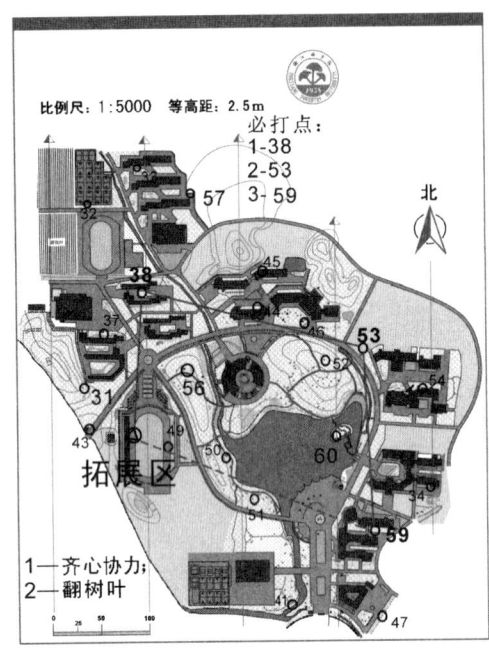

图 5-3 团队定向拓展地图

（2）可以帮助学生干部在工作岗位上表现出更佳的领导与管理才能。

（3）培养和提高学生吃苦耐劳、坚持不懈的意志品质。

（4）树立相互配合，互相支持的团队精神和整体意识。

（5）掌握团队创新和克服团队沟通障碍的技巧。

### 3. 人数与时间

可根据环境、水平、难度各个条件控制人数，练习时间应控制在 120min 内，天热可缩短。

### 4. 场地器材

（1）有规划地图或者是专业定向彩图的校园。

（2）地图、一套手动定向器材或电子器材。

（3）20 根 60～80cm 长的绳子，5～6 张比一组总练习人数所站位置大 20～30cm 的大帆布。

（4）桌子、凳子、若干纸笔和 9 支蓝色大水笔。

### 5. 组织过程

（1）安全检查。

1）地图上的设点区域在前一天要去实地认真看过，如有变化应及时通过学生或做一些相应改变。

2）检查定向器材是否齐全。

（2）组织实施。

1）事先集体和单个培训 30min，再进行抽签决定出发顺序。

2）休息 10min 后比赛开始。

3）每个小组先完成齐心协力项目后才可以去打起点，按要求进行练习，团队全体成员到达终点后，先完成翻树叶项目之后才可以去打终点点，比赛结束。

4）取决名次，以完成比赛的时间为依据，在比赛中没有完成项目、漏打点、点标有错不录取名次。

（3）注意事项。

1）地图上的设点准确位置最好事先能确定，以防临时由于时间紧或紧张挂错点标位置。

2）学生要求穿运动服和运动鞋。

3）在比赛中，注意安全，留心来往的车辆和场地。

4）在比赛中，同一组的人员可以交流沟通，但不得与其他组的人员进行交流。

5）在起终点上监督的人员判罚尺度一定要相同，做到认真、负责、到位。

6）要根据学生水平确定出发时的画图时间，但一般不超过 6min。

**6. 安全监控**

（1）练习当天要注意天气，太热要准备防暑药品，雨天需准备一些塑料袋用来放地图以免淋湿看不清楚，从而跑错地方。

（2）在地图上写出组织者的 1~2 个电话号码，出现任何问题可及时联系。

（3）做齐心协力项目时，可以让大家事先练习一下，熟悉一下要点，以防出现摔倒的情况。

（4）一定要根据学生的水平确定练习难度，要求练习难度要稍低于学生的水平。

**7. 分享回顾**

（1）分享回顾。

1）大家共同完成活动时要相互肯定和表扬。

2）鼓励每一个学生谈谈自己的感受，并对发表的意见给予肯定。

3）对分工的方法和效果进行总结。

4）分享个别队伍没有完成的遗憾以及他们的总结。

（2）总结提升。

1）要想获得成功，全队成员必须群策群力。

2）每一个团队必须要有领导存在，进行讨论总结，最后决议采取最好的办法。

3）细节决定成败，活动中有时太注重细节会影响全局，但有时不注重细节又会使任务失败，结合这个项目谈谈如何判断和关注细节，在生活中又该如何关注细节。

4）在完成活动中，有事看似弱势的资源在特殊情况下可以转变为优势，在团队中优势互补是极其重要的一部分。

## 五、真人 CS

### （一）项目概述

真人 CS 又称镭战，是一种集娱乐和训练于一体的新兴时尚军事体育运动，最早起源于欧美国家，现在西方很多公司与组织开始运用真人 CS 运动来锻炼团队的合作能力以及干部们的领导能力。在模拟的战斗环境下可以充分考验一个团队与其领导的能力，在不断变化的战场环境下只有创新与合理利用战术才能够取得最终的"胜利"。通过体验真人 CS，在娱乐当中放松，在运动当中创新，在激烈的竞争当中提高团队的合作。

### （二）目标

（1）提高学生对运动的兴趣，增强他们的身心健康，特别是耐力水平。

（2）培养和提高学生吃苦耐劳、坚持不懈的意志品质。

（3）树立相互配合，互相支持的团队精神和整体意识。

（4）掌握团队创新和克服团队沟通障碍的技巧。

### （三）人数与时间

可根据环境、水平、装备各个条件控制人数，练习时间应控制在 120min 内，天热可缩短。

### （四）场地器材

(1) 一块丘陵山地。
(2) 每人一把激光枪、一套接收器、一套迷彩服。
(3) 若干对讲机、生命器、护具。
(4) 常用外伤药品。

### （五）组织过程

**1. 安全检查**

(1) 在练习前去检查场地情况，有无变化。
(2) 检查器材是否齐全。
(3) 询问当天学生的身体状况如何，有无重大疾病。

**2. 组织实施**

(1) 事先集体和单个培训 30min，再进行分组。
(2) 休息 10min 后比赛开始。
(3) 每个小组按要求进行直至一方被消灭或被夺取阵地，比赛结束。

**3. 注意事项**

(1) 学生要求穿迷彩服和运动鞋。
(2) 在比赛中，注意安全，留心脚下的沟坎。
(3) 参与者须在工作人员的指导下佩戴装备，游戏过程中，严禁拆卸装备，未按规范使用造成损坏，须照价赔偿。
(4) 必须遵守裁判的各项要求。
(5) 比赛过程当中裁判发出暂停信号，所有人必须停止射击并停留在当前位置上。
(6) 生命值耗尽后禁止说话，必须将头盔摘下并回到休息区（起点）。

### （六）安全监控

(1) 凡患有严重的心脑血管疾病等不适宜激烈运动的病症患者，建议不要参加该挑战赛。
(2) 练习当天要注意天气，太热要准备防暑药品。
(3) 对战中不允许与对手进行肢体接触或任何可能造成伤害的动作。
(4) 对战中不允许遮挡身上的感应探头。
(5) 对战中不允许投掷任何物体。
(6) 必须在指定场地范围内进行比赛。

### （七）总结

**1. 分享回顾**

(1) 大家共同完成活动时要相互肯定和表扬。

（2）鼓励每一个学生谈谈自己的感受，并对发表的意见给予肯定。

（3）对分工的方法和效果进行总结。

（4）分享队伍成败的喜悦与遗憾以及他们的总结。

**2. 总结提升**

（1）要想获得成功，全队成员必须群策群力。

（2）每一个团队必须要有领导存在，进行讨论总结，最后决议采取最好的办法。

（3）细节决定成败，活动中有时太注重细节会影响全局，但有时不注重细节又会使任务失败，结合这个项目谈谈如何判断和关注细节，在生活中又该如何关注细节。

# 第二节 野 外 项 目

## 一、速降

### （一）项目概述

速降是指在人为的指导与保护下，借助景点的自然落差，利用绳索由高大物体顶端下降，参与者可以自己掌握下降的速度、落点，以到达地面。虽然并不需要严格的专业技巧，但参与者必须克服对高度、速度的恐惧，具备勇往直前、坚持到底的决心，目前它已分化成崖降、桥降、溪降等户外项目，如图5-4所示。

图5-4 溪降

### （二）目标

（1）学习速降的技能。

（2）培养克服恐惧、勇往直前的品质，善于挑战自我、激发潜能的能力。

(3) 培养团队意识和面对困难时的互助精神。

(4) 培养户外活动的安全意识。

### （三）人数与时间

（1）人数一般在 15 人左右，也可以不定人数自由组队，但不宜过多，同时以 8 人一组为宜。

（2）时间控制在 150min。

### （四）场地器材

（1）户外活动场地，包括山崖、小瀑布，高校等。

（2）50m 长、10.5mm 粗的静力绳两根，其中一根备用，60m 长动力绳一根，做保护用。

（3）半可调坐式安全带 6 根、安全头盔 6 个。

（4）40cm 的绳套 4 个，丝扣主锁 4 个，钢锁 4 把，8 字环 6 个，主锁 10 个。

（5）12 副手套，毛巾一条，医用胶布若干。

（6）扁带 5 根，快挂 5 个，下降器两个，上升器两个。

### （五）组织过程

**1. 安全检查**

（1）检查所有的器材是否齐全和牢固。

（2）询问所有的参与人员是否有不适合进行此类项目的疾病。

（3）摘除身上佩戴的硬物。

**2. 组织实施**

（1）介绍项目的实施步骤。

（2）学习安全带的穿法、学会主锁、8 字环和安全头盔的使用方法。

（3）学习下降保护方法。特别是在快接近地面时，一定要注意拉紧保护绳，以防学生快速坠地。在学生着地后应放长保护绳，便于解开装备。

（4）队员从地面到达速降上方的行进路线中，如行进路线相对比较危险的情况下，沿途需设路绳保护或由专门保护员沿路带领队员行进。

（5）学习下降的技术要领。

（6）接近地面时速度不可过快，双脚稍直主动触地。

（7）注意观察各个学生的动作，相互学习。

---

**下降的基本技术要领：**

（1）如在岩壁下降时，需两腿开立，与肩同宽，伸直或微曲蹬在岩壁上，脚掌尽可能与下降坡面接触，防止身体向两边倾倒，身体后倾，重心下坐；非制动手远离 8 字环，手臂略直，制动手紧握绳子固定于臀部，虎口向前。下降开始时，制动手轻握或向上推送绳子，一步步往下移动，动作轻缓，两脚轻蹬坡面，不得采用蹬踏、蹲跳方式下降，还需密切注视下降路线，避免绳子和身体与下降坡面产生摩擦或不必要的接触，快接近地面时注意绳子的位置，避免踩踏。下降到地后，保持身体平衡，解除连接。

（2）如是悬空下降，应特别注意：上身稍后倾，脸部离开绳子，避免灼伤；身体上的衣服与下降器保持一定的距离，长头发的女队员必须将头发盘好并带上安全帽，避免衣服和头发卷入下降器中。

**3. 注意事项**

（1）需有专业人员给学生连接各种装置或监督全过程。

（2）采用双绳下降时不可在圆形支撑物上直接对折挂绳进行练习，防止绳子滑动，需使用钢锁、绳套用双套结固定。

（3）长距离下降时，可以戴两副手套，或者在食、中与无名指指肚上粘两层医用胶布，也可以在拇指内侧和手掌易磨的地方做好防护，但不建议使用护掌。

（4）准备外伤药品，出现外伤时需及时处理。

（5）在自然岩壁上进行练习时，要注意及时清理岩壁上的碎石，其他自然环境有必要也应进行清理。

（6）如进行的是瀑降，还要在瀑降之前做足热身运动，避免因为瀑布水过凉造成腿脚抽筋等，同时一定要把鞋子系紧，如果太松很容易在瀑布的冲击下脱落，那样会有落崖的危险。

## （六）安全监控

（1）有严重外伤病史，严重心血管及精神病、慢性病、严重过敏史等不适合做此类活动的，要提前讲。

（2）在练习前，摘除身上佩戴的硬物，认真学习安全护具穿戴方法和保护方法以及自救方法，练习时必须严格按照培训时的要求规范操作。

（3）在练习过程中，至少有3个人相互检查是否正确穿戴安全带和头盔。

（4）至少3个人进行保护，下方保护的人必须戴头盔。进行上下保护时每个点都必须有专业人员。在没下降之前，必须连接保护装置，检查完毕，挂好下降装置后才可以拆除保护。

（5）整个活动器械要有备份，整个过程要符合器械备份原则。

## （七）总结

**1. 分享回顾**

（1）所有学生顺利完成任务后进行相互鼓励。

（2）对练习中出现的困难和发现的问题进行分享回顾。

（3）每一个学生都需谈自己的感受，回顾每位学生在下降中的心态和态度。

（4）在鼓励面前，有人喜欢队友们的鼓励，以达到外在激励的作用；有人喜欢让自己处于相对安静的情况下，自己激励自己，没有对错之分，但合适的激励是需要支持的，当你一个人参加这种活动，你会怎么做？

**2. 总结提升**

（1）欲速则不达，合理的控制可以确保最好的前进。

（2）"上山容易下山难"与生活的案例。

（3）在整个活动中，我们的注意力在不断的变化中，我们是怎样寻找和关注要点的？如脚下的支点、后方的路如何选择等，要和生活紧密联系总结提升。

（4）团队的鼓励和支持看似并没有其他项目重要，但事实上影响却很大，可以在这点上有针对性的提高。

## 二、溯溪

### (一) 项目概述

溯溪原是欧洲阿尔卑斯的一种登山方式，现演变为相对独立的户外运动项目。是指参加者沿着瀑布、溪流进入森林腹地寻找水的源头，沿途要穿越灌木草丛、攀爬岩石或趟水浮游。溯溪活动将攀岩、定向越野、游泳等运动结合运用，极具挑战性，特别适合青年人参加。古人云：近山者智，近水者仁。集山、水与一体溯溪活动，能够体味多少仁与智的深远内涵，如图5-5所示。

图 5-5 溯溪

### (二) 目标

(1) 建立良好的合作意识，认识到个人能力的不足，感受个人、利益、集体的关系。
(2) 培养遇到困难不气馁，并且坚持到底的决心和毅力。
(3) 培养遇到问题善于思考，动手解决的能力。
(4) 培养团队决策能力，并将决策与执行顺利转化的能力。

### (三) 人数与时间

(1) 人数一般为20~25人。
(2) 时间控制在150min。

### （四）场地器材

（1）寻找别人已经练习过的、较成熟的场地路线进行实践，不可盲目进行。

（2）每人一双溯溪鞋、一套可以保护膝关节和肘关节的护具、排汗内衣及快干衣物一套。

（3）若干直式背包或腰包、防水内袋。

（4）20～30m 长的防水静力绳两根，安全帽5～6顶，扁带若干。

（5）偏光镜、手杖、照明工具、雨具、对讲机若干。

---

**溯溪的基本技术要领：**

溯溪的技术大致可分为：溯溪图的判读，登山技术，具有溯溪特点的技术，即岩石堆穿越、横移、涉水泳渡、瀑布攀登和爬行高绕等。攀登技术的基本要领为3点式攀登，即在攀登时四肢中的3点固定，使身体保持平衡，另一点向上移动。

**岩石堆穿越技术：**

峡谷溪流中多滚石岩块。且湿滑难行，行走时应看准、踏稳，避免因踏上无根岩块跌倒或被急流冲倒。

**横移技术：**

在岩壁瀑布下深潭阻路，可尝试由两侧岩壁的岩根横移前进。岩石多湿滑支点不易掌握，横移时须特别谨慎，有时支点隐藏于水下，此时以脚控测摸索移动，若特别困难，干脆涉水或泳渡更简单。溯溪过程中应尽量避免湿水，一般峡谷中多阴凉潮湿，湿水以后衣物鞋子底不易干，容易疲劳，脚久在水中易起水泡，所以非不得已不要湿水是溯溪的基本要诀。

**涉水泳渡技术：**

涉水或泳渡时，必须清楚地判断水流的缓急、深度，有无暗流，必要时借助于绳索保护技术。在溯溪过程中经常使用绳索横渡过河，涉及一系列的绳网、绳桥技术，这里不作详细介绍。

**攀登瀑布技术：**

这是溯溪过程中最刺激，也是难度最大的技术。攀登前必须事先观察好路线，熟记支点，要充分考虑好进退两难时的解决办法。瀑布主体水流湍急，但苔藓少，有时反而容易攀登。瀑布攀登虽然刺激，但难度大，经验和技术要求高，不具备娴熟技术经验或初学者不要轻易作这种尝试。

**爬行高绕技术：**

在遇到瀑布绝壁，其他方法不能实现时，可以考虑爬行高绕的方式前进。即从侧面较缓的山坡绕过去，高绕时小心在丛林中迷路，同时避免偏离原路线过远，并确认好原溪流。

---

### （五）组织过程

**1. 安全检查**

（1）检查所有的器材是否齐全和牢固。

（2）询问所有参与人员是否有不适合进行此类项目的疾病和当天的身体状况。

（3）摘除身上佩戴的硬物。

**2. 组织实施**

（1）介绍项目的实施步骤和要点。

（2）进行队伍人员的排序，要求强弱穿插，最前最后安排能力较强的人，前中后都有人负责对讲机，以便保持队形。

（3）学习和练习扁带的打结方法和使用方法。

(4) 开始实践,大家一起进行。
(5) 到达预定地点,清点人数、了解参与者的状况。
(6) 在预定地点宿营或返回。

**3. 注意事项**

(1) 溯溪最好带两双鞋,一双溯溪鞋,一双防滑性能较好的鞋子,以作备用。一般峡谷中多阴凉潮湿,鞋湿以后鞋底不易干,脚易磨出水泡。

(2) 雨天溯溪比较危险,对体能和平衡性的要求也会随着水量和路滑而增加,危险系数可能会增加数倍。一旦有人受伤,救援工作也较难展开。连续几天的暴雨容易发生山洪或山体滑坡,因此不要在雨天溯溪。

(3) 切记不要穿牛仔裤溯溪,湿水后不能速干,而且重量剧增,影响身体活动同时增加了危险性。

(4) 溪深过腰不涉,溪流过急不涉,青苔、水藻过多不涉,单独一人不涉。

## (六)安全监控

(1) 有严重外伤病史等不适合做此类活动的,要提前讲。
(2) 在练习前,摘除身上佩戴的硬物,认真学习打结技巧和扁带的使用。
(3) 在练习过程中除了自己外,对前后队员的安全也要时刻注意,随时提供帮助。
(4) 前中后 3 只对讲机要随时开着,注意溯溪的速度,一定要保持好队形,千万不能有队员掉队,那会使掉队的队员走错路,走进绝境。

## (七)分享回顾

**1. 分享回顾**

(1) 全体队员的努力要相互认可和鼓励。
(2) 每一个队员对完成任务的过程进行回顾,做出相应的简短评价,并谈谈自己当时的内心感受。
(3) 队员对其他人的表现进行评价,尤其是那些表现好的队员要多鼓励一些。

**2. 总结提升**

(1) 对活动中决策的形成进行回顾,尽量结合生活中身边类似的情景与大家分享提高。
(2) 队员谈谈自己在活动中受到了多少人的帮助和帮助了多少人,联系实际生活中的人际关系和相处之道进行总结提升。

## 三、漂流

### (一)项目概述

漂流成为一项真正的户外运动,是在第二次世界大战之后才开始发展起来的,一些喜欢户外活动的人尝试着把退役的充气橡皮艇作为漂流工具,逐渐演变成今天的水上漂流运动。驾着无动力的小舟,利用船桨掌握好方向,在时而湍急时而平缓的水流中顺流而下,在与大自然抗争中演绎精彩的瞬间,这就是漂流,一项勇敢者的运动,如图 5-6 所示。

### (二)目标

(1) 训练团队内部的相互信任。

图 5-6 漂流

(2) 克服恐惧，勇往直前，认识自我，战胜自我。
(3) 增强团队意识和面对困难时相互帮助的精神。
(4) 认同差异，合理分工，学习最优配置资源。

### (三) 人数与时间

根据难度与技术水平进行确定。

### (四) 场地器材

(1) 场地要求：根据难度确定，第一级是水流平缓的区域；第二级是大部分水域水流平缓，伴随轻微波浪，浪高：1m；第三级是频繁的波浪，但对较有经验的人来说仍易把握方向，浪高：1.5～2m；第四级是对有经验的人来说也较困难，有大的障碍物需要避过；浪高：3m；第五级：只适于有丰富经验的人，漂流者的生命会受到很难逾越的障碍物的威胁，浪高：超过 3m（根据美国河流探险协会提供资料）。

(2) 器材为橡皮艇或竹排或木船，竹竿或船桨，救生衣。漂流的河段不同，可选择的工具也不同。一般说，橡皮筏适用范围最广，也最普遍、最常用；小木船适用于河道较直、少弯道礁石的河段；竹排则适用于风平浪静的河段。

橡皮筏的适应性非常强，即使遭遇落差较大的瀑布或是险峻的河谷，也几乎总能化险为夷。因为橡皮材料柔韧性能好，又有充气囊可以柔克刚，一般的礁石奈何不得，一般也不用游客操心，漂流过程中自有舵工负责，舵工的主要任务就是把握好方向和平衡，遇到急流险滩和礁石时能妥善处理。橡皮筏上一般配有几片供游客操作的桨板，在平缓河段时，游客可在舵工指导下以桨划水。竹筏（或称竹排）一般不宜在急流险滩中使用，容易被卡住或翻沉，但在风平浪静时漂行，却韵味十足。游客手持竹篙，一边深深浅浅地撑着，一边观赏河岸景观，优哉游哉。当然，这已经不是严格意义上的漂流了。小木船介于橡皮筏与竹筏之间，适应性比橡皮筏稍弱，其操作技术比橡皮筏要难一些，一般可坐 8 人

漂流，在小三峡和神农溪的漂流中常可见到一种名叫"豌豆角"的小扁舟。乘坐橡皮筏或小木船都切忌站立或走动，必须注意保持船体平衡。

### （五）漂流的基本技术要领

#### 1. 学会读水

有经验的桨手每到河流的转弯处或险滩的面前，总会盯住河面仔细观察，这就叫做"读"河，又叫读水。在险滩的地方，水急浪大，礁石众多。"读"河就是要找出那些隐藏的陷阱，并找出一条穿越险滩的最佳通道。要弄明白险滩是怎样形成的，对行船有什么危险，首先要搞清楚水流的几个基本形态。

（1）险滩的舌部——当河床向下倾斜，平静的水面出现白色的浪花，激流通常是在中心部分河床最深流速最快的地方。在两岸靠边和稍浅的地方，河水受阻而降低流速，这样便形成了中间水流较快的现象。并且，中心较快的水流力量较大，进一步冲走了石块泥沙，清除了阻力和障碍，并形成一个 V 形的舌部，V 字的顶端通常指向最少障碍最小阻力的通道。

（2）倒卷浪——完全露出水面的礁石容易发现，但有些藏在水下的礁石就暗藏玄机。当水流过礁石的顶部，汇入礁石后面的憩流（止水）时。河水形成反向的流动（向上游方向流动）。这种现象称作倒卷浪，出现在半隐半现礁石的下游处。当礁石恰好处在水面之下，由于看不到水花，从上游方向很难发觉。要注意激流中较平静的地方，因为水下的礁石会使激流分流，而且水流过礁石表面时是平行不起浪花的。如果上岸观察，就可以从下游的方向来看，这时倒卷浪非常明显。有些礁石被激浪所覆盖，必须持续全神贯注地观察才可以看得出来。如要是较大的潜藏较深的礁石，在其下游会有较大的倒卷浪，通常叫做"洞"。这种"洞"往往力量很大，可以轻易地把船掀翻。有些"洞"像抽水马桶一样，一旦误入其中，好像被引力吸住，如陀螺般旋转，很长时间陷在里面。因此，要不遗余力地避开。

（3）直立浪——河水在陡峭下降的河床中流速较快，在较平缓的河床中流速就较慢。当流速快的水流遇到流速慢的水流，水流量无法及时排走，就会浪浪相叠摞起来，形成高高的直立浪。直立浪的大小与水量和落差有关。一般的直立浪都不会造成问题。如果直立浪很高但坡度平缓，最好的办法就是船头对准浪尖，直接骑过去。这种浪气势磅礴，在惊涛骇浪中穿行，感觉非常过瘾。如果直立浪看起来很陡峭，这很有可能导致翻船。应该选择从浪的边缘部分通过。因为边缘部分往往角度较缓，高度也低些。但首先应该确认是直立浪还是水下礁石。水下礁石在激流冲过时也会激起冲天大浪。只不过礁石激起浪散乱不齐，而直立浪则显得非常有规律。

（4）转弯——通常，最深和最快的水流在转弯处的外道。河水的趋势是把船推向转弯的外道，正是礁石和其他危险情况较多的地方。一般要求在转弯时要把船调整在 45°角，并保持在里道的位置上。一旦有必要，利用河水的力量可以较容易地划到外道上去。但如果想从外道往里道划则很困难，因为要克服河水的全部阻力。

（5）洄水——在礁石后面或两岸突出部分后面，河水的流向与主流相反，向上游方向流动，这称之为洄水。河流转弯处里道的憩流也称为洄水，尽管此处的水不流向上游方向,在主流和洄水交错的地方有条洄水线,也称为洄水栅。这条洄水栅非常霸道,没经验的新手看不出来,不会利用两股水流力量的话,有可能被困上数小时而划不出来,在洄水中打转。另外,需要特别注意的是,在洄水线处有两股不同方向的水流在打架,遇到强劲的洄水线,万一不慎也会"平地"翻船。洄水对行船是非常有用的,可以利用洄水停船上岸、侦察激流险滩、建立营救点、等待落后的同伴等,但那些旋转涡流状的洄水应该注意避开。

"读"河不是一门科学,没有精确的定理公式。要把"读"河作为一门艺术来看待。在礁石与巨浪、涡流与"洞"组成的布满陷阱的险滩上也没有太明显的标志。桨手只能凭经验在激流险滩中划出一条想象中的通道,并力争沿这条通道穿过险区。另外,激流险滩从水平面看时与从岸上看是不一样的。因此,有经验的桨手在"读"河时已确立了备用方案,以便在无法进入原定路线时不致手忙脚乱。

"读"河如读书,不在乎字面,真正的意思要在字里行间去揣摩。"读"河意不在河,在河之外。

**2. 船桨操作技巧攻略**

直行——桨朝前,必要时做少量调整,保持船首正对波浪;左转——左侧桨向后,右侧桨向前;右转——右侧桨向后,左侧桨向前。

**(六)组织过程**

**1. 安全检查**

(1)检查所有的器材是否齐全和牢固。

(2)询问所有参与人员是否有不适合进行此类项目的疾病和当天的身体状况。

**2. 组织实施**

(1)介绍项目的实施步骤和要点。

(2)进行队伍人员的排序,要求强弱组合以及各个组之间距离。

(3)开始实践,大家一起进行。

(4)到达预定地点,清点人数、了解参与者状况。

(5)在预定地点宿营。

**3. 注意事项**

(1)漂流最佳时期为每年的4~10月。

(2)出发时,最好携带1~2套干净的衣服,以备下船时更换,同时最好携带一双塑料拖鞋,以备在船上穿。

(3)漂流时不携带现金和贵重物品上船,若有翻船或其他意外事情发生,漂流公司和保险公司不会赔偿所遗失的现金和物品;若感觉机会难得一定要带相机的话,最好带价值不高的傻瓜机,事先用塑料袋包好,在平滩时打开,过险滩时包上,而且要做好丢入水中的思想准备。

(4)上船第一件事是仔细阅读漂流须知,听从工作人员的安排。

(5)在气温不高的天气情况下参加漂流,可在漂流出发地购买雨衣。

（6）不得随便下船游泳，即使游泳也应按照教师的意见在平静的水面游，不得远离船体独立行动。

### （七）安全监控

（1）上船后要立刻穿好救生衣，找到安全绳。

（2）漂流船通过险滩时要听从组长指挥，不要随便乱动，应紧抓安全绳，收紧双脚，身体向船体中央倾斜。

（3）若遇翻船，不要慌张，要沉着，因为都穿有救生衣。

### （八）总结

**1. 分享回顾**

（1）鼓励每一个人谈谈自己的感受，并将活动中的苦难感受与大家一起分享。

（2）解决问题我们是依据什么原则进行的，事实证明我们的计划如何？

（3）活动中体现的领导力对于我们完成任务有何种帮助？

**2. 总结提升**

（1）处于进退两难时，怎么办？记得《圣经》的神谕吗？我们只能向前走不回头，否则就会变成"石像"，鼓励学生前进吧！

（2）结合实际工作谈谈活动带给我们的启示。

## 四、扎筏泅渡

### （一）项目概述

这是一个团队协作型项目，活动中需要我们共同努力打下坚实的基础，建造一个可以承载大家的竹筏，同舟共济，共创未来。集体动手创作出劳动成果，坚定目标，同心协力，驶向成功的彼岸，清爽潮湿的清风，一定会带给你无尽的乐趣，如图5-7所示。

图5-7 扎筏泅渡

## （二）目标

（1）建立良好合作意识，认识到个人能力的不足，感受个人、利益、集体的关系。
（2）体验团队合作的重要意义，学会合理利用资源。
（3）培养团队决策能力与团队成员的动手能力。
（4）学会并懂得沟通的重要意义、掌握沟通技巧。
（5）以体能训练为载体，锻炼坚持到底的决心和毅力。
（6）正视自身的能力，学会在压力下调整心态，以达到最终的胜利。

## （三）人数与时间

（1）一般每队 15 人左右。
（2）时间控制在 120min，最好是几个团队一起竞赛。

## （四）场地器材

（1）足够大的自然水面，选择堤岸坚硬、平坦、开阔，避免在湿滑、蚊虫过多和有草的水域。
（2）气温在 20～35℃，水温最好在 15℃以上，暑天避免在烈日下做此项目。
（3）船桨 6 把，救生衣每人一件，备用救生圈、绳索、长竹竿、浮板。
（4）长 4m 左右、直径约 10cm 毛竹 4 根；长 2m 左右、直径约 6cm 毛竹 5 根。
（5）0.5～1cm 粗 6m 左右长绳 6 根，2.5m 左右短绳 8 根。

## （五）组织过程

**1. 安全检查**

（1）清点器材，并检查救生衣的状况，腰带是否牢固。
（2）竹竿上有尖刺进行削除。
（3）绳子是否有开裂的地方。

**2. 组织实施**

（1）分组，要求强弱、男女比例合理，同时确定队长。
（2）利用已有器材，扎成一个能运载大家安全过河的竹筏，每队最多分 3 次运送队员，先到达终点的队为胜。
（3）评价标准为竹筏的质量、完成时间等。

**3. 注意事项**

（1）必须在整个过程中注意安全隐患，每个人必须穿上救生衣才能上筏。
（2）所有器材轻拿轻放，不要碰伤队友，并且在活动前后都必须清点一次。
（3）在扎筏时一定要注意自身的安全，不得玩闹。
（4）不要在多次出现溺水事故的水域组织此项活动。
（5）参与者必须摘除手表、手机等物品。

## （六）安全监控

（1）扎筏成功后，一定要划回指定岸边，不得在划筏过程中，跳入水中游泳、打闹。

(2) 参与者在扎筏的过程中，不要被竹刺刺伤。

(3) 参与者必须穿救生衣，并准备好救护用品，如救生圈、绳索等，并且系好漂浮物（竹竿、木板等）。

(4) 竹筏散落时，应保持冷静，重点监控不会游泳者。

(5) 出现紧急情况，应用器材救护或者直接入水救护。

(6) 出发、返回时必须清点人数，非本队人员不得参与。

(7) 根据水情，学生学习自救方法（如在有水草的地方）。

(8) 竹筏入水、上岸时，队员不能站在筏的前、后端。

(9) 下水前做准备活动，并摘去眼镜、手表等。

(10) 不能做出有安全隐患和违反安全规则的行为。

### （七）总结

**1. 分享回顾**

(1) 队员上岸后及时、迅速整理衣装并进行回顾。

(2) 每个队员都要对本队的任务完成过程进行回顾，并作出相应的简短评价。

(3) 队长要对自己的领导表现进行回顾，总结成败的经验教训。

**2. 总结提升**

(1) 良好团队的分工与合作是完成这项任务的前提。

(2) 团队面临一项任务时，要有良好的领导力、执行力。

## 五、自然攀岩

### （一）项目概述

自然攀岩是指挑战自然形成的陡峭岩壁，享受徒手征服自然的感觉，如图 5-8 所示。

图 5-8 攀岩

自然界的岩石峭壁是多种多样千变万化的，没有一定之规。从理论上讲，任何岩石峭壁都可作为攀岩场地进行攀登。我们按照攀爬方式的不同，把自然攀岩场地划分为以下几种类型。但划分不是绝对的，往往在同一块岩壁甚至同一条攀登路线上就可能遇到几种不同的类型。

**1. 岩石表面攀登**

就是利用手抓脚踩岩石表面的一些不规则突起或凹陷，抑或利用摩擦力和身体平衡来攀爬看起来很平滑的倾斜岩石面。这是一种最常见的类型。在攀登此类场地中用到的各种攀登方式和技巧最多。

**2. 裂隙攀登**

在天然岩石表面有很多垂直或接近垂直的宽窄不等、形状各异的裂隙。可利用这些裂隙（又可细分为大裂隙、小裂隙、V形开裂隙等）向上攀登的场地。

**3. 岩石屋檐或悬岩的攀登**

在岩石面与水平地表面的夹角小于90°甚至像屋檐一样与地表面平行的岩石面上攀爬。是自然攀岩场地中难度最高的一种类型。

## （二）目标

(1) 培养学生挑战自我、不断进取、勇于攀登的精神。

(2) 认识自我，设定切实可行的目标并通过自己的努力达到目标。

(3) 培养学生合理利用资源，形成最优化配置的能力。

(4) 感受前人探路的艰辛与后来者获得的间接经验对取得成功的重要价值。

(5) 感受团队的激励作用。

(6) 锻炼全身肌肉，保持健康的身体。

(7) 保持旺盛的斗志，面对困难和挑战体验走向成功的艰难历程。

## （三）人数与时间

(1) 一般人数为15人左右。

(2) 时间控制在150min。

## （四）场地器材

(1) 场地要求：根据参与者的能力选择。

(2) 50m长、10.5mm粗的动力绳两根，其中一根备用，60m长的动力绳一根，做保护用。

(3) 半可调坐式安全带6根、安全头盔6个。

(4) 40cm的绳套4个，丝扣主锁8把，钢锁8把，主锁10个，8字环5个。

(5) 6副手套，毛巾一条，医用胶布若干。

## （五）组织过程

**1. 安全检查**

(1) 检查所有的器材是否齐全和牢固。

(2) 询问所有的参与人员是否有不适合进行此类项目的疾病和当天的身体状况。

(3) 事先派出2~3个能力较强的人进行岩壁和上端杂物的清理，以防掉下来砸伤学生和下方的人员。

**2. 组织实施**

(1) 确定顶点的支点，进行装备的正确连接。

(2) 全体成员学习安全带、头盔的穿、戴方法，学习主锁与8字环的使用方法和法式五步收绳法以及发生冲坠时的操作技巧。

(3) 了解镁粉的作用，学习使用镁粉的技术动作与手臂方式的技术动作。

(4) 进行分组和排序，连接好装备。
(5) 队员自己设定目标。
(6) 介绍手臂的用力方式，要求必须学会腿部用力为主的用力感觉。
(7) 介绍脱落后手脚如何推扶岩壁与继续攀登的方法。

**3. 注意事项**

(1) 要求队员必须佩戴安全帽进行练习。
(2) 在下面观看的学生必须退出场地 5m 以外，并且以放射性形式站立。
(3) 要求队员不得穿短裤攀爬，防止擦伤皮肤。
(4) 要注意攀登的技术要领，如贴紧岩壁、多用腿部力量、多观察、甩手休息等。
(5) 相互之间要相互鼓励加油。
(6) 讲清楚对队员的安全要求与行为要求。

## （六）安全监控

(1) 参与者确因身体原因不适合参加该活动时可做观察员等工作。
(2) 队员攀爬前一定要做专项的热身活动，长指甲的必须剪掉后才能练习。
(3) 队员攀爬前必须按照多次检查原则穿戴保护器具。
(4) 队员做主保护时，必须使用 8 字环，至少安排两名副保护，主保护必须戴手套。
(5) 队员在攀爬 2m 高度前，要有专人在下方进行保护，以防由于高度不够失去保护措施而发生意外。
(6) 攀爬者攀爬太快时，可以由第一副保护直接快速抽绳，确保学生胸前的保护绳相对收紧，但主保护 8 字环后的收紧不得离开保护绳。
(7) 保护员体重较轻时，要有一名学生拉住其安全带的腰带或和固定点连接。
(8) 要求学攀爬者尽量直线攀爬，防止脱手时摆动过大受伤。

## （七）总结

**1. 分享回顾**

(1) 所有参与者顺利完成任务的要相互鼓励，如果完成情况不好，要慎用溢美之词。
(2) 鼓励队员谈谈自己攀登时的心态，自己怎样挖掘自己的能力并促使自己不断前进。

**2. 总结提升**

(1) 确立目标的重要性，联系生活谈谈感受。
(2) 团队的鼓励和支持对自己完成任务的帮助非常重要，可以联系生活谈谈感受。

## 六、溜索

### （一）项目概述

原始渡河工具，是指用两条或一条绳索，分别系于河流两岸的树木或其他固定物上。一头高，一头低，形成高低倾斜。溜索最早用于高山自救和军事突击行动，后演化为游乐项目，是一项具有挑战性、刺激性和娱乐性的现代化体育游乐项目。可跨越草地、湖泊、河流、峡谷，借助高差从高处以较高的速度向下滑行，使游客在有惊无险的快乐中感受刺激和满足，如图 5-9 所示。

图 5-9　溜索

### （二）目标

（1）培养克服恐惧、挑战自我、战胜自我的精神品质。

（2）培养面临困难时的互助精神和良好的团队意识。

（3）以积极的态度去面对学习与生活。

### （三）人数与时间

（1）一般要求为 10 人以上，最好不超过 16 人。

（2）时间控制在 120min。

### （四）场地器材

（1）根据能力和环境选择合适的场地，建议高度不要太高。

（2）50m 长、10.5mm 粗的静力绳两根，细绳 4 根。

（3）半可调坐式安全带 3 根、胸式安全带 2 根，安全头盔 4 个。

（4）丝扣主锁 8 个，钢锁 8 把，主锁 10 个。

（5）6 副手套，长扁带 4 根，短扁带 4 根。

### （五）组织过程

**1. 安全检查**

（1）检查所有的器材是否齐全和牢固。

（2）询问所有的参与人员是否有不适合进行此类项目的疾病和当天的身体状况。

**2. 组织实施**

（1）讲解此项目练习的步骤和要点。

（2）认真学习安全带、头盔、主锁的使用与检查方法。

（3）认真学习控制身体的能力，包括双手握绳与用腿抱绳技术，相对较平的绳索要学会上下肢配合前行的技术。

（4）进行练习人员的排序。

（5）练习开始后，按要求爬上较高地和正确连接各种装备，在能够控制的速度内，从上方滑下。

（6）在练习中，队员之间可以相互鼓励，进行必要的指导。

**3. 注意事项**

（1）要学会溜索的制作技术，认真负责的制作溜索。

（2）如果参加的学生中有体重较大的必须穿胸式安全带联合使用。

（3）有恐惧心理的学生在活动中期进行挑战，不要放在最后。

（4）鼓励参与者都要参加，遇到不愿参加的应多沟通，但不得强求其参加。

（5）天气变化或绳的下垂距离变化过大时要及时调整，每练习完一次都要检查一次绳索的连接点。

### （六）安全监控

（1）如果溜索距离较长，需要架设双绳。

（2）保护点要做双重连接，每一个绳端都应该有 2 个连接点，分别连接 2 个绳结。

（3）按要求穿戴安全护具。

（4）如果参与者中途停下，必须要求他继续前进，不论离地多近，都不能在未着地前摘除主锁。

（5）注意不要将脸部蹭在绳索上，必须戴手套，不得穿短裤和裙子参加活动。

（6）其他学生不要在溜索学生的正下方进行接应或保护。

（7）可以用细绳连接在安全带上，练习结束后可以将安全带拉回，也可以适当控制学生的速度。

### （七）总结

**1. 分享回顾**

（1）完成挑战任务的队员要相互鼓励和肯定。

（2）每一位参与者都要谈谈自己的感受，注意完成情况比较特殊的学生。

**2. 总结提升**

（1）在我们面朝天空不能看到下面时，保持内心的平静非常重要，可以就此谈谈。

（2）谈谈团队成员间互相传授的技能对于全体成员完成任务的帮助。

（3）激励对于内心恐惧队员的帮助。

（4）我们在参加高风险挑战时，大家会有不同的表现：表面不怕内心也不怕，表面不怕内心很怕，表面看似害怕但内心坚强，表面害怕内心更怕，不论怎样都完成了，你怎样评价自己，自己心中做一个分析。

## 七、篝火晚会

### （一）项目概述

是草原人民一种传统的欢庆形式，人们外出打猎满载而归，互相庆祝获得了丰厚的战利品，傍晚，在用火烤熟食物的过程中，便互相拉手围着火堆跳舞以表达自己喜悦愉快的心情，这种欢庆的形式一直延续到今天，就形成了篝火晚会，是一种团队娱乐项目，团队成员间在大自然间互动表演，自助烧烤融洽团队成员感情，融合团队精神，提高团队成员的创造性，如图 5-10 所示。

图 5-10　篝火晚会

### （二）目标

（1）增加队员之间的交流，培养团队精神，增强凝聚力。
（2）提高队员的交往和表达能力，从而培养社会交际能力。
（3）培养和提高骨干队员的组织能力。

### （三）人数与时间

人数根据场地大小或需求来限定，时间一般选择在无风无雨的夜晚。

### （四）场地器材

（1）选择在没有草、远离草场、树木的宽阔平地。
（2）足够大的柴火一些、水桶若干。
（3）可以坐人的石头若干。
（4）小奖品若干。

## （五）组织过程

**1. 安全检查**

（1）检查场地，如周边有草，应进行清除，保证场地 5m 以内无杂草。

（2）检查水桶是否装满水，水桶数量是否足够。

（3）用来坐的石块是否牢固。

**2. 组织实施**

（1）安排专人负责柴薪的收集和供应。

（2）确定晚会的主题或活动内容，确定主持人。

（3）整理场地，清除不安全问题，同时准备篝火基本框架。

（4）开始篝火晚会，按计划实施。

（5）活动中骨干学生要随时注意火势和火星的飘落。

（6）活动结束，把篝火完全熄灭。

**3. 注意事项**

（1）篝火时间不能太长，要及时进行休息。

（2）要有防范措施，事先准备好灭火的沙土和水等。

（3）要远离帐篷，并要在帐篷的下风向，以免火星飘落到帐篷上。

（4）用水或者土浇灭、掩埋篝火，不能从表面看不到火星就算了，那样的话篝火里层还有火星在，晚上大风一刮就会使火星四处飘落，从而引发火灾。

## （六）安全监控

（1）在篝火点燃前要清除周围的易燃杂草、枯枝、树叶等，以免火苗向外蔓延，造成失火。

（2）队员在检查可以坐的石块时要小心，注意石头下的小动物，清除时避免砸伤自己的手指等。

（3）在活动中，由于光线不好，一定要注意安全，比如不要被火舌烧伤，做游戏时相互绊倒。

（4）风势较大的时候，不要添加柴薪，要时刻控制火势，特别是有很多树枝的柴薪烧着时会产生很多很小的火星，非常危险。

## （七）分享回顾

**1. 分享回顾**

（1）鼓励每一个人谈谈自己的感受，并将活动中的苦难感受与大家分享。

（2）活动中体现的领导力对于我们完成任务有何种帮助？

**2. 总结提升**

（1）通过活动，大家的交流是否更好，关系是否更加密切，集体凝聚力是否得到了增强？

（2）结合实际工作谈谈活动带给我们的启示。

## 八、竹竿舞

### （一）项目概述

这是一个以个人挑战与团队协作相结合的项目，原意是描述苗族青年来京城游玩的情景，一对对苗族青年男女吹着芦笙跳起舞蹈穿过九道门楼的情景，整个活动给人的感受就是欢快与愉悦。

### （二）目标

（1）培养参与者快速学习能力。

（2）培养参与者协调能力与节奏感。

（3）培养合理分工、积极交流、加强协作的能力。

（4）提高创新能力。

### （三）人数与时间

（1）人员要求一般不少于14人。

（2）时间控制在50min（练习时间25min，表演时间20min）。

### （四）场地器材

（1）平整的场地一块。

（2）长3m左右、直径6cm左右的长直竹竿（用树干代替也可以）8~10根。

（3）一些音乐伴奏带，如韩国的《阿里郎》、我国的《七月火把节》。

### （五）组织过程

**1. 安全检查**

（1）检查所有的器材是否齐全和牢固。

（2）询问所有参与人员是否有不适合进行此类项目的疾病和当天的身体状况。

**2. 组织实施**

（1）活动开始后前25min练习，后25min表演，以完成平行竿的地面舞蹈为成功。

（2）练习时先从打竿开始，两人一组共4组面对各握竹竿的两端，打竿的节奏规定为两种：第一种是"开开合合"，第二种是"开合、开合、开开合合"，竿的开距大于40cm。

（3）无竿练习竹竿舞步，配合打竿节奏进行简单的练习，熟悉节奏后进行统一编排集体练习。

（4）协商将人员分成打竿和跳竿的部分，可以调换，慢慢练习直到熟练掌握。

（5）开始可以单个跳竿，慢慢过渡到多人跳竿。

（6）跳竿人员只能从固定的方向进出，不可以从进入端退出，开始可以用试探步。

（7）打竿人员在发现跳竿队友出现节奏紊乱时、跳竿人员叫停时，打竿同时喊"嘿嘿"完成最后两次打竿，然后停止。

（8）打竿节奏不可过快。如果跳竿人员失去平衡和停止跳动，打竿人员应立即停止。活动时如果拓展教师叫停应及时停止。

### 3. 注意事项

（1）理解安全要领，尤其防止崴脚的动作。
（2）在练习中，可以悄悄地帮助个别练习较慢的学生掌握要领。
（3）如果掌握较好，可以将节奏由慢到快，循序渐进的变化。
（4）在提高动作熟练性的基础上，可以体验创编不同形式的跳竿方法。

### （六）安全监控

（1）要求地面平整，不得在湿滑的场地上进行练习。
（2）在活动初期或出现进竿和脚跟将竿带起的现象时练习时速度要放慢。
（3）在练习中节奏乱了就立即停止。
（4）避免在烈日或其他恶劣天气下进行练习。
（5）在进行练习时，跳竿者不要太张开自己的手臂以免击伤同伴的脸部，自己失去平衡后不要拖拽其他学生，更不要去抓竹竿。
（6）不得穿高跟鞋练习，练习前摘除身上与兜内大件的物品。

### （七）分享回顾

#### 1. 分享回顾

（1）每人谈谈自己的感受。
（2）互相传授经验与大家一起学习对获得活动良好成绩的帮助。
（3）学习的重点和我们最初认知的重点环节吻合与否。

#### 2. 总结提升

（1）在参与体验中，学会合作、与同伴友好相处、感受运动的乐趣。
（2）每一个都有双重角色，既要打竿又要跳竿，结合生活谈谈相关感受。
（3）在这个项目中男生往往要比女生困难一些，分析一下如何对待性别差异更好地完成生活中出现的问题。

## 九、野外生存

### （一）项目概述

是指在自然地域（山川湖海），通过模拟探险活动进行的情景式训练。它利用广阔的各种自然环境，通过一定的设计，在参与者解决问题和应对提高挑战的活动过程中，使队员得到"磨炼意志、陶冶情操、完善自我、熔炼团队的"的训练目的。是一种突破传统训练思维和模式要求的全新训练方式。其所开课程独具创意，融思想性、教育性、挑战性、实用性和趣味性于一体，如图5-11、图5-12所示。

### （二）目标

（1）锻炼身体、陶冶情操。
（2）增长知识、增强生活能力，学会日常生活技能。
（3）感悟人与自然、人与社会、人与人之间的关系。
（4）全面促进学生自然意识和社会意识的发展。

图 5-11 野外生存（一）

图 5-12 野外生存（二）

(5) 提高学生的心里承受能力、抗压能力。

(6) 提高学生的团队合作意识。

## （三）人数与时间

(1) 人数一般控制在 30 人之内。

(2) 时间 1～4 天。

### (四) 场地器材

(1) 场地无严格限定，但需安全、符合活动需要就可以。
(2) 毛巾、牙刷、碗等个人装备。
(3) 帐篷、睡袋、防潮垫、铁锅等宿营野炊装备若干。
(4) 动力绳、静力绳、副绳、安全带等活动装备若干。

### (五) 组织过程

**1. 安全检查**

(1) 事先仔细检查装备是否齐全，特别是活动装备的安全性。
(2) 每天都必须询问参与者的身体状况，特别是女生。

**2. 组织实施**

(1) 领队需提前至少 7 天进行各项工作的分工。
(2) 全体队员在活动前半小时相互见面、认识。
(3) 介绍本次活动的地点和主要内容，对全体队员进行分组，并确定各组组长。
(4) 宣布野外生存活动的纪律，提出本次活动的注意事项。
(5) 以小组为单位领取野外生存装备、食品、药品等，并进行装填背包。
(6) 根据计划进行活动，如遇天气等野外突发情况可调整计划。
(7) 活动结束，返回学校。

**3. 注意事项**

(1) 绝对服从领队的指挥，不能单独行动。
(2) 离开营地或活动地点须事先报告。
(3) 注意野外用火，禁止抽烟。
(4) 爱护自然，保护环境。
(5) 在活动现场讲解器械使用的注意事项。
(6) 休息时间要从最后一个学生休息开始算起。

### (六) 安全监控

(1) 活动进行中要随时注意每个人的状况，同时告诉参与者有问题时一定要说出来。
(2) 在行进途中，每人间隔的距离不能太近，前面的人不要随便转向后面说话，以免后面的队员被前面队员的背包打到或推下路边等不安全事件发生。
(3) 使用器械进行练习时，一定要有骨干队员在旁边负责装备的正确穿戴和连接。
(4) 整个队伍的排序，必须要强弱分开。
(5) 对讲机必须前中后各有一个，以免发生后续队伍走错路的事情。

### (七) 分享回顾

**1. 分享回顾**

(1) 完成活动的队员要相互鼓励和肯定。
(2) 人人都要讲讲自己的感受，注意完成情况比较特殊的学生。

### 2. 总结提升

（1）谈谈团队成员间互相传授的技能对于全体成员完成任务的帮助。

（2）激励对于内心恐惧队员的帮助。

（3）通过活动，大家是如何从陌生人成为好朋友的，联系实际生活谈谈现在应该如何与人相交？

（4）理解同甘共苦的真正含义，联系实际生活谈谈现在应该如何与人相处。

# 第三节　方　案　范　例

从 2002 年作为第一批参加全国大学生野外生存生活实验研究的高校之一开始，浙江林学院就通过开设野外生存生活选项班、成立户外运动俱乐部等各种方式积极开展各种野外活动，到现在为此已经在东北帽儿山、杭州大明山、天目山、西经山、青山湖等地组织了野外生存、瀑降、桥降、攀岩、定向拓展等几十次的户外拓展活动，下面介绍其中的几次户外拓展活动的方案实例。

## 一、大明山户外活动方案实例

大明山风景名胜区是被国家教育部指定的南方唯一的中国大学生野外生存训练实验基地，也是 2002 年和东北帽儿山、湖北神农架同时建立的第一批实验基地，供浙江林学院和华北师范大学 7 月进行实地练习所用。此基地从 2002 年 3 月至 6 月初经过近 10 次的考察，才最终确定下来，被喻为浙西最好的户外基地：整条线路风景优美，堪称小黄山；而且行走路线可长可短，短则一天，长则 6 天，可随意选择；路线上可开展的拓展项目齐全，除常规外，还有碎石谷和碎石坡，项目进行难度也可根据能力随时调整。因此，浙江林学院已有十几次的户外拓展训练在此进行。

### （一）大明山野外生存生活大挑战案例 1（浙江林学院学生野外生存大比拼）

地点：大明山景区以及外围。

时间：2002 年 10 月 1～4 日。

人数：活动 23 人（不包括领队和队长），分成 3 组，领队一人，队长（指有一定能力和经验的老生）3 人。

### 1. 活动准备

（1）领队至少提前 7 天进行各项工作的分工，如安排人员去实地进行考察（指第一次去）、装备的清理和检查、基本食品的准备。

（2）确定人数、性别、身份证号码，事先进行分组。

（3）接送车辆的联系，确定数量、价格、时间，记录驾驶员的电话号码（有几辆车就记录几个）。

（4）参加与活动类型相适应的保险。

（5）根据活动人数、能力，确定活动的路线、时间安排、项目、难度。

（6）活动费用的统计和收取。

**2. 需要准备的装备清单**

（1）个人装备：毛巾、牙刷、凉鞋、帽子、野外水壶、手电筒、与手电筒相配对的电池4节/人、帐篷、睡袋、防潮垫、背包。

（2）小组装备：药品、牙膏、肥皂、餐巾纸、扑克牌、锅铲、野外用炉、打火机、酒精炉、营地灯、砍刀、急救包、对讲机、折叠锹、多功能刀具、应急灯。

（3）项目活动装备：动力绳、静力绳、副绳、安全带、扁带、小快挂、D形锁、O形锁、上升器、8字环、安全帽。

**3. 需要准备的食品清单**

大米：一人200g/天；方便面：一人1包/天；香肠：一人2根/天；火腿肠：一人2根/天；压缩饼干：一人1块/天；咸鸭蛋：一人半个/天；咸肉：一组1块/天；雪菜：一组5包/天；榨菜：一组3包/天；大蒜：一组3包/天；生姜：一组3大块；盐：一组1包；味精：一组1包；奶粉、麦片、糖：一组各1包。每个人的食品用一个塑料袋装填好。

**4. 经费的预算**

（1）交通费：2500元。

（2）门票费：1564元。

（3）景区内车票：176元。

（4）食品费：1200元。

（5）装备费：600元。

（6）药费：300元。

（7）组织策划费：300元。

**5. 活动具体实施**

10月1日：上午7：00在学校户外办公室处集合，进行各种事宜的准备，宣布纪律（不能到宿营地时再宣布，因为那时大家都会有一些疲惫，又要开始建立营地、准备中餐等）。8：00准时从学校集合地出发，11：00到大明村附近核桃林建立营地和准备中餐。13：30开始徒手溯溪，15：30从终点沿小路返回营地，准备晚餐（用柴火烧，既快饭又香），领队带人去摘猕猴桃，21：00休息，安排人员值班（每4h换班，每班2人）。

10月2日：6：00起床、准备早餐，7：30第一组出发，后每隔10min出发一个组，以后每天如此。从核桃林营地出发，沿着溪流旁的山间小路向白水瀑布攀登，途中要经过3处的短岩壁，需借助主绳和器械进行攀岩。中午到达白水瀑布下方的空地上，午饭，休息。1：00左右，队伍继续向上行进，穿越丛林、征服险境，到达白水瀑布上方，沿山间小道到达外烂塘宿营，准备晚餐。

10月3日：6：00起床、准备早餐，7：30第一组出发，从外烂塘营出发，沿着崖边小路，穿越草丛，经天然形成的乱石坡下山到达大明山庄附近，进行崖降项目，并吃午饭，休息。13：00队伍继续向上行进，沿游步道和小路到达大明湖宿营，准备晚餐。19：30篝火晚会，21：30休息，安排人员值班（每4h换班，每班2人）。

10月4日：7：00起床、准备早餐，7：30第一组出发，从大明湖营地出发，沿着游步道到达驾云台附近,卸下装备,分成两组进行攀岩和桥降项目,同时可以游览千亩草甸、明妃七峰、万米隧道等景色。13:30在驾云台集中,沿龙门飞渡、龙门三叹景点下山,途中可以看到大明山景区内最优美的风景。16:00到达龙门峡口坐景区汽车下山。16:30坐车返回浙江林学院,活动全部结束。

**6. 活动注意事项**

(1) 绝对服从领队的指挥,不能单独行动。
(2) 离开营地或活动地点须事先报告。
(3) 注意野外用火。
(4) 爱护自然,保护环境。
(5) 器械使用的注意事项在活动现场讲解。

### (二) 大明山野外生存生活大挑战方案2(浙江省体育记者野外生存大比拼)

2005年6月,浙江省记者协会的27名记者在体育健康频道郭晓老师的带领下,与浙江林学院体育军训部2名教师和2名野外生存俱乐部成员一起到达浙江林学院野外生存实验基地——杭州大明山,进行了为期3天的野外生存。

时间:6月6~8日。
地点:大明山周围。
活动主题:
(1) 野外专线积分定向(白水坞—核桃林)。
(2) 攀登、攀岩、穿越丛林(核桃林—白水瀑布—核桃林)。

**活动方案A:6月6日**

(1) 全体野外生存队员13:30在浙江林学院体育军训部集合,相互见面、认识。
(2) 介绍本次活动的地点和主要内容,对全体队员进行分组,并确定各组组长。
(3) 宣布野外生存活动的纪律,提出本次活动的注意事项。
(4) 以小组为单位领取野外生存装备、食品、药品等,并进行装填背包。
(5) 14:30上车向大明山出发,16:30到达白水坞口营地。
(6) 扎营,进行营地建设。
(7) 野炊,准备晚饭,18:00左右开饭。
(8) 晚上自由安排。

**活动方案B:6月7日野外专线积分定向(白水坞—核桃林)**

方法:每个队员背背包,以小组为单位,9:00同时从白水坞口营地出发。每个组必须沿白水坞溯溪而上,途中以红旗为参照前进,并在规定各组红旗代码的区域或共用区域找点,每个点有不同的分值,必须达到规定积分,才能进入核桃林营地。

规则:
(1) 各组人员的数量、男女比例以及装备总量相同。
(2) 活动中必须沿规定路线行进。
(3) 代码为各组的序号,各组找点必须在印有各组代码的区域内。
(4) 在整条线路中各组有3个独立区域和1个共用区域。

(5) 独立区域的大小约为 30m², 以红旗为中心; 共用区域的大小为 100m², 以红旗为中心。

(6) 点标为 1~10 的扑克牌, 扑克牌上的数字就是分值。各队规定积分为 70 分。

(7) 各个独立区域中的分值是 20 分, 共用区域中的分值是 100 分。

(8) 各组必须在独立区域中找到 10 分, 才能往下一区域前进。

(9) 积分第一名相应分值为 8 分, 以 2 分等差递减; 耗时最少者相应分值 8 分, 以 2 分等差递减。每组积分与时间分值相加最高者为本次专线积分定向活动第一名, 将获得奖品, 奖品为用于野炊的食物。

活动安排:

(1) 9:00 活动开始。

(2) 11:00 各组用干粮作为中饭。

(3) 14:00 左右各组进驻营地。

(4) 16:00 左右野炊、17:00 晚饭。

(5) 19:00 篝火晚会。

**活动方案 C**: 6 月 8 日攀登、攀岩、穿越丛林 (核桃林—白水瀑布—核桃林)

活动介绍: 全体队员 8:00 从核桃林营地出发, 沿着溪流旁的山间小路向白水瀑布攀登, 途中经过 3 处的短岩壁, 借助主绳和器械进行攀岩。中午到达白水瀑布下方的空地上, 午饭, 休息。13:00 队伍继续向上行进, 穿越丛林、征服险境, 到达白水瀑布上方, 沿山间小道下山, 17:00 返回核桃林营地, 活动结束。

**1. 个人装备**

(1) 套碗、调羹。

(2) 个人生活用品 (毛巾、牙膏牙刷、香皂等)。

(3) 户外专用外套或迷彩服 1 套、内衣 3 套、袜子 3 双、帽子 1 顶。

(4) 登山鞋 1 双、解放鞋 1 双、拖鞋 1 双。

(5) 野外水壶 1 个。

(6) 棉线手套 1 双。

(7) 药品。

**2. 注意事项**

(1) 绝对服从领队的指挥。

(2) 不能单独行动。

(3) 离开营地或活动地点须事先报告。

(4) 注意野外用火。

(5) 爱护自然, 保护环境。

(6) 器械使用的注意事项等在活动现场讲解。

**3. 经费预算**

(1) 交通费: 1000 元左右。

(2) 向导费: 120 元 (2 天)。

(3) 野外食品费用 35 元/人，清单如下：

以 2 天 6 餐为量，方便面 4 包/人；火腿肠 8 根/人；奶粉 2 小包/人；果汁 2 包/人；压缩饼干 4 包/人；巧克力 4 块/人；大米 2.5kg/组；香肠 4 根/人；榨菜 2 包/人；雪菜 2 包/人；汤料 2 包/人；油、盐、味精等调味品若干；生姜、蒜头若干，新鲜蔬菜若干（可在山下购买）。

## 二、大明山休闲拓展活动方案实例

2005 年 11 月，杭州市文三街小学 30 名教师在西湖区教育局彭盛方带领下，浙江林学院 1 名拓展教师和 2 名野外生存俱乐部骨干一起到浙江林学院的野外生存实验基地——杭州大明山，进行为期 2 天的休闲拓展活动。

时间：11 月 1～2 日。

地点：杭州大明山景区内。

活动主题：

(1) 烧烤。

(2) 攀岩、桥降。

活动方案 A：11 月 1 日烧烤

(1) 全体队员 8：30 在林学院体育军训部集合，相互见面、认识。

(2) 介绍本次活动的地点和主要内容，对全体队员进行分组，并确定各组组长。

(3) 宣布活动纪律及注意事项。

(4) 以小组为单位领取装备、食品、药品等，并装填背包。

(5) 9：30 由集合地点上车向大明山出发，11：00 到达景区门口，11：30 在景区内吃饭。

(6) 13：30 坐景区汽车到达大明山庄，走游步道到达大明湖，扎营，进行营地建设。

(7) 16：30 开始烧烤，19：00 篝火晚会。

(8) 21：30 休息，安排人员值班（每 4h 换班，每班 2 人）。

活动方案 B：11 月 2 日攀岩、桥降

(1) 7：00 起床、早餐，7：30 出发。

(2) 8：20 到达驾云台附近，卸下装备，分成两组进行攀岩和桥降项目，同时可观赏千亩草甸、明妃七峰、万米隧道等景色。

(3) 13：30 在驾云台集中，沿龙门飞渡、龙门三叹景点下山，途中可以看到大明山景区内最优美的风景。

(4) 16：00 到达龙门峡口坐景区汽车下山，16：30 返回浙江林学院卸下装备，活动结束。

注意事项

(1) 绝对服从领队的指挥。

(2) 不能单独行动。

(3) 离开营地或活动地点须事先报告。

(4) 注意野外用火。

(5) 爱护自然，保护环境。

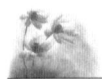

(6) 器械使用等注意事项在活动现场讲解。

(7) 准备好手电筒和电池,并备足电池。

烧烤材料

板栗、番薯、牛肉、鸡翅、香肠、铁网、碳、竹签、碗、油、刷子。

### 三、天目山野外生存生活大挑战方案实例(浙江林学院学生野外生存大挑战)

2003年4月,浙江林学院30名学生与2名教师与2名野外生存俱乐部成员进行了为期3天的野外生存大挑战,由于天目山景区不能生火和3号晚上下大雨,给活动带来不小的影响。

时间:4月3~5日。

地点:天目山。

活动主题:

(1) 溯溪、攀岩、速降。

(2) 看日出、趣味定向活动。

活动方案A:4月3日

(1) 全体队员14:30在林学院体育军训部集合,相互见面、认识。

(2) 介绍本次活动的地点和主要内容,对全体队员进行分组,并确定各组组长。

(3) 宣布野外生存活动的纪律及注意事项。

(4) 以小组为单位领取野外生存装备、食品、药品等,并装填背包。

(5) 15:30上车向天目山出发,16:30到达景区内不使用的停车场作为营地。

(6) 扎营,进行营地建设,由于是石子地面,帐篷的钉子钉不下去。

(7) 准备晚饭,由于不能使用柴米,只好使用气炉,20:00才开饭。

(8) 吃完饭后谈感受,21:30休息。

(9) 晚上突遇大雨,队员起来加深排水沟。

活动方案B:4月4日

(1) 7:30起床、早餐,8:30一起出发,天下着毛毛雨。

(2) 到达三里亭附近原计划准备溯溪,但由于下过大雨,水势较大,石壁比较湿滑,所以取消原活动计划,按游步道上山。

(3) 中途一女生身感不适,出现头晕、气息不顺现象,因此把她的负荷均分给大家,并由一俱乐部骨干负责照顾,慢慢上山。

(4) 由于雨天负荷较重,天目山又比较高,感觉队员体力有点不支,教师到最前面带路,用各种办法督促往上爬。12:00到开山老店,因比较疲惫,就在开山老殿卸下装备,吃中饭并充分休息,此时雨已不下。

(5) 14:00在附近石崖上攀岩和速降活动,石崖不高,但对于新手而言已足够。

(6) 17:30晚餐,由于不能生火,只能吃干粮、方便面、压缩饼干、咸鸭蛋、榨菜等。

(7) 由于开山老殿里面是空的,晚上就宿营在老殿里面。

(8) 20:30休息,安排人员值班(每4h换班,2人一班)。

**活动方案 C：4 月 5 日**

(1) 4：30 起床，5：00 出发去看日出，由于一半队员担心没日出和身体疲惫没去。

(2) 5：30 到达四面峰，一会太阳出来，慢慢升起，大家都很激动。

(3) 6：30 返回，返回途中碰到一名自己来游玩的浙江林学院经管学院学生，因和同伴失散并且一直没有找到而求助，领队与教师经商量后，决定由一位骨干陪同学下山并找景区联系，其余按原计划进行。

(4) 回到营地后一起吃早饭。

(5) 8：30 进行趣味定向活动（实施方法见后）。

(6) 10：30 趣味定向活动结束后，队员之间自由组合活动，但人数必须 3 人以上并必须有男生。

(7) 13：30 开山老殿集合，整装下山。

(8) 15：30 到达山脚，领队联系先下山的学生骨干，并准备回校。（与同学失散的另一林学院学生经过了解已经回到学校）

(9) 16：00 返回学校，活动全部结束。

趣味定向活动方法：

以小组为单位，在开山老殿周围布置若干扑克牌，并在规定各组红旗上代码的区域或共用区域进行找点，每个点有不同的分值，以总分值来确定名次，发水果、零食等作为奖品。

规则：

(1) 各组人数相同。

(2) 活动中必须在规定区域寻找。

(3) 代码为各组的序号，各组找点必须在自己代码的区域内。

(4) 整个范围内每组有 3 个独立区域和 1 个共用区域。

(5) 独立区域约为 30$m^2$，以红旗为中心；共用区域约为 100$m^2$，以红旗为中心。

(6) 点标为 1～10 的扑克牌，扑克牌上的数字就是分值。各队规定积分为 70 分。

(7) 各个独立区域中的分值是 20 分，共用区域中的分值是 100 分。

(8) 各组必须在独立区域中找到 10 分，才能往下一区域前进。

(9) 积分第一名相应分值 8 分，以 2 分等差递减；耗时最少者相应分值 8 分，以 2 分等差递减。

注意事项：

(1) 绝对服从领队的指挥。

(2) 不能单独行动。

(3) 离开营地或活动地点须事先报告。

(4) 不得使用明火，不能抽烟。

(5) 爱护自然，保护环境。

(6) 器械使用注意事项在活动现场讲解。

## 四、校园定向拓展活动方案实例

地点：浙江林学院东湖校区。

时间：2008年5月11日。

主题：积分定向拓展。

## （一）具体方案

发布《积分定向拓展活动》通知，主要内容如下：

**1. 参与方法**

报名分组原则：本次比赛分组以"保证比赛公平、精彩为原则"。

组别：男子组，女子组，缴纳报名费5元（含报名表、承诺书、比赛地图等）。

要求：身体健康、无色盲、严重植物过敏史。

**2. 奖励方法**

本次比赛实行分组奖励的办法，各组按比赛排名顺序取前三名进行奖励，第一、第二名颁发奖金，第三名颁发奖品。

注：成绩相同者取并列名次；若比赛中一个组别的参赛人数不足5人，则不对该组别进行排名与奖励，没完成拓展项目的不记录名次。

**3. 积分定向拓展活动**

（1）比赛集合地点——东湖校区田径场，集合时间：8：30。

（2）比赛开始时间——2008年5月11日，9：00。

（3）比赛有效时间：30min，每人带一计时工具。

（4）本次比赛男子组积分满分为30分，女子组满分为30分。

（5）本次比赛出发顺序由计算机随机排定，每2min出发4人。

（6）本次比赛采用的是手动定向设备，要求每人带一支笔。

（7）本次比赛中要完成两个拓展项目，要求每人带一支笔。

（8）排名方法：在有效时间内完成比赛，积分高者名次列前。若分数相同，用时短的排名列前。若有效时间内没有足够的运动员录入名次，则按无效时间的排名补足缺额，没有完成拓展项目的不记录名次。

（9）作弊、违规者成绩视为无效。

（10）实行现场排名，比赛结束立即进行颁奖。

备注：

（1）参赛者不具备遵循定向运动竞赛规则进行竞赛的能力，以及不签署《承诺书》者不能报名。否则，由此产生的一切责任由报名者承担。

（2）如发现谎报组别或冒名顶替者，将取消该人员参赛资格，并对该队员进行相应批评公示。

（3）凡对竞赛成绩、裁判员执法、参赛运动员资格有异议提出申诉者，需向组委会提交《申诉报告书》方可受理。如胜诉，则改正相应的错误。

（4）饮水站：本次比赛在起点（终点）设有饮水站，运动员可免费到饮水站喝水。

（5）建议参赛者购买保险。

（6）以下情况活动改期。

1）遭遇恶劣天气影响。

2）受非人为重大自然灾害影响等。

## （二）活动准备

（1）提前两天准备地图、定向器材以及其他事宜。

（2）安排工作人员进行实地的考察，确定点标确切位置。

## （三）活动实施：

（1）7：30 所有工作人员到位，安排工作，分头进行。

（2）8：30 所有参赛者到达塑胶田径场，进行热身活动，同时了解自己的出发时间。

（3）9：00 出发，每 2min 出发 2 男 2 女 4 个人。

（4）在比赛中，场地裁判要认真监督，严格执法。

（5）在规定的时间内完成两个拓展项目（猜字谜和画 9 个圆点）和积分后，到终点处交打孔卡片。

（6）终点及时登记时间，快速计算、成绩，将打孔卡片按名次放好。

（7）所有参赛者回来后，立即招呼所有的裁判人员回到终点，询问情况，15min 后，进行名次的宣布，颁发奖品。

活动地图如图 5-13 所示。

地图上点标旁的数字代表序号和积分，比如 11-3，意思是点标序号为 11，分值是 3 分，序号跟打孔卡片相对应，因积分定向可以不按顺序打点。

拓展项目 9 个圆点的规则：用一笔画四条直线把 9 点连接起来，打孔卡片见表 5-1。

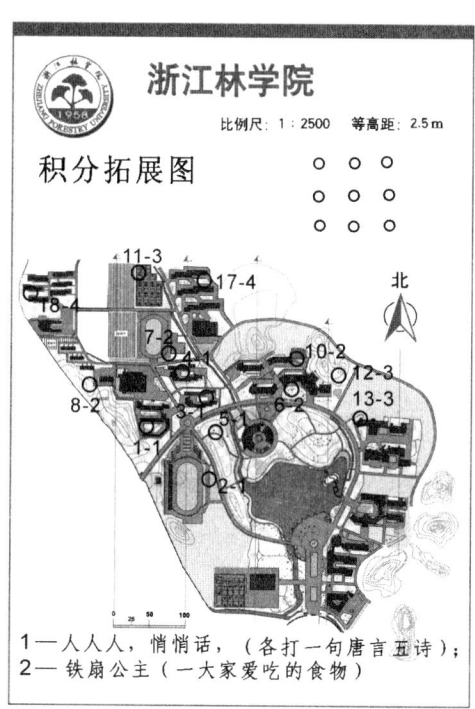

图 5-13 浙江林学院定向拓展活动图

表 5-1 　　　　　　　打　孔　卡　片

| 浙江林学院定向运动积分打孔卡片 | | | | | | | | | | |
|---|---|---|---|---|---|---|---|---|---|---|
| 姓　名 | | | | | 到达时间 | | | ：　　： | | |
| 组　别 | | | | | | | | | | |
| 编　号 | | | | | 出发时间 | | | ：　　： | | |
| 总积分 | | | | | | | | | | |
| 名　次 | | | | | 实际时间 | | | ：　　： | | |
| 分值 | 3 | 3 | 3 | 3 | 3 | 3 | 4 | 4 | 4 | 5 |
| 点标 | 11 | 12 | 13 | 14 | 15 | 16 | 17 | 18 | 19 | 20 |
| 分值 | 1 | 1 | 1 | 1 | 1 | 2 | 2 | 2 | 2 | 2 |
| 点标 | 1 | 2 | 3 | 4 | 5 | 6 | 7 | 8 | 9 | 10 |

这是一张总共可以布置 20 个点, 积分为 50 分的打孔卡片; 注意图 5-13 上相应点标的分值一定要与打孔卡片上的点标分值一致。

如果学校有定向电子设备和积分软件, 成绩统计会更快和更准确, 但事先准备花费的时间就会多一些。

## 五、浙江林学院定向运动队与田径队队员真人 CS 拓展活动方案案例

2008 年 5 月, 浙江林学院 16 名定向队队员与 25 名田径队队员 5 名教练在东湖校区东南角的山地上进行了真人 CS 拓展活动。

时间: 5 月 1 日

地点: 东湖校区

真人 CS 拓展项目实施过程:

(1) 全体队员上午 8:30 在林学院体军部集合, 进行换装。

(2) 对全体队员进行分队, 并确定各队司令官, 旗手等。

(3) 进行新兵学堂并且宣布纪律。

(4) 9:00 出发去场地。

(5) 第一场, 高地攻防。程序: ①双方首长为本队选择进攻或防守的战斗任务; ②选择防守为战斗任务的队, 由教官带领至高地, 并圈定保守区域, 进攻方留在原地。③进攻方和防守方, 分别在各自的区域内由各防首长负责战斗布置。④各队分别进入战斗位置, 布防完成后, 教官发出开始战斗的命令; ⑤战斗开始, 教育监督战场纪律和监控活动安全; ⑥进攻方或防守方被对方全部击毙后, 战斗结束; ⑦战况汇报, 活动分享。

(6) 第二场, 高地攻防互换, 场地互换, 条件一致。

(7) 第三场, 斩首行动, 选择东营或者西营, 布置战斗任务, 分别带领队伍去所在营地进行战斗布防。战斗开始, 战斗结束分享。

(8) 换装, 欢送回程。

# 第六章　室　内　拓　展

拓展训练从户外引入室内，教师可以选择体育馆、教室、会议室等室内场所，甚至相对独立的任何一块空地，就可以完成拓展训练科目。

室内拓展是一种情景模拟培训，教师通过简单的器材，甚至不需要器材，设置出一种情景让学生完全参与到训练中，通过思考、尝试、实践并达成目的，然后在教师的引导下，学生及其所在团队一起分享在完成项目过程中的感受，教师进行点评，对学生的感受通过与生活工作实际相结合进行总结提炼，从而协助学生完成从参与中体验，在体验中感悟，在感悟中改变的拓展训练目的。

室内拓展课程通过各种拓展游戏来达到训练的目的，这种形式可以创造出一种让学生产生轻松有趣的课堂氛围、快乐的心境，能够成功地吸引学生，使其全身心地融入活动。但游戏只是室内拓展课程教学的手段，如何让每种拓展游戏真正地完成其内在的素质培训目标，教师在游戏前后的组织、引导，以及设置分享主题是关键。

室内拓展与上述章节介绍的场地拓展、户外拓展相比，具有以下三大优势。

（1）室内拓展中学生不会受周边环境干扰，更容易静心思考，以及接受教师的引导，培训效果显著。

（2）无论春夏秋冬、刮风下雨雪都可以正常进行，不受天气影响。

（3）无论在教室、会议室、体育馆，只要不被干扰就可以进行，不受场地影响。

## 第一节　破　冰　项　目

破冰仪式是由古老的出航仪式演变而来"破冰"之意，是打破人际交往间的怀疑、猜忌、疏远，营造一种和谐的组织氛围，就像打破严冬厚厚的冰层，让所有人更多交流与沟通的空间。这是一项热身活动，目的是增强彼此间了解，为组建新的团队做准备，适合在课程初期进行。

破冰是否成功对接下来以团队形式开展的其他拓展训练项目能否达到效果是至关重要的，下面介绍8种室内常用的破冰游戏。

### 一、找朋友

（一）项目介绍

在规定时间内，每位学生必须找到持有能与自己手中卡片组合成完整图案的另外三位"朋友"。

（二）目标

学生在活动过程中能够主动同别人接触交流，打破人与人之间的陌生感。通过与陌生人主动接触使学生体会交流的乐趣。

## (三) 人数与时间

（1）活动人数以卡片数为限。

（2）活动时间一般 30min。

## (四) 器材

卡片。

## (五) 组织过程

（1）学生在进入活动场地时，领到 1/4 张卡片，进入场地后，需要去寻找其他 3 位学生手中的卡片，将其拼合成一副完整的图片。

（2）只有拼合成功的学生才可以找一个位置坐下来。

（3）把组合成的图片放置在位置的前方。并要迅速熟悉本小组的学生。

## (六) 分享回顾

（1）如何在最短的时间内寻找到其他 3 位成员？

（2）活动的过程中，最开始时碰到的最大的困难是什么？

# 二、人椅

## (一) 项目介绍

将所有学生分成若干组，每组围成一圈，每位学生坐在身后学生的大腿上，在教师引导下按顺时针或逆时针转动，看哪组学生能坚持最长时间，如图 6-1 所示。

图 6-1 人椅

## (二) 目标

活跃现场气氛，打破肢体接触障碍，提高参与者的合作能力，培养人与人之间的相互信任和团队合作的精神。

## （三）人数与时间

（1）活动人数不限。

（2）活动时间一般安排 30min。

## （四）器材

无。

## （五）组织过程

（1）学生按组围成一圈，在教师的引导下，每位学生让自己的脚尖顶着前面学生的脚后跟上。并且缓缓地坐在身后参与者的大腿上。

（2）所有学生坐好后，教师给予指令，让各组学生按顺时针或逆时针方向转动。先出现松垮的组退出游戏，坚持时间最长的组获胜。

（3）教师也可以让每组学生自定口号，如"齐心协力，勇往直前"等，要求边按指令转动边喊口号，使气氛更加活跃。

## （六）分享回顾

（1）在活动过程中，自己的精神状态是否发生了变化？身体和声音是否也相继出现变化？

（2）在发现自己出现以上变化时，是否及时加以调整？

（3）是否有依赖思想，认为自己的松懈对团队影响不大？最后出现了什么情况？

（4）什么是这次游戏取胜的关键？

## 三、松鼠与大树

### （一）项目介绍

这是一项通过分组扮演角色，以及通过口令转换角色的游戏，如图 6-2 所示。

图 6-2 松鼠与大树

### （二）目标

（1）让学生充分地调动自己的情绪，全身心地投入到活动中，体验快乐。

(2) 让参与者在短时间内打破人与人之间的隔阂，增进对同伴的认识。

### （三）人数与时间

(1) 活动人数只需 10 人以上即可进行。

(2) 活动时间为 20min 左右。

### （四）器材

无。

### （五）组织过程

(1) 开始从学生中挑选一名志愿者担任"魔鬼"，其他学生 3 人一组，其中两个人为大树，互相面对伸双手搭成树洞，另一人为松鼠，必须位于树洞中间。

(2) 活动指令有 3 种——"狼来了"、"着火了"及"地震了"，指令由教师发出，其中"狼来了"即所有的"大树"位置不变，所有的"松鼠"交换位置重组；"着火了"即所有的"松鼠"位置不变，所有的"大树"交换位置重组；"地震了"即所有的参与者皆打乱重组。

(3) "魔鬼"是一只没有窝的"松鼠"，每种指令下达后，他必须快速回到队伍中参与重组，既可以抢占树洞，也可以参与组成树洞，如果没有成功，必须表演节目让活动继续；如果成功就有一名学生变成"魔鬼"，他也必须表演节目后，活动重新开始。

### （六）分享回顾

安排几个人简单回顾，也可以不安排分享回顾。

## 四、卧式传递

### （一）项目介绍

让学生分组平躺在垫子上，通过托举移动同组所有学生。

图 6-3　卧式传递

### （二）目标

通过身体接触打破陌生同伴之间的隔阂，增强彼此信任、合作的感情，提高团队的凝聚力。

### （三）人数与时间

（1）人数一般每组 10 名学生以上，但不宜过多。

（2）活动时间一般在 20min 左右。

### （四）器材

3 张长垫子。

### （五）组织过程

（1）将小组分成两排背对站立，然后平躺在垫子上，双手上举。所有学生要肩挨肩，且肩膀要在一条直线上。

（2）一名学生身体绷直，由教师保护托放在平躺在垫子上的学生手上，躺在垫上的学生用双手将上面的学生从队伍一侧托举到队伍另一侧放下，然后再从下一位学生开始，直到所有学生都被托举一遍。

（3）所有学生必须集中精力，传递过程中必须安排专人或由教师跟随保护。

### （六）分享回顾

（1）通过合作完成传递是否体会到兴奋的感觉？

（2）在托举别人和自己被托举时心理有变化吗？

（3）完成传递后的体会是什么？

## 五、面对面介绍

### （一）项目介绍

通过向陌生人介绍自己打破隔阂。

### （二）目标

通过相互了解和熟悉使每位学生迅速融入团队。

### （三）人数与时间

（1）人数不限。

（2）项目完成时间 20min。

### （四）器材

无。

### （五）组织过程

教师将学生排成两个同心圆，内外圈学生面对面站立，指挥大家唱歌，在歌声中两个同心圆相反方向转动；歌声可以在教师指令下或唱完一段后停止，此时面对面的学生彼此握手寒暄并相互自我介绍；歌声再起时游戏继续。

### （六）分享回顾

（1）和陌生人说话自然吗？

（2）游戏中能否在有限时间内让对方完整的了解自己介绍的信息？

## 六、勇敢叫出来

### （一）项目介绍

通过让学生模仿动物叫声打破彼此间隔阂。

### （二）目标

教师引导、鼓励学生突破日常生活中的习惯行为，体会打破矜持的情绪变化，以及在与陌生人交往和融入团队中的作用。

### （三）人数时间

（1）人数不限。

（2）项目完成时间 15min 左右。

### （四）器材

无。

### （五）组织过程

教师要求每位学生挑选一位自己不熟悉的学生作为伙伴，然后目不斜视地盯着对方，同时大声学动物叫，同伴要模仿，维持 10s 左右。

### （六）分享回顾

（1）在游戏中你有什么感受？

（2）情绪有什么变化？

## 七、怪兽

### （一）项目介绍

通过团队协作和肢体接触，创造出符合教师要求的"怪兽"。

### （二）目标

形成团队活跃的气氛，促进团队合作，增强团队意识。

### （三）人数与时间

（1）参加人数以 12 人左右一组最佳。

（2）项目完成时间 10min 左右。

### （四）器材

无。

### （五）组织过程

（1）教师将学生分成若干组，提出每组要创造出一个有 11 只脚、4 只手在地上的怪兽。

（2）要求团队所有成员必须共同参与形成一个整体。

### （六）分享回顾

（1）团队是如何确定组合方案的？

(2) 方案最终结果如何？有什么地方不合理？

### 八、进化

#### （一）项目介绍

通过学生轻松地参与游戏，消除彼此间陌生感。

#### （二）目标

形成轻松愉快的课堂气氛，增强学生之间的熟悉。

#### （三）人数与时间

(1) 人数不限。

(2) 项目完成时间 20min 左右。

#### （四）器材

无。

#### （五）组织过程

(1) 教师首先要求所有学生蹲下作鸡蛋。

(2) 相互找同伴猜拳，赢者进化为小鸡，负者仍为鸡蛋。

(3) 小鸡找小鸡再猜拳，赢者进化为凤凰，负者退化为鸡蛋；鸡蛋再找鸡蛋猜拳。

(4) 到大部分人进化为凤凰，游戏结束。

#### （六）分享回顾

安排几个人简单回顾，也可以不安排分享回顾。

破冰游戏还有很多，但不同性格、心理状态的学生，同样一种破冰游戏显现出来的效果可能是完全不一样的，指望通过做一个破冰游戏就能达到破冰成功是不可能的。

因此，破冰不只是做一两种破冰活动这么简单的事，必须通过一段时间的磨合和接触，逐渐产生效果；同时，破冰时间的长短和效果的好坏与学生参训时的心态、素质也有很大的关系，要有针对性地选择破冰项目。如对象是平时很少有时间接触的学生，那么破冰就应多采取一些活跃团队气氛的，有一定的沟通和肢体接触的游戏；如对象表现出对拓展训练兴趣不是非常高的学生，就要有针对性地设置一些经典项目，通过一到两个游戏的成功操作和教师的精彩点评让学生感受的拓展训练的意义和魅力。

## 第二节　创造力、领导力项目

所谓创造力简单说就是在某一领域作出开创性成就的能力，这种能力是无法通过基础教育由教师直接教授的，可以通过培养判断性思维和解决问题的能力来逐步形成创造性思维，从而培养创造力。

而所谓领导力并不是由单纯由职务或头衔赋予的，是指在其所辖范围内充分利用人力资源和物资资源，以最小的成本、最高的效率办成所需事情的能力。

拓展训练中有很多游戏能够体现出个人和团队的创造力、领导力，同时也能有效地培养、提高这种素质。

## 一、换牌游戏

### (一) 项目介绍

在规定时间内,每组成员通过规定的手段,将所有人手中的牌组合成同花顺、四条、顺子、三拖一、对子的形式。人数不限,特别适用于企业中、高层管理人员培训。

### (二) 目标

通过游戏让团队的领导者认识到与各层次成员协调配合的重要性,培养正确的上下级间正确有效沟通、决策、执行等能力。

### (三) 人数与时间

(1) 人数不限。
(2) 活动时间 20min 游戏,分享回顾 20min。

### (四) 器材

抽去大小司令的扑克牌(52 张)、笔、A4 纸若干。

### (五) 组织过程

(1) 教师事先根据团队场地上放 7 张椅子,摆成金字塔形,然后请每组 7 名学员上台,按 A、B、C、E、F、G、H 坐在摆好的椅子上(A 坐在金字塔的塔尖,其他按从左至右的顺序坐好。其中 A 是 B、C 的上司,B 是 E、F 的上司,C 是 G、H 的上司),同时发给每个人用 A4 纸裁好的小纸条 20 张,笔一支,扑克牌 4 张。

(2) 教师宣布游戏规则:每个人都只能跟上下级交流换牌,不能同级或越级交流换牌(如 B 与 C,F 与 C,A 与 F),并且每次只能交换一张牌。在 20min 里通过换牌使得这个组合中的每一个人的牌都换到最优。牌组合的大小依照同花顺、四条、顺子、三拖一、对子的大小来组合,如果出现了一副没有一条符合上述标准的最差的牌组,不计算组合数。

(3) 20min 游戏时间到,结束游戏,游戏的结果是看几个组牌的组合谁最优,先比较牌的组合数的多少,再比较组合的大小,如果组合数多即为获胜组;如果组合数一样,大组合多的组获胜。

### (六) 分享回顾

(1) 在规定时间内顺利完成任务的关键是什么?
(2) 团队中 A 的作用是什么?
(3) 游戏中信息交流的方式对完成游戏有什么影响?对日常生活工作有什么启示?
(4) 团队中 A 是最重要的吗?如何让 A 发挥更好的作用?

## 二、高空飞蛋

### (一) 项目介绍

通过团队的合作和创造力,利用相同的材料保证在规定的高度扔下鸡蛋,而蛋不破。

### (二) 目标

充分发挥团队每位成员的创造力。

### （三）人数与时间

（1）活动人数由每队推荐 3 人参加。

（2）活动时间为 30min。

### （四）器材

每队鸡蛋 1 只，气球 1 个，塑料袋 1 只，橡皮筋 3 条，塑料匙、叉各 2 只，竹签 3 支。

### （五）组织过程

（1）教师将上述材料发给每队，用这些材料设计并制作保护伞，让学生 30min 后到指定地点将蛋从 3 层楼高处放下。

（2）每队除放蛋学生外，其他学生可以在空地上观看和检查落下的蛋是否破损。

### （六）分享回顾

（1）保护伞是怎么设计出来的？

（2）能不能再设计出另一种保护伞？

（3）在设计过程中，大家的协调性如何？

## 三、踢足球

### （一）项目介绍

通过让团队中有踢球技巧成员指导、帮助同伴学习，使全体成员都掌握踢球的技巧。

### （二）目标

培养指导同伴工作或交代任务时所需要的能力。

### （三）人数与时间

（1）人数最好安排 6 人为一组。

（2）活动时间为 15min。

### （四）器材

每组 1 只足球，球门可由两张凳、椅排列而成。

### （五）组织过程

（1）教师把球门及足球发给各组，球门与踢球的地方相距 8m，然后给每组 10min 的练习时间，之后进行比赛。

（2）每组要踢 10 个球，每人至少要有一次踢球机会。进球最多的小组为胜。

### （六）分享回顾

（1）本组是否有成员在这方面比其他成员更有优势，那么这些成员怎样教其他人也具备这方面的技巧？

（2）不懂执行这一任务的组员们，你们当时怎样想，自己用什么方法来完成任务，是否有学习的欲望，向其他组员学习有没有障碍，这些障碍是什么？

## 四、产供销一条龙

### (一) 项目介绍

一个人在起点负责生产即吹气球,一个人在终点负责销,即将传递过来的气球放在容器里,其他人负责供即将气球从起点传递到终点。

### (二) 目标

锻炼团队的领导能力,增强队员之间沟通能力,从而达到和谐完成任务的目的。

### (三) 人数与时间

(1) 人数以每队 6 人最佳。
(2) 活动时间 20min。

### (四) 器材

气球若干,一个大的容器。

### (五) 组织过程

(1) 教师设置好起点、终点,并强调游戏规则,即气球在进行传递过程中要经过每一个人,且每个人都不能用手以及膝以下部位触碰气球,在起点吹气球和终点负责保护的人可以用手但是不能越过起点和终点的线,违反以上规则,传送的气球要被扣除。
(2) 当教师喊开始后,看哪个组在规定的时间里传递到终点的气球最多即为获胜。

### (六) 分享回顾

(1) 活动中是如何分工的,分工是否合理?
(2) 游戏结束没有获胜,有什么感觉?
(3) 如果再来一次有获胜的信心吗?

## 五、头脑风暴

### (一) 项目介绍

日常生活中学生的创造性思维往往容易被以往的经验或周边人的批评所左右,而创造力是人与生俱来的能力,可以通过简单、实际的演练来鼓励学生发挥这种能力,从最初的异想天开,到逐步发现自己的能力,再到突破常规的思维习惯,最终形成创造性思维。

这类游戏必须遵循相应的基本准则。

(1) 任何人不得对他人的想法提出批评。
(2) 越是异想天开的、离奇的想法越要受到鼓励。
(3) 激励所有人提出尽可能多的想法。
(4) 让学生自己归纳,寻求各种想法的组合、改进。

### (二) 目标

使学生练习创造性解决问题的途径。

### (三) 人数与时间

(1) 人数以 4~6 人一组最佳。

(2) 游戏时间 10min。

### （四）器材

回形针、可移动桌椅。

### （五）组织过程

（1）将学生分成 4~6 人一组的若干组，说明任务是在 1min 内尽可能多地想出回形针的用法，每组指定 1 人负责记录想法的内容。

（2）教师必须明确本游戏的准则。

（3）1min 后，请各组汇报所想到的回形针用途的数量，然后举出其中"疯狂的"或"激进的"想法。

### （六）分享回顾

（1）在提出想法时你有顾虑吗？你的顾虑是什么？
（2）这种游戏对你或团队有帮助吗？
（3）通过这种游戏你有感悟吗？是什么？

## 六、呼啦圈

### （一）项目介绍

学生手拉手围成一圈，其中两位相邻的学生一只手拉住呼啦圈的一边，另一只手与边上学生相连。让学生在手不松开的情况下全体钻一遍呼啦圈。

### （二）目标

利用有效的沟通，创造出在完成任务的方法。

### （三）人数与时间

（1）参加人数为 10~15 人一组。
（2）活动时间 20min 左右。

### （四）器材

每组一个呼啦圈。

### （五）组织过程

（1）教师引导每组学生围成包括呼啦圈在内的圆圈，要求在手不松的前提下每人钻过呼啦圈。

（2）钻呼啦圈时身体任何部分不得接触到呼啦圈，否则要重新开始。

（3）用时最少的组获胜。

### （六）分享回顾

（1）如何想到解决方案的？
（2）能否根据实施方案过程中的效率及时提出改进方案？
（3）团队的合作效果如何？

## 七、建塔

### (一) 项目介绍

学生利用相同的材料,在规定时间内建成一座高 50cm 以上、构造合理、外形美观的塔。

### (二) 目标

充分发挥团队成员的创意和在团队中的作用,共同参与完成团队任务。

### (三) 人数与时间

(1) 参加人数以每组 5 人最佳。

(2) 项目完成时间 30min 左右。

### (四) 器材

每组剪刀一把、订书机一个、胶带一卷、吸管 30 支。

### (五) 组织过程

(1) 教师将学生分成 5 人一组若干组,每组领取材料。

(2) 说明游戏要求:在 25min 内用所领材料建成一座塔。

(3) 时间到,要求每组将塔摆在前面,由教师安排进行评比。

### (六) 分享回顾

(1) 游戏开始时团队是否能形成创意,并得到全体成员通过?

(2) 游戏过程中成员是否有明确的分工?

(3) 每位成员都积极参与了吗?

## 八、传球

### (一) 项目介绍

每组学生在传递球过程中,在最短时间内找到解决方法,使球在不能传给相邻同学的情况下,让每位学生都接触至少一次球并最终传回给发球者。

### (二) 目标

让学生体会在团队内部如何集思广益,并协调不同意见取得一致的解决方案。

### (三) 人数与时间

(1) 参加人数以每组 5~7 人最佳。

(2) 项目完成时间 10min 左右。

### (四) 器材

每组一个乒乓球或网球。

### (五) 组织过程

(1) 教师将学生分成若干组,每组发一个球,并每组安排一名学生裁判监督游戏过程。

(2) 记录每组成功完成一次传递的时间。

### (六) 分享回顾

(1) 你们团队是如何协调意见并找到最佳解决方案的？

(2) 团队中有人能够引导大家统一创意吗？

创造力、领导力的拓展游戏还有很多，如盲人方阵等一些户外拓展游戏也可以引入到室内来进行。但大多数创造力、领导力拓展项目，同时也具有拓展个人或团队沟通、团队协作的作用。

# 第三节 沟 通 项 目

沟通能力指一个人与他人有效地进行沟通信息的能力，包括外在技巧和内在动因。其中，恰如其分和沟通效益是人们判断沟通能力的基本尺度。恰如其分，指沟通行为符合沟通情境和彼此相互关系的标准或期望；沟通效益，则指沟通活动在功能上达到了预期的目标，或者满足了沟通者的需要。

优秀的沟通者都具有良好的沟通习惯，如悉心倾听（不轻易打断对方，全神贯注地聆听），理性交流（不口出恶言，对事不对人，控制情绪），善于提问，敢于认错等。而这些习惯可以通过专门的拓展练习来加以培养。

## 一、信息传递

### (一) 项目介绍

一则信息经多人转述，由最后一人复述，通过检验复述内容与原信息内容出现偏差的程度，反映沟通能力。

### (二) 目标

演示日常生活中信息在传递过程中出现失真的现象，从而锻炼表达能力、聆听和记忆能力、沟通技巧。

### (三) 人数与时间

(1) 活动人数以 10 人一组最佳。

(2) 项目完成时间 10～12min。

### (四) 器材

一则摘自刊物上的简短文章，大约 100 字左右，不能是受到普遍关注的热门新闻。

### (五) 组织过程

(1) 教师将学生分成 10 人一组的若干组，从 1～10 将每组学生编好次序。

(2) 将 1 号学生留在教室，其他 9 人出去。教师将文章念给每组的 1 号听，不允许记录。

(3) 每组 1 号学生间隔一定距离，保证他们在说话时不会干扰到其他人。然后叫每组的 2 号进入教室，由 1 号负责复述，接着叫 3 号进来，由 2 号复述，依次进行，直到 10 号听完 9 号的复述结束。

（4）请每组的 10 号学生复述听到的内容。

### （六）分享回顾

（1）每个复述者是否遗忘了一些内容，是哪些？

（2）文章在传递的过程中，出现了哪些错误或者篡改？

（3）有办法能理解和记住听到的信息吗？现实生活中，有办法让信息正确无误地传递给想要传送的人吗？

## 二、解手链

### （一）项目介绍

通过设置一个看似无法解决的难题，让团队成员通过有序地沟通和尝试来解决，从而体会团队内部沟通与合作的重要，如图 6-4 所示。

图 6-4 解手链

### （二）目标

感受聆听在沟通中的作用，体验团队合作的重要性。

### （三）人数与时间

（1）活动人数以 10 人左右一组最佳。

（2）项目完成时间规定为 20min。

### （四）器材

无。

### （五）组织过程

（1）教师让每组学生肩并肩、手拉手围成一个向心圆圈。

(2) 所有学生放开手,然后双手体前交叉,双手分别与左侧和右侧的学生互握。

(3) 要求学生在手不断开的情况下变回原来"肩并肩、手拉手"的状态。

### (六) 分享回顾

(1) 当你有思路时,能够及时让同伴们正确地了解你实际的想法?

(2) 当你感觉别人的思路不正确提出反对意见时,有没有顾虑?顾虑是什么?

(3) 如果在规定时间内完成任务,这个游戏给你最大的启发是什么?如果没有完成,你觉得影响你们团队的最大障碍是哪些?

## 三、撕纸

### (一) 项目介绍

通过对单向沟通与双向沟通导致不同结果的比较,让学生体会最佳的沟通效果的产生过程。

### (二) 目标

使学生理解最佳的沟通形式依赖于沟通双方的彼此了解。

### (三) 人数与时间

(1) 人数控制在 20 人左右。

(2) 项目完成时间 15～20min 左右。

### (四) 器材

废纸或旧报纸,是活动人数的两倍即可。

### (五) 组织过程

本项目分两步。

**1. 第一步**

(1) 教师给每位学生发一张纸。

(2) 发出指令:闭眼—不许提问—把纸对折—再对折—再对折—把右上角撕下来—转 180°,把左上角撕下来—睁开眼睛,把纸打开。

**2. 第二步**

教师请一位学生上来,重复上述指令,唯一的区别是这次学生可以提问。

### (六) 分享回顾

(1) 第一步结束后问为什么大家的纸会出现不同的形态?

(2) 第二步结束后问大家可以提问会不会还会出现不同的结果?为什么?

## 四、盲人排队

### (一) 项目介绍

在无法用语言沟通和没有视觉的限制条件下,让学生积极想办法解决问题,如图 6-5 所示。

图 6-5 盲人排队

### （二）目标

体会在不同的环境条件中采取不同的沟通方式，通过改变自己来适应环境并解决问题。

### （三）人数与时间

（1）人数以 10~15 人一组最佳。

（2）项目完成时间 30min。

### （四）器材

眼罩。

### （五）组织过程

（1）教师介绍项目内容和规则，规则是在游戏过程中不得说话或脱下眼罩，凡出现违规，该组游戏以失败结束。

（2）让每位学生戴上眼罩。

（3）给每位学生一个号，只有本人知道自己的号。

（4）让每组学生根据自己的号数，按从小到大或从大到小的顺序排出一条直线。

（5）在学生排队过程中教师要注意监控，避免受伤。

### （六）分享回顾

（1）用什么方法使别人知道你的号数和位置？

（2）如何解决游戏中遇到的沟通问题？

（3）在这种环境条件限制下是否有比刚才更好的办法？

## 五、数字传递

### （一）项目介绍

学生通过肢体语言向同伴传递数字信息。

### （二）目标

在没有语言交流的情况下完成良好的沟通。

## （三）人数与时间

（1）参加人数以 5～8 人一组最佳。

（2）项目完成时间 20min 左右。

## （四）器材

无。

## （五）组织过程

（1）教师将学生每 5～8 人一组分成若干组，并安排学生担任每组的监督员。

（2）所有小组排成一列，教师向学生宣布游戏规则：每组最后一位同学将看到由我提供的一组数字，然后回到队伍中，通过肢体语言让你前面的同学知道这组数字，依次向前直到最前面的学生将这组数字写在纸上。全过程不得说话。

（3）耗时最少、答案准确的组获胜。

## （六）分享回顾

（1）游戏中最难的地方是什么？

（2）如果再来一次，有什么更好的方法吗？

# 六、生日线

## （一）项目介绍

学生根据自己生日的大小，在不说话的情况下，按由大到小的顺序排成一个 U 形，如图 6-6 所示。

A 点是生日最大的（1 月 1 日），B 点是生日最小的（12 月 31 日）。

## （二）目标

让学生掌握非语言沟通方面的能力，使学生理解现实中语言沟通只是人际交往沟通的方法之一。

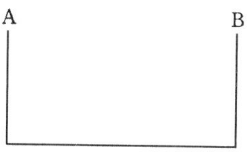

图 6-6 生日线游戏图

## （三）人数与时间

（1）参加人数以 20 人左右最佳。

（2）项目完成时间 15～20min。

## （四）器材

无。

## （五）组织过程

教师解释游戏规则：要求学生在不说话的前提下，根据自己生日大小排成要求的队形，如果有人站错位置，后面的一位学生将受到惩罚（表演一个小节目）。

## （六）分享回顾

（1）游戏中出现了哪些问题？这些问题和现实有什么联系吗？

（2）有哪些可以改进的地方？

第二篇 实践篇

# 第四节 团队协作项目

团队是由团队成员和管理层组成的一个共同体，该共同体合理利用每一个成员的知识和技能协同工作，解决问题，达到共同的目标。协作是所有团队在活动中表现出的共同特点，越是成熟的团队其协作性越能表现出齐心协力的氛围。

## 一、坐地起身

### （一）项目介绍

让学生背对背坐在地上，手臂互扣，手不能撑地，手臂不能松开尝试一起起立。

### （二）目标

让学生理解团队合作的重要性。

### （三）人数与时间

（1）人数可由 4 人逐步增加。

（2）活动时间 20min 左右。

### （四）器材

无。

### （五）组织过程

（1）教师先安排每组 4 位学生背对背坐在地上围成一圈。

（2）要求 4 位学生手臂互扣不得松开，然后让他们一同站起来。

（3）成功后逐渐增加人数。

### （六）分享回顾

（1）一个人坐在地上能够手不着物地站立起来吗？为什么 4 个人可以？

（2）起立过程中团队成员如何做到协同一致？

（3）增加人数加大难度后，如何才能成功？

## 二、踩数字

### （一）项目介绍

将写有号码的纸片放在一个边长为 1.5m 左右边长的正方形内，让团队成员用脚按顺序去踩纸片，耗时最少的团队获胜。

### （二）目标

让学生了解团队协调、合作的重要性。

### （三）人数与时间

（1）人数以 10～15 人一组最佳。

（2）活动时间以各组完成任务记录时间为准。

## （四）器材

7m 左右长绳子 1 根，33 张大小为 A4 纸一半的纸张，粗碳素笔 1 支，秒表 1 块。

## （五）组织过程

（1）教师用绳子在地上围成一个边长为 1.5m 左右的正方形，用笔在每张纸上写上号码，从 1～33，然后将写有号码的纸不分次序和方向随意均匀地散放在正方形内，有号码一面朝上，所有纸张不得重叠覆盖。

（2）讲解游戏要求，规定学生必须按从小到大或相反的号码顺序踩完 33 张纸，不得出现两只或两只以上的脚同时踩纸，否则犯规。

（3）在离正方形 10m 处划一起跑线，学生全部站在起跑线外。

（4）教师发令同时计时，学生跑到正方形周围开始踩纸，踩完后全部再跑回起跑线后，教师停表，宣布该组时间。所用时间最短的队最终获胜。

## （六）分享回顾

（1）完成本游戏后的感受是什么？

（2）如何提高团队的工作效率？

## 三、连环手

### （一）项目介绍

让学生围成一个圆圈，面向圆心站立，双手与同伴互握形成一张乱网，在不松手的前提下要学生设法解开。

### （二）目标

让学生体会在解决团队问题方面都有什么步骤，聆听在沟通中的重要性，以及团队合作，永不放弃的精神。

### （三）人数与时间

（1）人数以 10 人一组最佳。

（2）项目时间为 20min。

### （四）器材

无。

### （五）组织过程

（1）教师让每组队员站成圆圈，然后说：先举起你的右手，握住对面那个人的手，再举起你的左手，握住另外一个人的手。要求不能抓自己身边队员的手，自己的两只手不能同时抓住另外一个人的两只手，没有批准的情况下，手都不能松开。现在想办法把这张乱网解开，最后形成一个大家手拉手围成的一个大圆圈。

（2）如果在尝试过程中实在解不开，教师可允许学生决定相邻两只手断开一次，但再次进行时必须马上封闭。

（3）教师告诉大家：乱网一定可以解开，但答案会有两种，一种是一个大圈，另外一

种是两个套着的环。教师要多鼓励学生坚持到底,尽量不松手。

### (六)分享回顾

(1) 开始时的感觉怎么样?是否思路很混乱?
(2) 当解开了一点以后,你的想法是否发生了变化?
(3) 在这个过程中,你是否体会到"胜利往往就是再坚持一下?"

## 四、众志成城

### (一)项目介绍

学生利用团队协作使每位成员都能站立在有限的规定地面上。

### (二)目标

使学生体会合作的重要性,以及个人完成团队职责对完成团队任务的重要性。

### (三)人数与时间

(1) 参加人数以每组 10 人最佳。
(2) 项目完成时间 30~40min 左右。

### (四)器材

泡沫拼图(没有也可用报纸代替)。

### (五)组织过程

(1) 教师将学生按 10 人一组分成若干组,并在室内不同的地方铺数块 $1m^2$ 的泡沫拼图。拼图数与组数相同。
(2) 要求各组学生无论以任何方式,只要每位成员都能站立在拼图上即可。只要有一位成员被挤出拼图(脚踏到拼图外地面),则该组被淘汰。
(3) 第一次完成后,教师要各组学生拿掉一块泡沫,然后再全体踏在拼图上,有成员被挤出的淘汰。如此逐步减少泡沫拼图,淘汰至最后只余一组,则该组为胜利者。

### (六)分享回顾

(1) 活动过程中本团队每位成员是否都全身心地投入到合作中了?
(2) 通过这项游戏有什么体会?

# 第五节 团 队 信 任 项 目

相互信任能增加团队成员对团队的情感认可,而情感上的信任是一个团队最坚实的合作基础之一,能够让团队成员真正将团队视为个人发展的平台。

## 一、背摔

### (一)项目介绍

背摔是最经典的拓展训练项目,在"场地拓展"章节中对信任背摔已做了详细的介绍。该项目也可以在室内进行，后倒者不必站在高台上，只需在平地上后倒即可，这种训练也可以作为场地背摔的辅助训练项目。

### （二）目标

帮助学生体会自己对团队成员的信任。

### （三）人数与时间

（1）人数以 8～10 人一组。

（2）项目完成时间 15～20min。

### （四）器材

无。

### （五）组织过程

（1）教师描述项目，并带领学生热身。

（2）要求学生将眼镜、手表等可能导致危险的物品统一放在一处。

（3）讲解动作要领：练习者身体直立，双手绕在胸前，手臂紧贴身体，后倒时不要打开双手；保护者两两相对，单膝跪地，双臂前伸，双手互握，掌心向上。

（4）口令：练习者："我是某某，我需要大家帮助！"

　　　　　保护者："我们永远支持你！"

　　　　　练习者："我来了！"

　　　　　保护者："来吧！"

（5）教师要监控游戏过程中的安全。

### （六）分享回顾

（1）你有心理障碍吗？能完全信任身后完全看不到的同伴吗？

（2）你们通过什么方法来鼓励感到害怕的同伴？有效果吗？

## 二、信任同行

### （一）项目介绍

让学生两人一组，其中一人扮演盲人，另一人扮演引导者，仅以语言引导陪伴"盲人"完成规定的行程。

### （二）目标

让学生体会怎样建立对团队伙伴的信任。

### （三）人数与时间

（1）人数不限，只要是偶数即可。

（2）项目完成时间 10min。

### （四）器材

眼罩。

## （五）组织过程

（1）将学生分为两人一组，每组学生发一个眼罩，要求其中一名带上眼罩，另一名学生通过语言指导引导他完成规定的行程。然后两人角色互换。

（2）两人的行程应有所区别。教师要注意学生的安全。

## （六）分享回顾

（1）在什么都看不见的情况下行走是什么感觉？

（2）能信任同伴的引导吗？

（3）你的引导有效吗？

# 三、地雷阵

## （一）项目介绍

该游戏与上一个游戏"信任同行"相似，也是通过设置视觉限制通过同伴的指导完成任务，但比上个游戏复杂。

## （二）目标

建立与加强学生对同伴的信任。

## （三）人数与时间

（1）人数 20 人以内的偶数。

（2）活动时间 30min 左右。

## （四）器材

界线绳一条，障碍物若干（球、玩具、纸杯等），眼罩。

## （五）组织过程

（1）教师用绳子在空地上圈出一个不规则的范围，其中撒上障碍物作为地雷。

（2）将学生分为两人一组，每组学生发一个眼罩，要求其中一名戴上眼罩，另一名学生通过语言指导引导他通过地雷阵。只要踩到任何东西就要回到起点重新开始。

（3）引导者只能在线外进行引导。

## （六）分享回顾

（1）在通过地雷阵前对同伴有没有信心？在遇到触雷后还信任他吗？

（2）下一次再来我们可以在哪些方面进行改进？

# 四、木人梯

## （一）项目介绍

所有学生每两人一对面对面，双手握一根体操棒（长 60cm 左右，如没有体操棒用其他木棒代替也可，但一定要结实）的两端，棒在腰部以下，如此排列形成木梯。所有成员依序爬过木梯。

## (二)目标

让学生体会团队协作与信任。

## (三)人数与时间

(1) 参加人数以 12~16 人一组最佳。

(2) 项目完成时间 20min 左右。

## (四)器材

体操棒或其他木棒,数量为学生数的一半。

## (五)组织过程

(1) 教师让每组学生按要求握棒形成木梯,检查棒离地高度。

(2) 在学生攀爬过程中,教师要提醒学生踩稳后再前进,并随行注意保护。

(3) 学生攀爬时除教师保护外,其他成员不得协助,如出现协助则被视为犯规,和攀爬者掉下木梯一样判回到起点重新开始。

## (六)分享回顾

(1) 活动中体会到伙伴的支持,以及对伙伴的信任吗?

(2) 担任支持者和攀爬者两种角色的心理有变化吗?

# 第七章　拓展训练案例

在几年的拓展训练教学与培训中，我们成功地组织了一些拓展训练教学比赛和培训活动。在这里，我们挑选几例成熟的案例展示给大家，希望能让拓展教师及其他拓展训练爱好者在进行类似活动中从中获得帮助。

## 第一节　拓展课程案例

### 浙江林学院 2005 级户外拓展课程班场地拓展课程教学比赛案例

#### 一、活动目的

（1）促进学生对场地拓展运动的进一步认识和理解，同时为以后的户外运动教学和实践提供依据和参考。

（2）激发学生的活动兴趣，培养学生积极健康的生活方式，奠定终身体育的意识和行为，加强团队协作和养成积极进取的拼搏精神。

（3）丰富学生的业余生活，促进校园文化建设。

#### 二、活动时间

5月13日（周末）各队在比赛当天 8：00 准时到达东湖校区田径场，8：30 准时开始比赛。如遇恶劣天气则比赛时间顺延。

#### 三、活动地点

浙江林学院东湖校区田径场及周边。

#### 四、分组

以野外技能教学比赛的队伍为基础，两组合并为一组。召集各组组长进行抽签，决定场地拓展比赛的组别。总共分成 15 组，每组 12 人。

#### 五、比赛项目

穿越电网、逃生墙、超级接力棒、信任之旅、盲人方阵、履带战车、齐心协力、飞毯、地雷阵、穿越曲径、字母推理。

## 六、项目说明

### (一)穿越电网(单独)

**1. 器材**

两头固定的 1.5m×6m 的网 1 张,封网洞用绳若干条。

**2. 任务**

在规定的时间之内,所有队员都要依次从网洞中通过,由网这一边到达另一边。

**3. 项目规则及保护要点**

(1) 面前是一张无限延伸的高压电网,只能从网洞中通过。

(2) 所有人不得在网的两侧帮忙送人,过去的人不可以回来帮忙。

(3) 每个网眼只准使用 1 次。

(4) 任何人、物体不得触网、不得用任何工具随意改变网眼的形状,否则该网洞作废。

(5) 在整个活动中,如出现危险动作,裁判员及时制止。

(6) 如学员进行抬人,应告知被抬的女生不能正面朝下,另外要求队员在放下被抬的队员时应首先将其腿放下。

(7) 各组必须在 30min 之内完成,如在规定时间内未完成的,则以每剩余 1 人累加 5min 计算,依此类推。如在规定时间内完成,以实际时间计算。如弃权的则该项目按 120min 计算。

**4. 注意事项**

(1) 可用网洞一般为 n+1 个(n=队员人数)。

(2) 裁判员在项目中应向人少方向移动。

(3) 封洞时轻而快,不要影响项目进行和监督。

### (二)逃生墙(单独)

**1. 器材**

4m×4m 专业逃生板墙一块(计时台背面),下方有保护垫 4 块。

**2. 任务**

在规定时间之内(一般为 30min,可根据具体情况变动),所有队员越过高墙。

**3. 项目规则及保护要点**

(1) 参与者必须取除身上的一切硬物。

(2) 女生将上衣扎入裤子。

(3) 除了面前这面墙和队员的血肉之躯外,不可以借助其他任何工具或物品。

(4) 攀爬时不可以助跑,跳跃或者用手指抠抓板缝或其他凸起物,严禁拉扯队友衣服。

(5) 拉手时不许拉手指、手掌,必须互扣手腕。

(6) 队友身上允许踩踏的部位只有肩膀和大腿,严禁踩踏头、颈、腰、背。

(7) 在拉、拽、踩踏过程中，如有不适应者需立即提出，但在危险排除前应继续坚持 3min。

(8) 标准的下方保护动作为双腿成弓箭步，双手抬起，一旦有队友跌落立即将双手向前推出，把队友推向毕业墙面，以避免队友跌落后身体重心不稳，造成后仰摔倒并减缓下坠。

(9) 倒数第 2 名学员上墙时，裁判员应对其进行重点保护，但不得帮助其完成任务。

(10) 如上方有队员进行倒挂，应特别提醒倒挂者应正面朝上，避免关节受伤，旁边的队员对其做好保护。

(11) 各组必须在 30min 之内完成，如在规定时间内未完成的，则以每剩余 1 人累加 5min 的方法计时，依此类推。如在规定时间内完成，以实际完成时间计算。如弃权的则该项目按 120min 计算。

### （三）盲人方阵（单独）

**1. 器材**

1 根 30m 长绳、眼罩若干（与全队人数同）。

**2. 任务布置**

这是一个团队合作项目。全队人员在不可视的情况下，将裁判员所提供的绳子拉成一个全封闭的，最大的正方形或其他形状。

**3. 宣布规则**

(1) 项目进行中，所有的学员必须戴着眼罩，并且不得偷看。

(2) 项目进行中如出现危险情况，裁判员应及时制止，危险排除后继续进行。

**4. 监控学员**

(1) 安全监控，排除危险情况。

(2) 是否有人违规，在项目进行时偷看。

(3) 学员是否积极参与并在进行有序地沟通。

(4) 学员在规定时间内认为完成任务，可提出结束，在得到裁判员确认后，宣布任务结束。

**5. 项目规则**

(1) 各组必须在 30min 之内完成，完成 1 个正方形和 1 个等边三角形。

(2) 在比赛过程中不得拿下眼罩或故意偷看，一经发现，该项目作取消比赛资格处理，按 120min 计算。

(3) 如在规定时间内 2 项目都未成功完成，则该项目作弃权处理，按 120min 计算；如在规定时间内只成功完成 1 项的，按 60min 计算。

### （四）地雷阵（单独）

**1. 器材**

(1) 每对参赛者一块蒙眼布。

(2) 两根约 10m 长的绳子。

(3) 一些报纸，使用对角线约 60cm 的硬纸板、胶合板代替亦可。用来代表游戏中的"地雷"。

**2. 步骤**

(1) 选一块宽阔平整的游戏场地。

(2) 让每个队员找一个搭档，每对依次进行。

(3) 给每对搭档发一块蒙眼布，每对搭档中有一个人要蒙上眼睛。

(4) 眼睛都蒙好之后，就可以开始布置地雷阵了。把两根绳子平行放在地上，绳距约为 10m。这两根绳子标志着地雷阵的起点和终点。

(5) 在两绳之间尽量多地铺上一些报纸（或是硬纸板、胶合板等）。

(6) 被蒙上眼睛的队员在同伴的牵引下，走到地雷阵的起点处，挨着起点站好。他的同伴后退到他身后 2m 处。

**3. 项目规则**

(1) 各组必须在 30min 之内完成，如在规定时间内未完成的，则每剩余 1 人累加 10min 计算，依此类推。

(2) 在比赛过程中触雷一次加 5min，依此类推。如在比赛中偷看的则取消比赛资格，处理以 120min 计算。

(3) 如在规定时间内完成，以实际完成时间计算。如弃权的则该项目按 120min 计算。

## （五）推理（单独）

这是一道计算题，ABCDE×4＝EDCBA，其中每一个字母各代表一个自然数，请各组在 30min 之内计算出 A、B、C、D、E 各是哪个数字。

项目规则：

(1) 各组必须在 30min 之内完成，完全正确推理出的，以实际完成时间计算。

(2) 如未完全推理出的以剩余个数分别再加时 10min。

(3) 如弃权的则该项目以 120min 计算。

## （六）超级接力棒（单独）

**1. 器材**

直径为 3cm，高为 1.3m 的木棍 12 根。

**2. 步骤**

(1) 全组成员围成一个半径分别为 5m、8m 和 10m 的圆圈，队员前后之间的距离不能少于 0.5m、1m 和 1.5m。

(2) 每个队员分别右手持木棍于体前。

(3) 组长负责喊口号，所有成员在组长的口号下，同步向前移动（棍不移动），同时去抓住前面队员的棍，不得使棍倒地。

(4) 练习的节奏由慢到快，各个圆圈分别完成 3 圈。

**3. 项目规则**

(1) 各组必须在 30min 之内完成，提前完成的则以实际完成时间计算。

(2) 如在规定时间内未全部完成的，剩余圆圈的个数再加时 60min，依此类推。

(3) 如在比赛过程中棍每根每次倒下加时 2min，依此类推。

(4) 如弃权的则该项目按 180min 计算。

### （七）信任之旅（单独）

**1. 器材**

(1) 眼罩每人 1 个。

(2) 障碍物若干（栏架、海绵垫、条凳、树枝等）。

**2. 步骤**

(1) 在田径场草坪上设置一条活动路线，在路线上铺设若干障碍物。

(2) 所有学员都蒙上眼罩，一直蒙着眼睛，直到游戏结束为止。同时选出 2 位队员作为监护员，始终和队员们在一起。如有人遇到困难，随时都能找到裁判员。

(3) 队员蒙好眼罩后，教师开始致开场白：

你们组属于古城探险队的一部分，据说古城位于一个与世隔绝的森林里。调查研究后，你们找到了一个能带领大家到达古城遗址的向导。通过翻译费尽周折地解释，那位向导才相信你们的探险是多么重要，并且同意带你们去古城。传说，古城的地面上到处散落着金币和珍贵的宝石，但据说如果任何宝物被带出城外，灾难将会降临到你们身上。因此，只有大家都答应蒙上眼睛，以后不会再找到这条路，向导才同意带路。向导不信任你们的翻译，他不能和大家一起去古城。你们和向导的语言不通，因此不能和他们进行口头交流。但是，可以发出其他声音或者声响来表达意愿，并且每次交流时只能用手碰一名队员。

(4) 教师解说完毕后，拍拍一个队员的肩膀，示意他摘掉眼罩，跟你走开，不让其他人听到你们的谈话。告诉这个人他将充当向导，负责带领整个团队安全到达目的地（告诉他终点在哪里）。

(5) 把他带回队伍中，告诉队员们向导来了，准备出发。行进中有可能发生很多事情，因此大家要做好充分准备。

**3. 项目规则**

(1) 各组必须在 30min 之内完成，提前完成的则以实际完成时间计算。

(2) 在比赛过程中不能拿下眼罩或故意偷看，一经发现该项目作取消比赛资格处理，以 120min 计算。

(3) 在比赛过程中有人说话的则每人每次加时 10min。

(4) 如未在规定时间内完成的则以弃权处理。

(5) 如弃权的则该项目按 120min 计算。

### （八）齐心协力（单独）

**1. 器材**

平坦场地 1 块。

**2. 步骤**

（1）每组先派出两名队员，背靠背坐在地上。

（2）两人双臂相互交叉，合力使双方一同站立起来。

（3）依此类推，每组每次增加一人，如果尝试失败需要再来一次，直到成功才可再加一人。

**3. 注意事项**

（1）不要搭肩进行，以免关节脱臼；站起来时避免手臂松脱，朝下跌倒。

（2）不要在坚硬的地面进行，每人背后应该有人保护，人多时避免一边倒。

**4. 项目规则**

（1）各组必须在30min之内完成，提前完成的则以实际完成时间计算。

（2）在比赛中如有队员未完全坐下的则以取消比赛资格处理，按120min计算。

（3）如在规定时间内未完成的，则以每剩余1人累加10min计算，依此类推。

（4）如弃权的则该项目以120min计算。

## （九）履带战车（集体）

**1. 器材**

报纸30～40张/组、胶带纸、平坦场地100m。

**2. 步骤**

（1）各组通过团队协作分别将报纸连接起来，形成一个闭合的圆圈。

（2）完成纸圈后，组内成员全部站到纸圈上，两手上举托住上方纸圈。

（3）然后从起点整组成员通过纸圈向终点滚动，距离100m。所有队员的脚不能离开纸圈。

**3. 注意事项**

（1）途中如遇纸圈破裂可以修补，但必须在原地。

（2）必须确保纸圈是闭合完整的到达终点。

**4. 项目规则**

（1）各组必须在30min之内完成，提前完成的则以实际时间计算。

（2）在比赛过程中脚离开纸圈，每只脚每次加时5min，依此类推。

（3）如到达终点纸圈断裂或破损严重的则加时60min。

（4）如在规定时间内未完成的，则以剩余距离的米数计算，每米加时5min，依此类推。

（5）如弃权的则该项目以180min计算。

## （十）飞毯（集体）

**1. 器材**

30cm×30cm地毯或硬纸板10块、平整场地30m。

**2. 步骤**

(1) 每组先派出 4 人，通过提供给每组的 3 块地毯，从起点开始到转折点后回到起点，途中身体的任何部分都不得触及地面。

(2) 回到起点后紧接着同组余下 4 人接上，直至所有队员都完成。

(3) 每次 3 组同时开始。

**3. 项目规则**

(1) 各组必须在 20min 之内完成，提前完成的则以实际完成时间计算。

(2) 在比赛过程中身体任何部位触及地面（手指除外），每个触及点每次加时 5min，以此类推。

(3) 如在规定时间内未完成的，则以每剩余 1 名队员加时 10min 计算，依此类推。

(4) 如弃权的则该项目按以 120min 计算。

## （十一）穿越曲径（集体）

**1. 器材**

(1) 3 根木杆，直径 5~7.5cm。其中两根约 4m 长，另一根约 2m 长。

(2) 3 段绳子，每段约 1m 长（足够把 3 根树干捆绑在一起的绳子）。

(3) 4 根绳子，每根约长 6m。

(4) 平整场地 30m。

**2. 步骤**

(1) 把队员们集中到一起。

(2) 准备好 3 根树干和 3 段短绳，让他们利用这些道具，搭建一个看起来像字母 A 的框架。字母 A 中的横梁要足够结实，可以让一人站立。

(3) 队员将继续游戏的第二部分。必须把 A 结构竖立起来，并让一个人站到横梁上。为使结构牢固，把另外 4 根绳子绑在 A 框架的顶端。除那个站在横梁上的人外，不允许其他人接触框架。

(4) 要求队员们把框架移动 30m，同时横梁上还站着一个人，而其他人要远离框架 3m 之外。并且在移动过程中，框架至少有一点要接触地面。在距离框架顶端 3m 远处的绳子上，扎一个彩色飘带，队员们可以很容易地识别界限。

**3. 注意事项**

(1) A 字框架必须捆绑牢固。

(2) 如 A 字框架无法稳定要倒下时，则必须要向后撤离，保护自己及队友安全。

(3) 站在 A 字框架上的队员必须站稳，抓牢，不得双手脱离框架。

(4) 如在比赛中 A 字框架散架允许在原地重新固定或捆绑。

**4. 项目规则**

(1) 各组必须在 30min 之内完成，提前完成的则以实际完成时间计算。

(2) 在比赛过程中 A 字框架上的队员身体任何部位触及地面，每个触及点每次加时 5min，依此类推。

（3）如在规定时间内未完成的，则以剩余距离的米数计算，每米加时 10min，依此类推。

（4）如弃权的则该项目以 300min 计算。

### 七、比赛项目所在位置

#### （一）单独比赛项目

（1）穿越电网：田径场南侧足球门。

（2）逃生墙：田径场 100m 终点处。

（3）字母推理：田径场俱乐部门口。

（4）盲人方阵：田径场东南角。

（5）地雷阵：田径场东北角。

（6）超级接力棒：田径场北侧。

（7）信任之旅：田径场草坪。

（8）齐心协力：田径场东面。

#### （二）集体比赛项目

（1）履带战车：田径场 100m 跑道上。

（2）飞毯：田径场 100m 跑道上。

（3）穿越曲径：田径场 100m 跑道上。

### 八、比赛规程

（1）整个比赛过程中每组必须佩带或携带号码布，比赛以完成所有项目的总时间的多少来判定名次。

（2）每个项目都必须是在整组成员都到齐后方可开始比赛。

（3）在任何一个比赛项目中工作人员有权询问、制止、判罚任何一支参赛队伍。

（4）必须严格遵守各项目规则。

### 九、比赛项目流程

（1）单独项目（第 1~7 组）。穿越电网——逃生墙——字母推理——盲人方阵——地雷阵——超级接力棒——信任之旅——齐心协力（各组依次循环进行）。

（2）集体项目（第 8~15 组）。飞毯——履带战车——穿越曲径（各组分批依次进行）。

（3）两大组结束后对换项目。

### 十、装备清单

（1）比赛项目装备见项目介绍。

（2）裁判用具：对讲机 4 部、医药箱 2 个、药品若干、笔 15 支、夹板 15 个、号码布 1~15 块、别针 30 枚、裁判员证 30 个、秒表 11 块。

(3) 各组自备装备。太阳帽、太阳镜、防晒霜、饮用水、草稿纸、笔、报纸 40 张、雨披、手表和能量食品若干。

## 十一、名次取决和奖励

(1) 以每队完成所有比赛项目总时间的多少来排定 1~15 名。
(2) 比赛排名与专项技术分见表 7-1。

表 7-1　　　　　　　　　比赛排名与专项技术分表

| 分　值 | 比　赛　名　次 | 分　值 | 比　赛　名　次 |
| --- | --- | --- | --- |
| 20 | 1 | 11 | 10 |
| 19 | 2 | 10 | 11 |
| 18 | 3 | 9 | 12—13 |
| 17 | 4 | 8 | 14—15 |
| 16 | 5 | | |
| 15 | 6 | | |
| 14 | 7 | | |
| 13 | 8 | | |
| 12 | 9 | | |

## 十二、比赛经费

每人 10 元，用于购买保险、比赛用品、饮用水以及公共开支等。

## 十三、下列行为直接取消比赛资格

(1) 在比赛中不服从工作人员指挥或不配合工作人员工作的队伍。
(2) 在比赛中采用危险行为或动作的队伍，经警告不听的队伍。
(3) 在比赛中出现严重的相互指责，缺少团队协作的队伍。
(4) 在比赛中有损学校形象的队伍。
(5) 在比赛中破坏生态和环保的队伍。
(6) 有意破坏比赛设施和装备的队伍。

## 十四、注意事项

(1) 在比赛期间必须严格遵守纪律，必须绝对服从领队（组长）的指挥和安排。
(2) 各队的能量食品和饮用水，必须装入背包，并全程携带。补充的时间、地点由各队自行安排。
(3) 在比赛过程中领队（组长）要及时观察队员的体能状况，要注意调节运动的节奏，同时要采用激励的手段鼓励队员完成比赛。

（4）各组组长充分履行组长职责，负责好本队的安全工作，严格遵守比赛规程，带领队员发扬团队协作精神，争取圆满完成任务。

（5）完成比赛后，尽快把号码布、线手套等归还到指定的位置和人员。

## 十五、应急预案

（1）在赛前将本次比赛的方案提交学科和部门领导审批，同时对方案的不合理之处进行修改。

（2）在比赛中准备好可能会出现伤害事故或损伤的常用药品，并配备2名医护人员在比赛的现场进行巡回和救援。

（3）组织成立应急小分队，配备一定的通信工具和交通工具，做到在第一时间内能够赶到事故或需要帮助的现场。

（4）所有参赛的小组必须自备手机1部，将各个小组的联系电话进行登记。同时在赛前对各个小组的手机使用情况进行核查。

（5）所有参赛队伍必须将本次比赛总联络员的求救电话号码输入到各组自备的手机里。（总联络员：周老师求救电话号码：1385817＊＊＊＊；67＊＊＊＊）

（6）如遇下雨（暴雨除外）比赛照常进行，但各组需要提前准备好雨具和备用的衣服、鞋子，统一放在指定的位置，以便及时能得到保护。

（7）如比赛中下雨（暴雨除外）则需安排人员提前烧好姜汤，避免参赛队员着凉感冒。

（8）对比赛中所使用的技术装备，必须在赛前进行安全检查。对技术要求较高的项目，配备实力较强的工作人员到该项目中去指导和监督比赛的进行。

（9）对所有参赛队员进行户外保险。

## 十六、比赛声明

（1）活动组织者在项目设置上，将尽力避开风险，把安全隐患降到最低。但无法预料的风险是客观存在的，请队员自行评判风险承受能力，审慎参与和规范自身的行为，自担风险。队员须听从领队（组长）的安排，否则由此产生的一切后果自负。

（2）参加者必须身体健康、无任何急、慢性病，有不能参加剧烈运动的疾病患者请退出比赛。同时还需体力良好、吃苦耐劳、有动手能力、有团队协作精神、心理健康。有特殊情况的队员请自觉提前告之，否则后果自负。

（3）对比赛过程中产生的垃圾，应采取带回等方法处理。

（4）户外运动有一定危险性，活动中发生意外事故，领队、队友有道义责任积极组织救援、协助救援，如救援失败或无法救援，并不承担任何法律责任。

（5）在比赛过程中领队（组长）有权因为不安全因素改变计划或要求全队退出比赛的权利，因此对其他队员造成的损失，领队（组长）和组织者不负赔偿责任，不接受任何投诉。

（6）参加者即表明同意以上条款。

## 附件一　浙江林学院学生场地拓展课程教学比赛工作计划

(1) 4月25日前比赛最终方案的确定。
(2) 4月28日15：30，原技能教学比赛各组组长抽签分组，并收缴比赛经费。
(3) 4月28～5月12日各组自行安排赛前训练和准备工作。
(4) 4月25～30日比赛方案审批和修改。
(5) 4月19～29日赛前工作准备：
1) 各组人员名单汇总、联系电话登记。
2) 参赛人员保险单的填写。
3) 裁判员及工作人员的确定、分工及培训。
4) 所有参赛队员及裁判员、工作人员人数的统计。
(6) 5月5～12日的赛前工作准备：
1) 比赛的各个项目场地的安全检查和清理。
2) 比赛用的公共装备检查和准备。
3) 保险传真发出。
4) 比赛裁判用的表格制作和打印。
(7) 5月13日工作流程：
7：30分裁判员、工作人员到位。
7：40分各项目裁判长领取相关器材和表格等到达各个项目区域准备。
8：00～8：20参赛队员集合，清点人数和各组自备装备的检查。
8：30各组热身、赛前动员和比赛要求和注意事项的提出。
8：40比赛开始。
裁判员和工作人员开始工作。
总裁判长巡回监督比赛。
各机动小组（应急、医疗、后勤保障等）待命。
11：00～12：00参赛队员和裁判员、工作人员中饭干粮。
14：00左右参赛队伍依次到达终点，完成比赛。
16：00结束比赛，收回器材。
16：30各项目裁判长成绩汇总，报告各项目比赛过程中的完成情况。
17：00本次比赛排名（总排名）。
17：10宣布总排名。

## 附件二　浙江林学院学生场地拓展课程教学比赛裁判员名单

仲裁委员会：
总裁判长：
副总裁判长：
穿越电网裁判长：
记录员：

逃生墙裁判长：
记录员：

字母推理裁判长：
记录员：

盲人方阵裁判长：
记录员：

地雷阵裁判长：
记录员：

超级接力棒裁判长：
记录员：

信任之旅裁判长：
记录员：

齐心协力裁判长：
记录员：

飞毯、履带战车、穿越曲径裁判长：
裁判员：
记录员：

终点裁判长：
裁判员：

卫生员：
应急人员：

## 附件三　浙江林学院学生场地拓展课程教学比赛记录表

所在位置项目：_____　裁判长：_____　记录员_____

| 队　号 | 开始时间 | 结束时间 | 实际时间 | 具体情况 |
|---|---|---|---|---|
| | | | | |
| | | | | |
| | | | | |
| | | | | |
| | | | | |
| | | | | |
| | | | | |
| | | | | |
| | | | | |
| | | | | |
| | | | | |
| | | | | |
| | | | | |
| | | | | |
| | | | | |
| | | | | |
| | | | | |
| | | | | |
| | | | | |
| | | | | |

裁判长签字：_____
日　　　期：_____

## 附件四  浙江林学院学生场地拓展课程教学比赛队伍名单

| 队伍 | 队员 | 队员 | 队员 | 队员 | 队员 | 队员 |
|---|---|---|---|---|---|---|
| 1 | | | | | | |
| 2 | | | | | | |
| 3 | | | | | | |
| 4 | | | | | | |
| 5 | | | | | | |
| 6 | | | | | | |
| 7 | | | | | | |
| 8 | | | | | | |
| 9 | | | | | | |
| 10 | | | | | | |
| 11 | | | | | | |
| 12 | | | | | | |
| 13 | | | | | | |
| 14 | | | | | | |
| 15 | | | | | | |

第二篇 实践篇

# 浙江林学院 2007 级、2008 级定向拓展课程教学比赛案例

## 一、比赛目的

（1）促进学生对定向拓展运动的进一步认识和理解，同时为以后的定向拓展运动教学和实践提供依据和参考。

（2）激发学生的活动兴趣，培养学生积极健康的生活方式，奠定终身体育的意识和行为，养成积极进取的拼搏精神。

（3）丰富学生的业余生活，促进校园文化的建设。

## 二、活动时间

2008 年 12 月 6 日（周末）各队在比赛当天 8：30 准时到达东湖校区田径场，9：00 准时开始比赛。如遇恶劣天气则比赛时间顺延。

## 三、活动地点

浙江林学院衣锦校区。

## 四、分组

2007 级 360 人、2008 级 300 人各分成男 A、男 B、女 A、女 B，共 8 个组别，采用电脑抽签的形式，确定出发顺序，原则上是同一个专业班级的同学不能出现在前后 5min 内，每 1min 各组分别出发一人。

## 五、比赛项目

2007 级为积分定向拓展，2008 级为微型定向拓展。

## 六、项目说明

积分定向拓展是一种常见的定向运动形式，通常以个人方式进行，比赛设有一个起点、一个终点和若干个检查点，但检查点没有规定顺序，而是根据点标寻找的难易、距离的远近、各点间位置的相互关系被赋予不同的分值，参与者完成规则规定的分数后就可以回到终点，组织者不给出具体的路线，参赛者完全根据自己的判断自行设计出最佳的路线组合，以便在完成规定的分数后就可以回来。如果多分或者少分要扣分数，相应的标准是多分的学生以积分正好的学生时间为基准，再减去（多的分值×2）分数，少分的学生以积分正好的学生时间为基准，再减去（少的分值×3）分数，比如 3 个男生的跑动时间都为 30min，积分为 24 分，26 分，22 分，那么 24 分的学生考核分数为 22 的话，积分为 26 分的学生的考核分数就为 22－（2×2）＝18（分），积分为 22 分的学生的考核分数就为 22－（2×3）＝16（分）。

微型定向是一种新型的徒步定向运动形式，最初由俄罗斯人 M. Riabkin 创造。微型定向本是在一块用绳子、带子或彩旗隔离出来的狭小的场地内进行，在音乐的伴奏下，观众可以在场外观赏整个比赛过程。现在的微型定向更多的是放在田径场内进行，特点是可以在比赛场地内设置许多虚假的检查点作为干扰点，因此它将主要检验运动员在压力条件下快速读图的能力和不断地改变跑动速度和方向的能力。但由于学生的能力和对学生的要求与定向运动员相比，还是有很大的区别，因此我们的微型定向有所改变，除特点基本保留外，我们的地点是放在大小为350亩的衣锦校区，并且在地图上只写有点标的序号，没有点标的代码，这样有更利于提高了学生正确找点的能力。

### 七、比赛规程

（1）2007级的微型定向比赛中必须按顺序到访图上的各个点标，2008级的积分定向为总分30分，男生完成24分，女生完成22分。

（2）定向比赛中必须独立完成所有的找点过程。

（3）在任何比赛时间中裁判人员有权询问、处罚任何一支参赛队伍。

### 八、比赛规则

#### （一）成绩无效的处罚

（1）终点关闭前未交指卡者。

（2）丢失或拒交指卡者。

#### （二）取消比赛资格的处罚

（1）不按顺序找点。

（2）蓄意提点他人路线、点标位置或代人使用点签。

（3）接受他人指点路线、点标位置或代人使用点签。

（4）使用交通工具、通信工具。

（5）提前进入赛区。

（6）大声喧哗者。

（7）为从对手的技术中获得利益，故意跟跑者以及有意让别人跟跑者。

（8）蓄意破坏设施者。

（9）找人代考者。

（10）私自出起点和终点者。

（11）有两个或以上指卡者。

### 九、装备清单

（1）4张桌子和若干凳子，话筒2个，水5桶，杯子若干，起、终点标志牌，秒表2个，笔若干。

（2）电子设备：清除器2个，起点器2个，终点器2个，主站一个，点签器26个，打印机一台，打印纸10包。指卡300个，报时器一个。

（3）电脑一台，电插头若干。

（4）塑料框10只，闹钟1只。

## 十、名次的取决和奖励

（1）2007级分成4个组别分开进行评价，各组别首先看积分是否符合规定的积分，再按时间进行排名，以用时最短者为胜，奖励不设奖品；2008级分成四组别分开进行评价，首先看点标的正确性，再看时间，以用时最少者为胜，取前24名进行奖励。奖励设置奖品。

（2）奖励，见表7-2。

表7-2　　　　　　　　　　　　　奖品分配表

| 名　　次 | 奖　　品 | 名　　次 | 奖　　品 |
| --- | --- | --- | --- |
| 1 | 头灯 | 13 | 小点标旗+哨子 |
| 2 | 头灯 | 14 | 小点标旗+哨子 |
| 3 | 头灯 | 15 | 小点标旗+哨子 |
| 4 | 头灯 | 16 | 小点标旗+哨子 |
| 5 | 头灯 | 17 | 小型指北针 |
| 6 | 头灯 | 18 | 小型指北针 |
| 7 | 小点标旗+哨子 | 19 | 小型指北针 |
| 8 | 小点标旗+哨子 | 20 | 小型指北针 |
| 9 | 小点标旗+哨子 | 21 | 小型指北针 |
| 10 | 小点标旗+哨子 | 22 | 小型指北针 |
| 11 | 小点标旗+哨子 | 23 | 小型指北针 |
| 12 | 小点标旗+哨子 | 24 | 小型指北针 |

## 十一、比赛经费

2008级学生每人10元，用于购买地图、奖品、比赛用品、饮用水以及公共开支等。2007级学生每人5元，用于购买地图、比赛用品、饮用水以及公共开支等。

## 十二、注意事项

（1）需提前吃早饭，准时到达比赛场地，体育委员点名。

（2）穿运动服，必须做准备活动。

（3）在出发前不能使用手机，不得与回来的同学交流。

（4）必须独立找点，若触犯规则，则马上进行处理。

（5）回来后，拿好自己的物品，立刻离开比赛场地，并不得再次进入比赛区域，也不能与未出发者进行交流与沟通。

（6）注意安全，有事呼叫裁判人员。

（7）定向电子打孔设备要正确操作，如由于自身原因发生问题，后果自负。

（8）积分均为30分，男生打24分，女生打22分，图上有说明，不要打错，不允许带笔，否则直接没收地图和指卡；图上点标旁边写有两个数字，如35-2，说明这是35号点，分值为2分。

## 十三、应急预案

（1）在赛前将本次比赛的方案提交学科和部门领导审批，同时对方案的不合理之处进行修改。

（2）在比赛中准备好可能会出现伤害事故或损伤的常用药品，并配备2名医护人员在比赛的现场进行巡回和救援。

(3) 组织成立应急小分队,配备一定的通信工具和交通工具,做到在第一时间内能够赶到事故或需要帮助的现场。

(4) 在地图上写上本次比赛总联络员的求救电话号码。(总联络员:缪华 求救电话号码:1351672＊＊＊＊;67＊＊＊＊)。

## 十四、比赛声明

(1) 活动组织者在项目设置上,将尽力避开风险,把安全隐患降到最低。但无法预料的风险是客观存在的,请队员自行评判风险承受能力,审慎参与和规范自身的行为,自担风险。队员须听从领队(组长)的安排,否则由此产生的一切后果自负。

(2) 参加者必须身体健康、无任何急、慢性病,有不能参加剧烈运动的疾病患者请退出比赛。同时还需体力良好、吃苦耐劳、有动手能力、有团队协作精神、心理健康。有特殊情况的队员请自觉提前告之,否则后果自负。

(3) 户外运动有一定危险性,活动中发生意外事故,领队、队友有道义责任积极组织救援、协助救援,如救援失败或无法救援,并不承担任何法律责任。

(4) 参加者即表明同意以上条款。

## 十五、地图

(1) 设点图(即总图)如图7-1所示。
(2) 2007级男生积分A图,如图7-2所示。

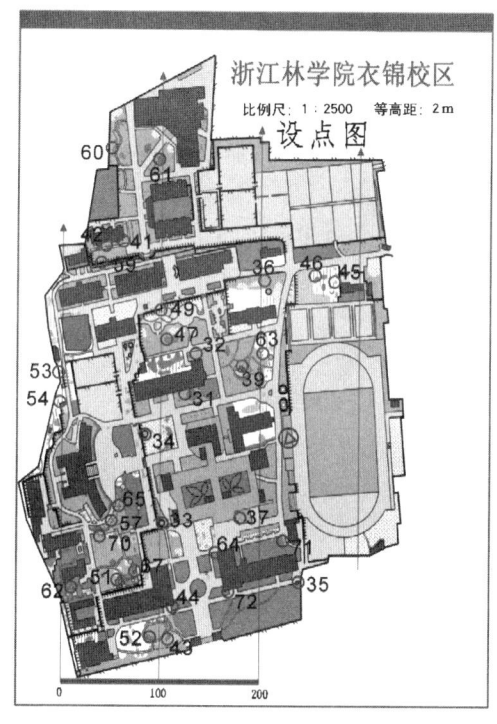

图7-1 总图

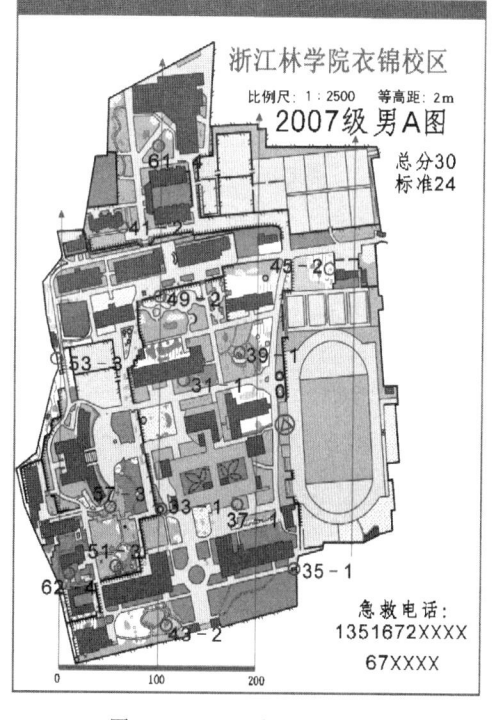

图7-2 2007级 男生A图

(3) 2007 级男生积分 B 图，如图 7-3 所示。

(4) 2007 级女生积分 A 图，如图 7-4 所示。

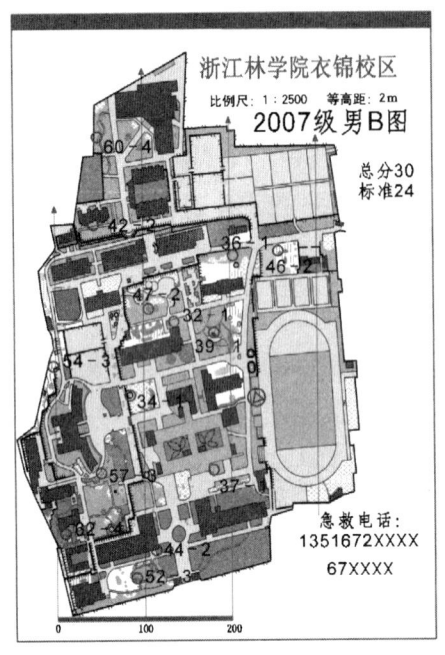

图 7-3　2007 级 男生 B 图

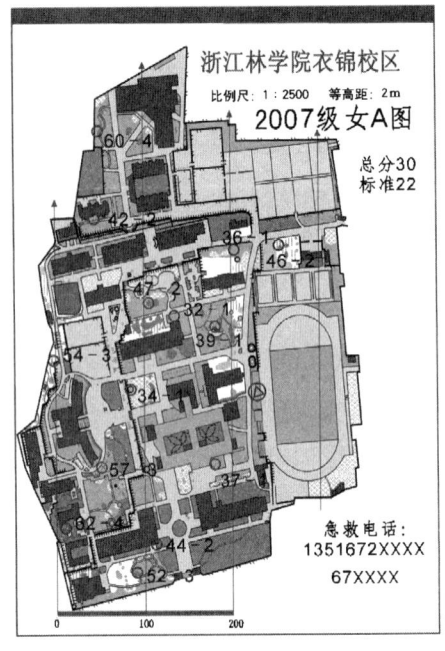

图 7-4　2007 级 女生 A 图

(5) 2007 级女生积分 B 图，如图 7-5 所示。

(6) 2008 级男生积分 A 图，如图 7-6 所示。

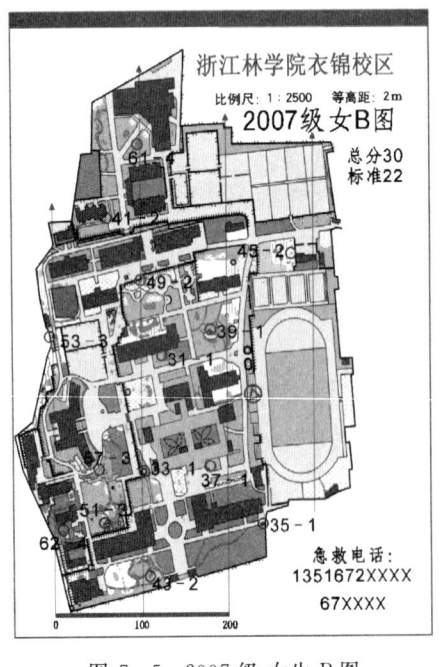

图 7-5　2007 级 女生 B 图

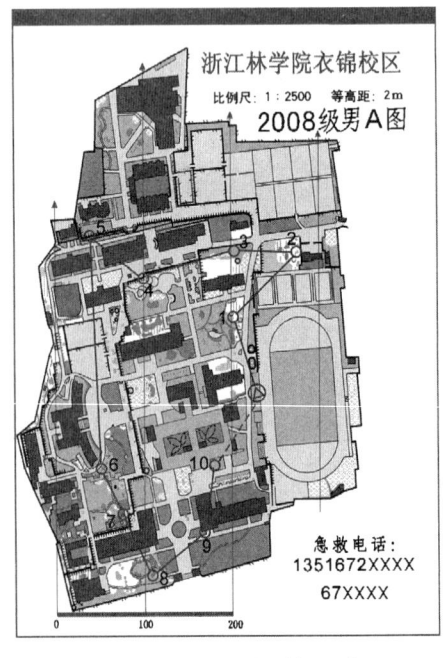

图 7-6　2008 级 男 A 图

(7) 2008级男生积分B图,如图7-7所示。
(8) 2008级女生积分A图,如图7-8所示。

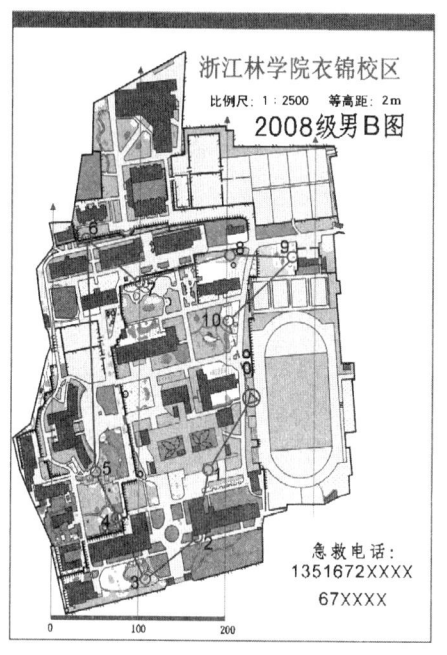

图7-7　208级男B图

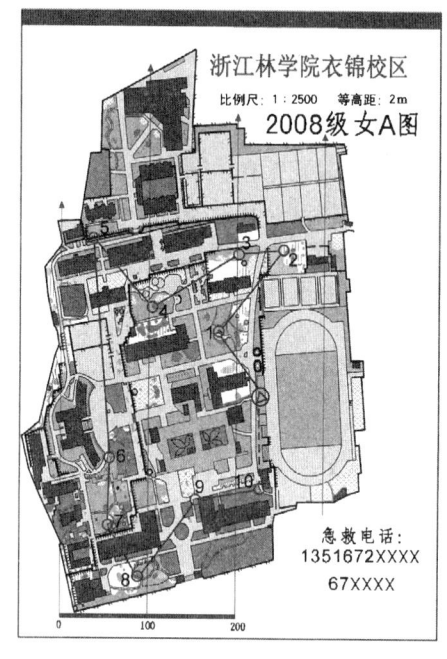

图7-8　2008级 女A图

(9) 2008级女生积分B图,如图7-9所示。

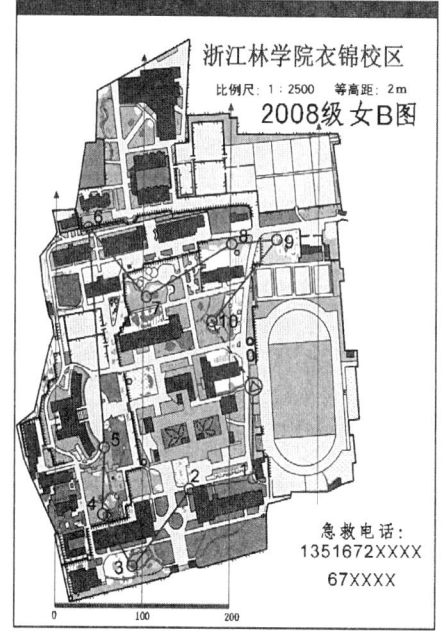

图7-9　2008级 女B图

# 附件一　浙江林学院定向拓展课程教学比赛工作计划

(1) 12月1日前比赛最终方案的确定。
(2) 12月1~5日上课期间进行比赛有关内容的讲解和收取费用。
(3) 12月1~5日赛前工作准备。
1) 裁判员及工作人员的确定、分工及培训。
2) 所有参赛队员及裁判、工作人员人数的统计。
3) 地图的打印和保密。
4) 比赛裁判用的表格制作和打印。
5) 设点裁判提前查看场地和点标的准确挂置位置。
6) 电子打孔设备的检查、维修以及租借。
7) 学生比赛组别和出发时间的确定。
8) 有关器材的购买和租借。
(4) 12月6日工作流程：
1) 8：00 裁判员、工作人员到位。
2) 8：10 各裁判进行相关器材的准备。
3) 8：20~8：30 参赛队员集合。
4) 8：30 各组热身。
5) 8：45 比赛开始。
裁判员和工作人员开始工作。
总裁判长巡回监督比赛。
6) 11：30 比赛结束。
7) 11：30~12：00 回收整理器材。
8) 12：00~13：00 午饭。
9) 13：00~14：00 比赛成绩的统计。

# 附件二　浙江林学院2007级、2008级学生定向拓展课程教学比赛裁判员名单

仲裁委员会：

总裁判长：

副总裁判长：

起点裁判长：

裁判员：1人

终点裁判长：1人

裁判员：1人

场地裁判长：1人

裁判员：4人

终点收图裁判员：（兼）

打印成绩裁判员：1人

签名裁判员：1人

收指卡裁判员：1人

跑点员：2人

## 附件三 浙江林学院 2007 级、2008 级学生定向拓展课程教学比赛记录表定向裁判员专用表格

裁判员姓名： 　　　　　　裁判内容：

| 姓名 | 指卡号 | 违例情况 | 备注 |
|------|--------|----------|------|
|      |        |          |      |
|      |        |          |      |
|      |        |          |      |
|      |        |          |      |
|      |        |          |      |
|      |        |          |      |
|      |        |          |      |
|      |        |          |      |
|      |        |          |      |
|      |        |          |      |
|      |        |          |      |
|      |        |          |      |
|      |        |          |      |
|      |        |          |      |
|      |        |          |      |
|      |        |          |      |
|      |        |          |      |
|      |        |          |      |
|      |        |          |      |
|      |        |          |      |

裁判长签字：＿＿＿＿＿＿＿＿

日　　期：＿＿＿＿＿＿＿＿

# 第二节 拓展培训案例

这里展示的拓展培训案例是浙江林学院户外拓展基地正式完工和通过验收后,对所进行众多培训中比较成功的培训实例,与拓展训练运动的爱好者们一起分享。

## 一、浙江林学院拓展基地项目种类

### (一)拓展高空项目

拓展高空项目见表7-3。

表7-3　　　　　　　　　　高空项目表

| 序　号 | 项目名称 | 样式及尺寸(宽×高)m |
|---|---|---|
| 1 | 高空组合架1 | "一"字形的组合架(断桥、天梯和单杠)6.0×10.0 |
| 2 | 高空组合架2 | "一"字形的组合架(团队桥、云中漫步和绳网)6.0×10.0 |
| 3 | 高空组合架3 | 三角形的组合架(缅甸桥、依存共渡、独木桥和索桥)6.0×10.0 |

### (二)拓展中低空及地面项目

拓展中低空及地面项目见表7-4。

表7-4　　　　　　　　　中低空及地面项目表

| 序　号 | 项目名称 | 规格型号 | 数　量 |
|---|---|---|---|
| 1 | 荡绳飞渡 | 标准设施 | 1 |
| 2 | 逃生墙 | 标准设施 | 2 |
| 3 | 电网 | 标准设施 | 4 |
| 4 | 背摔台 | 标准设施 | 4 |
| 5 | 穿越沼泽 | 标准设施 | 2 |
| 6 | 梅花桩 | 标准设施 | 1 |
| 7 | 盲人岛 | 标准设施 | 1 |
| 8 | 单杠 | 标准设施 | 2 |
| 9 | 肋木架 | 标准设施 | 1 |
| 10 | 云梯 | 标准设施 | 1 |
| 11 | 双杠 | 标准设施 | 2 |
| 12 | 有轨电车 | 标准设施 | 4 |
| 13 | 雷阵图 | 标准设施 | 2 |
| 14 | 定向越野 | 标准设施 | 3 |

注　标准设施参考我国拓展场所国字标准(GB 19079.19)。

## 二、培训案例

### A、一天培训案例

主要培训目标:高效团队执行力。

## 第一部分 设 计 思 路

**1. 培训对象背景分析**

参训人员为杭州市×××广告有限公司全体员工9名,旨在通过课程,增强公司团队凝聚力,让大家感受体验式拓展培训的魅力,在放松身心的同时,得到感悟与思考。打造一支高凝聚力、高执行力的团队。

课程具体目标:

(1) 通过较为休闲的拓展项目,增进队员之间更深一步的了解与认知。

(2) 释放压力,挖掘潜能,感受企业对员工的关心,感受集体的温暖。

(3) 更加有效的检验团队组织、协调、执行力,打造高绩效团队。

(4) 振奋士气,展望未来,为攀登新的事业高峰创造高昂的斗志。

**2. 设计思路**

(1) 以体验式培训形式为载体,在轻松愉快氛围中,感受团队活力,舒缓平时由于工作带来的紧张情绪和压力,为攀登新的事业高峰创造高昂的斗志。

(2) 通过员工的积极参与,在完成情景任务的过程中所产生的个人和团队的行为、意识都将作为整个培训的核心部分,让每一位学员的快乐和汗水为一个团队整体的任务而倾注。

(3) 整个培训将分两个阶段实施。第一阶段将运用体验式培训学习圈的形式让学员在体验项目过程中产生意识,发现问题,发生思考;在项目之后的回顾与总结部分进行反思,充分的表达思想,了解他人行为动机与内心;并在培训师引导下,将项目中的种种表现与实际工作和生活相联系,整理出一套可行性行动方案及理念;第二阶段将这些理论理念与行动方案在下一个培训项目中得以应用和验证。

## 第二部分 课 程 方 案

### 第一阶段:户外拓展项目体验

**(一) 高空项目——空中抓杠**

如图7-10所示。

**1. 项目简介**

每一位学员都要独立爬上9m高的高台,并在直径仅为25cm的圆盘上站立,然后从圆盘上奋力越出,去抓住横在空中的单杠。

**2. 项目目标**

(1) 挑战自我,克服心理障碍,战胜心理脆弱,增强自我控制的能力,建立培养自信心。

(2) 体会成功与失败的真正意义。

(3) 面对机遇,果断的把握,增强自我决断的能力。

(4) 积极的心态去争取和获得机会。

(5) 掌握目标管理与控制的成功经验。

（6）通过相互鼓励，体验队员之间相互信任的团队精神。

图 7-10 空中抓杠

## （二）高空项目——相依为命

如图 7-11 所示。

图 7-11 相依为命

### 1. 项目简介

所有队员两两结成一组，每一组队员面对面分别站在两根钢缆上，两手相抵从狭窄的一端走到宽的一端。

**2. 项目目标**

（1）队友之间的相互信任，克服本能反应。

（2）互相协作，相互支持，相互依靠共同努力完成任务。

（3）团队激励对个人或小团队成长的重要性。

（4）经验学习与分享对团队成功的重要性。

**（三）高空项目——团队攀岩**

如图 7-12 所示。

图 7-12　团队攀岩

**1. 项目简介**

每组队员设定目标成绩，在一定的时间内分别进行攀岩行动，在团体总分达到设定分数的条件下，得分最多的一组为优胜队。

**2. 项目目标**

（1）目标的设立以及对目标的分解。

（2）信守承诺，勇于承担责任，并以身作则。

（3）双赢意识，平衡个人和团队的利益。

（4）鼓励跨部门的协作和团队合作。

（5）培养全局观念，学习在竞争环境中取得成功。

第二阶段：镭射激光野战

**（一）真人 CS 野战课程**

如图 7-13 所示。野战游戏已不仅是军事发烧友们的专利，在许多国家，野战游戏已成为企业生存的重要课程之一。一场层叠起伏、热血沸腾的激战过后，我们的心、我们的团队，早已不分彼此……不再隔阂、紧密团结在一起！没有任何一种现代的团队合作超过军队袍泽之间传统的团结和情谊。在战斗中面对平日生活工作中难以感受到的危险和挑战如同催化剂，可大幅度改善员工之间的人际关系，促进团队的融合发展，通过相应的项目设计和精心执行，巧妙地融合企业作风，并在一个全新角度上塑造公司的企业形象和精神。活动过程富有挑战性，充满激情和乐趣，也更能吸引员工积极参与。欢声笑语、放声高歌……彼此眼神中闪烁着友善、信任、坚定。

图 7-13　真人 CS 野战

本次课程有 3 个战役。

**1. 遭遇战**

进攻与防守性质的游戏，进攻一方分成两小队分别分两路分别进发，两小队不能接触直至在最前线相遇，防守的一队可在途中设防，其余的队友则全力在基地防守，防守方的队长拥有自由人的身份，可自行决定单身游击或协助防守。双方在游戏开始后分别进入不同的地方，在不知对方具体方位的情况下，合理安排侦察兵，随时准备在未知地点进行战斗，最后存活方为胜。

**2. 斩首行动**

此任务属于对攻类任务，具体内容为，将两队的队长设置成人质（VIP），切记，游戏中两方队长（VIP）须用红外遥控器进行设置。两队的任务都是消灭对方的队长，无论双方人员损失情况如何，只要队长没有阵亡就可以战斗下去，直至一方队长阵亡，游戏方可结束。这一战局个人的能力不再是最重要的了，能否以任务为目标，展开殊死的较量，团结协作，牺牲个人与本位的利益，一切为了胜利的目标，您将会在游戏的过程中体会到团体的力量!

### 3. 攻防战

一方为守方,一方为攻方,在规定时间内,守方需不惜一切代价坚守阵地,攻方则对守方进行有效的突袭和偷袭,分散守方注意力,成功占领阵地剿灭敌军为胜。否则进攻方为输。

防守方要做到以下几点:
(1) 不能轻易放弃一线阵地,应尽可能利用工事隐蔽自己,消灭开阔地运动之敌。
(2) 要组织侧射斜射火力,控制正面和两翼,防止对方渗透。
(3) 兵力配置要有层次,增加防御的"弹性"。
(4) 各组间要相互呼应,不要一边压力很大,而另一边不去增援。

进攻方要做到以下几点:
(1) 在开阔地运动一定要按照敌火下运动要领,切忌长时间暴露自己。
(2) 火力与运动要结合,如:一个小组运动,相邻小组应以火力掩护。
(3) 主攻与佯攻结合,采取措施迷惑敌人。
(4) 突入堑壕后单兵间要相互配合,注意肃清隐蔽残敌。

## 第三部分 行程安排

行程安排表见表 7-5。

表 7-5   行程安排表

| 具体时间 | 项目安排 | 项目详细及目的 |
| --- | --- | --- |
| 8:30 | 到达拓展基地 | 八点半务必准时到达,青山过来约半小时 |
| 8:30~8:50 | 换服装 | 同一着装 |
| 8:50~11:40 | 第一阶段 | 高空抓杠、相依为命、攀岩等拓展项目,让大家体会体验式培训带来的乐趣和收获 |
| 12:50~13:30 | 午餐、午休时间 | 桌餐和盒饭两种形式可供选择,详情请看菜单 |
| 13:30~17:00 | 第二阶段 | 真人 CS 野战,参战的每一名队员都将有自己的身份和任务,誓死完成自己的任务 |
| 17:30 | 晚餐 | 桌餐和盒饭两种形式可供选择,详情请看菜单 |

## 第四部分 介绍浙江林学院基地及安全保障

### (一)浙江林学院基地

浙江林学院基地(图 7-14)坐落于杭州西郊风景优美的全国优秀旅游城市——临安,交通便利。校园占地面积 2500 余亩,校园与植物园两园合一,是一座集教学、科研、生物多样性保护等功能于一体的现代化生态校园。基地占地面积 35 亩,基础设施完善,餐饮住宿条件优越。所有拓展项目均由国家体育局专属建设并监督使用,部分项目(例如攀岩等)完全按照国际专业竞技比赛要求构建。让学员在此静思生活、领悟人生、完善自我同时又能通过体验式培训达到良好的培训效果。

图7-14 浙江林学院基地

## （二）安全保障

对于安全不仅意味着完善的体系，严密的制度，它更是我们企业文化的一部分，已融入到拓展人的日常工作和生活习惯中。富于经验的培训师严格地依照安全程序指导、监控活动的全过程。

方针：100%的安全保障。

备份原则：任何需要安全防护的地方及器械都有备份，确保万无一失。

复查原则：所有的安全保护在准备完成后都要再复查一遍，消除操作失误的可能性。

监护原则：培训师对项目进行中可能遇到的安全问题进行全程监护，将任何隐患消除在萌芽中。

目标：让安全成为我们的一种生活方式，因为安全与不安全之间没有过渡，只要踏出100%的安全一步就进入100%的不安全。

安全保障：来自完善的安全管理体系、随时随地的安全意识、国际认证的器材装备、严格规范的操作方法、多年积累的实战经验。

## 第五部分 学 员 须 知

为协助参训学员全情投入及有效地完成本次培训，达到预期效果，要求个参训学员必须遵守以下基本守则：

（1）遵守作息时间，不迟到，不早退，中间休息后按时回到座位。

（2）培训期间，将手机设为静音或震动状态，不得听MP3，看MP4。培训期间不可录像和录音。

（3）培训进行时，不准吸烟及嚼口香糖，禁止饮酒和开展赌博性质的活动。

（4）培训期间，不得随意出入课堂和培训场地，影响培训秩序。

（5）在课程进行期间请勿谈论与课程无关的话题。

（6）积极思维，踊跃回答老师提出的问题。积极参与小组讨论，互相交流，善于倾听，提高课堂效率。

(7) 严格遵守培训师指导，不经培训师同意不得擅自攀爬器械或尝试其他冒险活动。

(8) 在培训中，每位学员应集中注意力，严格按照训练规程进行每一个项目。

(9) 不许佩带手表、首饰等物品，不携带尖锐、硬性等物品。

(10) 爱护培训基地的一草一木，自觉维护自然生态环境。

## 第六部分　培　训　费　用

费用明细见表 7-6。

表 7-6　　　　　　　　　　费 用 明 细 表

| 收费项目 | 费用 | 费用说明 | 备注 |
| --- | --- | --- | --- |
| 培训费 | ××元/人 | 培训师、拓展场地费用、专业器械、培训师资、后勤服务等 | |
| 餐费 | ××元/人 | 2个正餐：××元/人，不含酒水。以具体订餐为准 | |
| 保险 | ××元/人 | 平安人寿 | |
| 费用总计 | ××元/人 | 其中不含交通费用 | |
| 赠送项目 | | 横幅、矿泉水、一次性毛巾等 | |

# B、二 天 培 训 案 例

主要培训目标：高效团队执行力。

## 第一部分　设　计　思　路

### (一) 培训对象背景介绍

参训人员为杭州市×××有限公司中高层领导人员约 45 人。伴随着公司的发展，公司对团队的凝聚力和执行力越来越重视，希望自己的公司有一支高效执行力的团队。公司旨在通过课程，让全体员工在参与拓展项目过程中，加强了解和合作，感受和提高有效团队合作的力量。

### (二) 课程具体目标

(1) 建立主动沟通意识，倡导有效沟通。

(2) 加强团队意识，增进学员之间的相互了解与认知；检验团队组织、协调和执行力，打造高绩效团队。

(3) 认识自身潜能，增强自信心，改善自身形象；克服心理惰性，磨炼战胜困难的毅力；启发想象力与创造力，提高解决问题的能力；认识群体的作用，增进对集体的参与意识与责任心；改善人际关系，学会关心，更为融洽地与群体合作；学习欣赏、关注和爱护大自然。

(4) 振奋士气，展望未来，为攀登新的事业高峰创造高昂的斗志和管理知识。

### (三) 设计思路

(1) 以体验式培训形式为载体，在轻松愉快氛围中，感受团队活力，舒缓紧张工作带来的情绪和压力，更好更快速的融入到企业大团队中。

（2）通过学员的高度参与，在完成情景任务的过程中所产生的个人和团队的行为、意识都将作为整个培训的核心部分，让每一位学员的快乐和汗水为一个团队整体的任务而倾注。

（3）整个培训将分两个阶段实施。第一阶段将运用体验式培训学习圈的形式让学员在体验项目过程中产生意识，发现问题，发生思考；在项目之后的回顾与总结部分进行反思，充分的表达思想，了解他人行为动机与内心；并在培训师引导下，将项目中的种种表现与实际工作和生活相联系。第二阶段为真人 CS 野战，体验军队袍泽之间传统的团结和情谊。

## 第二部分  课　程　方　案

第一阶段：户外拓展项目

### （一）场地项目——破冰

如图 7-15 所示。

图 7-15　破冰

**1. 项目简介**

队长、起队名和队训；唱队歌、画队徽；展示团队气势形象；培训安全说明；初步体验拓展培训的方式和方法。

**2. 项目目标**

（1）以特殊的形式在一个新的环境中相互认识与了解团队成员。

（2）初步形成热烈的团队氛围。

（3）了解培训活动的相关内容与要求。

（4）为后续培训做好心理准备。

## （二）半高空项目——信任背摔

如图 7-16 所示。

图 7-16 信任背摔

**1. 项目简介**

每一位学员依次从一座高 1.4m 的背摔台上背对大家直身向后倒下，其他学员在背摔台下平伸双臂保护。

**2. 项目目标**

（1）及时沟通的必要性；（沟通是团队建设的基础，是任务顺利完成的保证）。

（2）建立相互信任与责任的团队气氛；（相互信任与责任是团队合作的基础）。

（3）通过身体接触，打破员工之间的陌生与隔阂，体会团队同伴对自己的支持。

（4）体验诚信与承诺对于个人成长、组织发展的重要性。

（5）换位思考意识。

## （三）场地项目——穿越电网

如图 7-17 所示。

**1. 项目简介**

所有队员在规定的时间内，不允许触网的情况下通过网洞，从电网的一侧到达另一侧。

**2. 项目目标**

（1）体验项目前期资源确认与合理配置的重要性。

（2）强调细节的重要性。

（3）人员的分工协作，配合与协调。

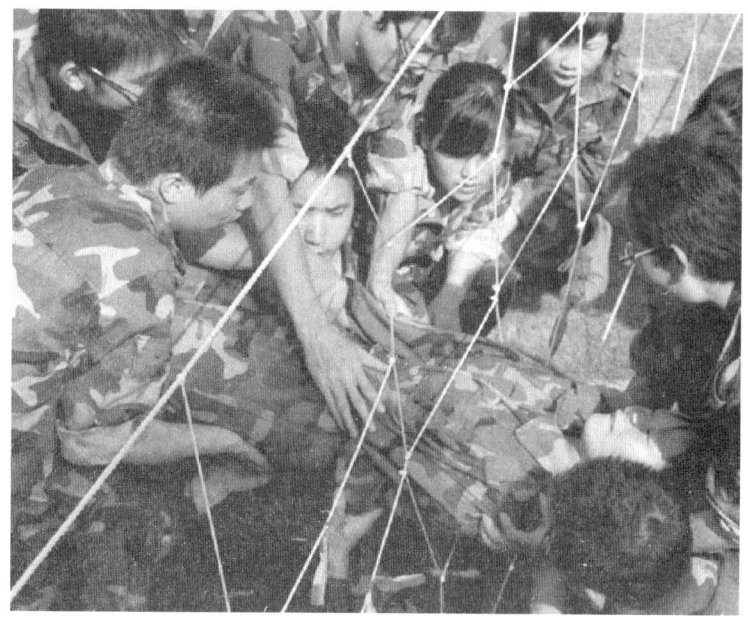

图 7-17 穿越电网

（4）队员之间的身体接触，增加信任感与凝聚力。

（5）敢于实践，突破经验主义。

（四）场地项目——盲人方阵

如图 7-18 所示。

图 7-18 盲人方阵

**1. 项目简介**

所有人在带好眼罩的情况下（盲人状态）规定的时间内，利用培训师给大家的一根绳子围成一个面积最大的正方形，所有人相对均匀的分布在正方形的四条边上。

**2. 项目目标**

（1）倾听他人，有效沟通与工作绩效；（良好的沟通与合作机制——团队成功保障）。

（2）全局观，领导者在活动中的决策作用。

（3）PLAN－DO－CHECK－ACTION 良好的工作程序与方法（团队执行力）。

（4）资源的合理利用，强调细节。

（5）合理分配人力资源，纪律与协作。

### （五）高空项目——团队攀岩

**1. 项目简介**

每组队员设定目标成绩，在一定的时间内分别进行攀岩行动，在团体总分达到设定分数的条件下，得分最多的一组为优胜队。

**2. 项目目标**

（1）目标的设立以及对目标的分解。

（2）信守承诺，勇于承担责任，并以身作则。

（3）双赢意识，平衡个人和团队的利益。

（4）鼓励跨部门的协作和团队合作。

（5）培养全局观念，学习在竞合环境中取得成功。

### （六）高空项目——空中抓杠

**1. 项目简介**

每一位学员都要独立爬上 9m 高的高台，并在直径仅为 25cm 的圆盘上站立，然后从圆盘上奋力越出，去抓住横在空中的单杠。

**2. 项目目标**

（1）挑战自我，克服心理障碍，战胜心理脆弱，增强自我控制的能力，建立培养自信心。

（2）体会成功与失败的真正意义。

（3）面对机遇，果断的把握，增强自我决断的能力。

（4）积极的心态去争取和获得机会。

（5）掌握目标管理与控制的成功经验。

（6）通过相互鼓励，体验队员之间相互信任的团队精神。

### （七）高空项目——相依为命

**1. 项目简介**

所有队员两两结成一组，每一组队员面对面分别站在两根钢缆上，两手相抵从狭窄的一端走到宽的一端。

**2. 项目目标**

（1）队友之间的相互信任，克服本能反应。

（2）互相协作，相互支持，相互依靠共同努力完成任务。

（3）团队激励对个人或小团队成长的重要性。

（4）经验学习与分享对团队成功的重要性。

## （八）场地项目——急速 60s

如图 7-19 所示。

图 7-19 急速 60s

**1. 项目简介**

要求队员在规定的 60s 内，队员到指定区域按照从小到大的顺序拿到 30 张信息卡片，并将其按照要求交给培训师。每队都有两次进场机会，每队进场后，绳圈内只能有一名队员，只有绳圈内的队员能够触碰圈内卡片。

**2. 项目目标**

（1）培养决策和统筹意识，增强互相合作的团队精神。

（2）培养团队处理突发事情的能力。

（3）在执行计划过程中对目标偏离时，怎样快速沟通重新调整计划。

（4）使大家充分认识到在团队之中沟通和分工是多么重要，进一步增强了团队的凝聚力。

## 第二阶段：镭射激光野战

### （一）真人 CS 野战课程

真人 CS 野战课程如图 7-20 所示。野战游戏已不仅是军事发烧友们的专利，在许多国家,野战游戏已成为企业生存的重要课程之一。一场层叠起伏、热血沸腾的激战过后,我们的心、我们的团队,早已不分彼此……不再隔阂、紧密团结在一起!没有任何一种现代的团队合作超过军队袍泽之间传统的团结和情谊。在战斗中面对平日生活工作中难以感受到的危险和挑战如同催化剂,可大幅度改善员工之间的人际关系,促进团队的融合发展,通过相应的项目设计和精心执行,巧妙地融合企业作风,并在一个全新角度上塑造公司的企业形象和精神。活动过程富有挑战性,充满激情和乐趣,也更能吸引员工积极参与。欢声笑语、放声高歌……彼此眼神中闪烁着友善、信任、坚定。

图 7-20 真人 CS 野战

本次课程有 3 个战役。

**1. 限时阵地攻防**

开始前先分为攻、守双方,守方被要求防守某个区域并坚守一定的时间,在规定时间内只要防守方的阵地上还有守方队员存活,即可判守方获胜。而进攻方将配备一名医疗兵(就是手持红外遥控器佩戴红十字标志的 VIP,他的设置可使用无线手持遥控器完成)医疗兵的任务是救助己方的士兵,为其补充生命使其能重返战场,而且次数不限,但医疗兵一旦阵亡就将判进攻方失败。

注意事项有以下几点:

(1) 医疗兵必须佩戴红十字标志。

(2) 游戏进行中医疗兵不允许换人。

(3) 守方阵地要求易守难攻,便于守方防守。

(4) 游戏时间设为 10~15min 即可不宜太长。

**2. 斩首行动**

此任务属于对攻类任务,具体内容为,将两队的队长设置成人质(VIP),切记,游戏中两方队长（VIP）须用红外遥控器进行设置。两队的任务都是消灭对方的队长，无论双方人员损失情况如何，只要队长没有阵亡就可以战斗下去，直至一方队长阵亡，游戏方可结束。这一战局个人的能力不再是最重要的了，能否以任务为目标，展开殊死的较量，团结协作，牺牲个人与本位的利益，一切为了胜利的目标，您将会在游戏的过程中体会到团体的力量！

### 3. 捍旗之战

具体内容：在游戏场地内设置红、黄、蓝3面旗帜。每面旗相距150～200m，旗与旗之间须有树林或建筑物遮挡。做到无论站在哪面旗帜下都不看到其他两面旗帜，每面旗下有一名手持对讲机的领队。游戏两方各配备一名医疗兵（VIP），在游戏中医疗兵须用红外遥控器进行设置。切记，游戏者的生命设置不得超过3条。游戏开始时，红、蓝两队各从红、蓝旗下出发，双方的任务都是保卫己方旗帜夺取对方和第三方旗帜。夺旗的方法为：首先攻到非己方旗帜下拍打旗下领队的肩头，此时领队开始计时，如果夺旗者在20s坚守在旗下而未被击毙则视为夺旗成功，领队将用对讲机通知其他领队宣布："某队夺取某旗"。胜利条件：是一队将3面旗帜全部占领或某一方击毙了对方的医疗兵。

注意事项有以下几点：
(1) 旗帜为固定目标不可移动或隐藏。
(2) 游戏者生命不得超过3条。
(3) 旗帜是可以反复争夺的，只有当全部旗帜被一方占领时才可判游戏结束。
(4) 游戏时间可加长到40～60min。
(5) 如果到达规定时间双方未分出胜负，将判定已夺取了两面旗帜的一方胜利。

## 第三部分　行　程　安　排

第一天行程见表7-7，第二天行程见表7-8。

表7-7　　　　　　　　行程安排表（第一天）

| 时　间 | 行程或项目 | 项目目的 |
| --- | --- | --- |
| 8：30 | 抵达锐达基地 | 安排的项目时间比较紧张，请准时到达 |
| 8：30～9：00 | 换服装 | |
| 9：00～10：00 | 破冰 | 初步形成热烈的团队氛围 |
| 10：00～11：00 | 信任背摔 | 建立相互信任与责任的团队气氛 |
| 11：00～12：00 | 穿越电网 | 体验项目前期资源确认与合理配置的重要性；队员之间的身体接触，增加信任感与凝聚力 |
| 12：00 | 中餐 | |
| 13：30～14：30 | 盲人方阵 | 培养全局观，体验领导者在活动中的决策作用 |
| 14：30～17：00 | 团队攀岩 | 目标的设立以及对目标的分解；双赢意识，平衡个人和团队的利益 |
| 17：40 | 晚餐 | |
| 19：00～21：00 | 篝火晚会 | |

表 7-8 行程安排表（第二天）

| 时　　间 | 行程或项目 | 项目目的 |
| --- | --- | --- |
| 7：00 | 起床 | |
| 7：30 | 早餐 | |
| 8：00～8：30 | 热身游戏 | 为一天的活动做准备 |
| 8：30～9：30 | 高空抓杠 | 通过相互鼓励，体验队员之间相互信任的团队精神 |
| 9：00～10：00 | 相依为命 | 互相协作，相互支持，相互依靠共同努力完成任务 |
| 10：00～11：30 | 极速 60 秒 | 使大家充分认识到在团队之中沟通和分工是多么重要，进一步增强了团队的凝聚力 |
| 12：00 | 中餐 | |
| 13：30～17：00 | 真人 CS | 激发团队的责任感、自信心、独立能力、领导才能、团队合作精神以及面对困难和挑战时的应变能力 |
| 17：30 | 返回 | |

## 第四部分　安　全　保　障

安全不仅意味着完善的体系，严密的制度，它更是我们企业文化的一部分，已融入到拓展人的日常工作和生活习惯中。富于经验的培训师严格地依照安全程序指导、监控活动的全过程。

方针：100％的安全保障。

备份原则：任何需要安全防护的地方及器械都有备份，确保万无一失。

复查原则：所有的安全保护在准备完成后都要再复查一遍，消除操作失误的可能性。

监护原则：培训师对项目进行中可能遇到的安全问题进行全程监护，将任何隐患消除在萌芽中。

目标：让安全成为我们的一种生活方式，因为安全与不安全之间没有过渡，只要踏出100％的安全一步就进入 100％的不安全。

安全保障：来自完善的安全管理体系、随时随地的安全意识、国际认证的器材装备、严格规范的操作方法、多年积累的实战经验。

## 第五部分　学　员　须　知

为协助参训学员全情投入及有效地完成本次培训，达到预期效果，要求个参训学员必须遵守以下基本守则。

（1）遵守作息时间，不迟到，不早退，中间休息后按时回到座位。

（2）培训期间，将手机设为静音或震动状态，不得听 MP3，看 MP4。培训期间不可录像和录音。

（3）培训进行时，不准吸烟及嚼口香糖，禁止饮酒和开展赌博性质的活动。

（4）培训期间，不得随意出入课堂和培训场地，影响培训秩序。

（5）在课程进行期间请勿谈论与课程无关的话题。

（6）积极思维，踊跃回答老师提出的问题。积极参与小组讨论，互相交流，善于倾听，提高课堂效率。

（7）严格遵守培训师指导，不经培训师同意不得擅自攀爬器械或尝试其他冒险活动。

（8）在培训中，每位学员应集中注意力，严格按照训练规程进行每一个项目。

（9）不许佩带手表、首饰等物品，不携带尖锐、硬性等物品。

（10）爱护培训基地的一草一木，自觉维护自然生态环境。

## 第六部分　培　训　费　用

培训费用见表7-9。

表7-9　　费　用　明　细　表

| 收费项目 | 费　用 | 费　用　说　明 | 备　注 |
|---|---|---|---|
| 培训费 | ××元/人 | 培训师、拓展场地费用、专业器械、培训师资、后勤服务等 | |
| 保险 | ××元/人 | 平安人寿，4元/（人·天） | |
| 餐费 | ××元/人 | 3个正餐：××元/（人·餐），一个早餐：××元/（人·餐） | 具体视订餐情况而定 |
| 住宿 | ××元/人 | 浙江林学院招待所，标准间，××元/间 | |
| 费用总计 | ××元/人 | 其中不包含交通费用，非周末为×××元/人 | |
| 赠送内容 | | 横幅，矿泉水，一次性毛巾 | |

# C、三天培训案例

培训目标：杭州×××服饰连锁　　主要培训目标：高效团队执行力

第一部分：公司介绍

第二部分：方案书

第三部分：拓展项目

第四部分：费用说明

第五部分：学员须知

## 第一部分　　××拓展培训公司介绍

### 1. 关于××拓展

××培训有限公司一直致力于体验式培训的研究和推广。结合中国特有的培训需求，以国际先进的体验式培训为理念，专业的教练技术为指导，开创了个性化设计与标准化实施相结合的培训模式。为企事业、机关团体单位、群体或个人定制实施各类拓展培训方案的服务公司。

公司突破传统培训思维和模式的全新培训方式,打破了管理培训界难以达到培训效果的瓶颈。所开课程项目独具创意,融思想性、教育性、挑战性、实用性和趣味性于一体。通过各种精心设计的活动方案,使学员在解决问题,应对挑战的过程中,达到"熔炼团队、磨炼意志、挑战自我、陶冶情操"的培训目的。

**2. 经营理念**

不懈地追求创新,认真完成每一次培训项目。无论我们的行动和决定是否流行,相信我们的培训产品和服务会获得客户的信赖。我们时常提醒自己要保持创业的激情,为客户的满意而努力。

**3. 目标**

客户的认可,努力成为国内最具创新力的体验式培训机构之一。

**4. 部分成功案例**

## 第二部分  拓展培训方案书

拓展方案培训书见表7-10。

表7-10　　　　　　　　　拓展培训方案书

| 客户 | 杭州×××服装连锁 | 参训人数 | 16人 |
|---|---|---|---|
| 参训时间 | 月　日~　月　日 | 价格 | 元 |
| 客户确认签字 | 　　　　电话 | 方案制定人 | 　　　电话 |
| 参训目的 | 旨在激发企业员工的内在潜能,强化员工素质,提升领导能力,深化执行力。通过训练,让企业员工能更深刻地体验个人与企业之间唇齿相依的关系,从而激发员工更高昂的工作热诚、拼搏创新和执行合作精神 ||||

参训日程安排见表7-11。

表7-11　　　　　　　　　参训日程安排表

```
D1：
    7：00  杭州出发  8：30  抵达×××培训有限公司浙江林学院拓展基地
    9：00  破冰(分队、队徽、队名、队标、队旗、队歌等团队热身)
    9：30  室内课程：PDP评测
               驿站传书
    12：00 用中餐
    13：30 拓展项目：信任背摔
               穿越电网
               攀岩
    17：00 结束 用晚餐
    18：00 入住
D2：
    6：40  起床、用早餐
    7：30  拓展热身：同心竿
    8：00  拓展项目：高空抓杠
               罐头鞋
               盲人方阵
```

续表

| | |
|---|---|
| 12:00 | 用中餐 |
| 13:30 | 野战对抗：真人 CS（3—4 场战役：丛林战、山地攻防战、夺旗战、保护 VIP 战、无间道战等战役选择） |
| 16:30 | 拓展项目：毕业墙 |
| 17:00 | 结束 用晚餐 |
| 18:00 | 入住 |
| D3： | |
| 6:40 | 起床 用早餐 |
| 7:30 | 出发至西径山景区 |
| 8:00 | 徒步登山至半山腰（速降点） |
| 8:30 | 速降 |
| 11:30 | 用中餐 |
| 13:00 | 定向越野 |
| 16:00 | 结束返回 |

注 以上时间均为预定时间，培训师可根据实际情况，在不影响培训效果的情况下对项目进行适当调整。

## 第三部分　拓展项目详表

拓展项目详表见表 7-12。

表 7-12　　　　　　　　　　拓展项目详表

| 项目 | 描述 | 系数 | 目标 | 图示 |
|---|---|---|---|---|
| 高空抓杠 | 在 8m 高的圆柱顶端有一个圆盘上，圆盘小的仅能容纳人的双脚，而且晃动不止，你要站到上面，然后越出去抓住悬在头顶上的单杠。学习勇敢抉择的能力 | 高空项目<br>协作系数<br>★★<br>体能要求<br>★★★<br>成功系数<br>★★★★ | 挑战自我，建立自信体验自我如何战胜恐惧，从而增强自信；盯住目标而努力达成 |  |
| 攀岩 | 队员下方系绳保护，带绳向上攀登并按照比赛规定，有次序地挂上中间保护挂索。在规定时间里根据选手到达的岩壁高度来判定比赛结果，比赛岩壁高度一般为 15m | 高空项目<br>协作系数<br>★★<br>体能要求<br>★★★★★<br>成功系数<br>★★ | 让学员在深受抗衡中学会坚强，在征服攀登路线后享受成功与胜利的喜悦。培养学员的心理素质、应变能力及毅力 | 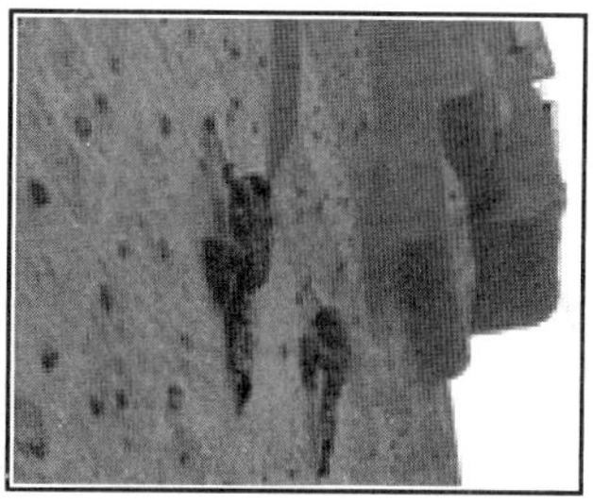 |

续表

| | | | | |
|---|---|---|---|---|
| 信任背摔 | 小组成员依次自1.6m的平台上，用一根布带牢牢绑住训练者的双手，训练者挺直身体向后倒去，小组其他成员在其身后用双手做保护 | 半高空项目<br>协作系数<br>★★★★<br>体能要求<br>★★<br>成功系数<br>★★★★★ | 同心协力共同战胜困难的决心与信心通过身体接触，共同分享战胜困难的喜悦，增强团队的凝聚力；团队目标的实现需要每位团队成员的共同作用 | |
| 罐头鞋 | 将3个桶和2块板子摆成直线，所有学员站到板上，向前行进，在行进过程中人不许落地，板不许落地，桶不能倒地 | 半高空项目<br>协作系数<br>★★★★<br>体能要求<br>★★★<br>成功系数<br>★★★★★ | 提高集体决策的质量，促进团队的沟通和理解，体会创造性和前瞻性思维的绩效，体会有意见分歧时的解决方式和遇到挫折时的态度 | |
| 穿越电网 | 每个小组的学员都必须在规定的时间内穿越面前的一张大网，项目进行中，任何人的任何身体部位不得触网。一个网洞仅限一人次使用，一旦触网或一个人通过后将被封掉 | 场地项目<br>协作系数<br>★★★★★<br>体能要求<br>★★★<br>成功系数<br>★★ | "计划——行动——检查——再行动"是保障项目按照资源和任务最优配置完成的一般方法，同时也是最有效的方法 | |
| 毕业墙 | 有一堵高约4m的墙，队员不借助任何的其他工具，靠自己的身体，全部到达墙的另一面 | 半高空项目<br>协作系数<br>★★★★★<br>体能要求<br>★★★★<br>成功系数<br>★★★ | 团队合作，共同的胜利，在于每一个成员全心全力地付出甘为人梯，见证整个团队的成长 | |
| 盲人方阵 | 所有参训学员在均被蒙住双眼的情况下，利用长短不同的绳子，在地面上建造出一定的图形 | 场地项目<br>协作系数<br>★★★<br>体能要求<br>★★<br>成功系数<br>★★★★★ | 体会面对挑战任务时每个人真实的想法和态度；体会沟通、信任的重要；体会没有计划和领导而引起的混乱 | |

续表

| 项目 | 内容 | 指标 | 目的 | 图片 |
|---|---|---|---|---|
| 驿站传书 | 全队成员排成一列，教练将一组自然数交给排尾，由排尾传递给排头。通过大家肢体上的信息传递（在学员背后写字进行信息传递） | 场地项目<br>协作系数<br>★★★★★<br>体能要求<br>★★<br>成功系数<br>★★ | 考验大家的默契度，体现沟通和领导的重要性 | |
| 真人CS | 穿上SWAT作战背心，戴上头盔，携带狙击枪或95式机枪，全身武装。穿梭在迷宫、丛林，学员分小组互相激战 | 场地项目<br>协作系数<br>★★★★★<br>体能要求<br>★★★★<br>成功系数<br>★★★ | 激发参加者的责任感、自信心、独立能力、领导才能、团队合作精神以及面对困难和挑战时的应变能力，展现个人魅力，建立全局观意识 | |
| 定向越野 | 参与者利用张详细精确的地图和一个指北针，按顺序到访地图上所指示的各个点标，以最短时间到达所有点标者为胜 | 场地项目<br>协作系数<br>★★★<br>体能要求<br>★★★★★<br>成功系数<br>★★★ | 为了增强队员的体质及加强战斗力，在越野过程中，每个人都会在一种纪律严明的压力下磨砺自己，使这支队伍变得更加团结和更具有凝聚力 | |

## 第四部分 费用说明详表

费用说明见表7-13。

表7-13　　　　　　　　　　费用说明详表

| 收费项目 | 费用 | 费用说明 | 备注 |
|---|---|---|---|
| 拓展项目（三天） | ××元/人 | 培训师、专业器械、辅助设备、后勤服务等 | |
| 保险 | ××元/人 | 平安人寿；××元/（人·天） | |
| 室内课程 | ××元 | 活动室租赁费 | |
| 餐费 | ××元/人 | 代订或自理（费用另收） | |
| 住宿 | ××元/人 | 代订或自理（费用另收） | |
| 费用总计 | ××元 | 依照16人计算 | |
| 赠送项目 | | 服装、饮用水、医药用品、一次性毛巾、保险等 | |

## 第五部分　学　员　须　知

为协助参训学员全情投入及有效地完成本次培训，达到预期效果，要求个参训学员必须遵守以下基本守则。

（1）遵守作息时间，不迟到，不早退，中间休息后按时回到培训场地。

（2）培训期间，将手机设为静音或震动状态，不得听 MP3，看 MP4。培训期间不可录像和录音。

（3）培训进行时，不准吸烟及嚼口香糖，禁止饮酒和开展赌博性质的活动。

（4）培训期间，不得随意出入课堂和培训场地，影响培训秩序。

（5）在课程进行期间请勿谈论与课程无关的话题。

（6）积极思维，踊跃回答老师提出的问题。积极参与小组讨论，互相交流，善于倾听，提高课堂效率。

（7）严格遵守培训师指导，不经培训师同意不得擅自攀爬器械或尝试其他冒险活动。

（8）在培训中，每位学员应集中注意力，严格按照训练规程进行每一个项目。

（9）不许佩带手表、首饰等物品，不携带尖锐、硬性等物品。

（10）爱护培训基地的一草一木，自觉维护自然生态环境。

### 重　要　提　示

（1）个人必备物品有以下几种。

1）鞋类：登山鞋或旅游鞋一双，禁穿皮鞋、拖鞋和凉鞋。

2）卫生用品：晕车、外伤等急救类药，或根据个人习惯准备其他卫生用品。

3）贵重物品：根据活动的需要适量携带，并由个人妥善保管。

（2）在特殊情况下培训师有权终止某人或某小组的培训活动。

（3）对自己负责，食用足够的食物、水，并保持充足的睡眠。

（4）各项活动是根据正常人的体能水平设计的，如果学员对自己的身体状况有疑问，应及时与培训师沟通，避免产生损伤或意外事件。

# 参考文献

［1］ 谢恩杰．学校拓展训练．北京：中国科学技术出版社，2007．
［2］ 钱永健．拓展训练．北京：企业管理出版社，2007．
［3］ 陶宇平．户外运动与拓展训练教程．成都：电子科技大学出版社，2006．
［4］ 毛振明等．学校心理拓展训练．北京：北京体育大学出版社 2004．
［5］ 柯林·比尔德等．黄荣华译．体验学习的力量．广州：中山大学出版社，2003．
［6］ 钱永健．拓展．北京：高等教育出版社，2006．
［7］ （美）D. 赫尔雷格尔等．俞文钊等译．组织行为学（上下册）．上海：华东师范大学出版社，2001．
［8］ 韩宏义等．大学生野外生活生存训练．杭州：浙江科学技术出版社，2004．
［9］ （美）理查德·哈格斯等．朱舟译．领导学——在经验积累中提升领导力．北京：清华大学出版社，2004．
［10］ 杨成．经历．体验．成长．广州：广东人民出版社，2004．
［11］ 叶澜等．教师角色与教师发展新探．北京：教育科学出版社，2002．
［12］ 王玉保等．《现代素质教育四大支柱产生的历史背景及内涵》，教育理论与实践，1998，4．
［13］ 盖瑞·凯朗特．陈平等译．户外培训游戏大全．北京：企业管理出版社，2003．
［14］ 陶宇平等．学校拓展训练．北京：人民体育出版社，2008．
［15］ （美）伊迪·韦斯特著．冯涛等译．破冰游戏．上海：上海科学技术出版社，2003．
［16］ 众行管理资讯研发中心．管理培训游戏全案．广州：广东经济出版社，2003．
［17］ 经理人项目编写组．培训游戏全案．北京：机械工业出版社，2005．
［18］ 韩庭卫等．户外拓展训练全书．广州：广东经济出版社，2006．
［19］ 王道俊等．教育学．北京：人民教育出版社，1994．
［20］ 刘擎等．野外生活生存．北京：高等教育出版社，2004．